池田嘉郎

ロシアとは何ものか

過去が貫く現在

中公選書

はじめに

ロシアでは過去が過去にならない。過去は常に現在の中に息づいており、生々しい姿を人々の目の前につきつけてくる。大戦争、強権的支配、大衆動員。私たちが歴史の本や映画でしか知らない、遠い過去の出来事が、ロシアでは二十一世紀の今日にリアルに展開されている。ロシアについて考え、ロシアと対峙するためには、過去が現在へと貫通する、独特な社会のあり方に目をこらさなければならない。

過去一〇〇年ほどのあいだに、ロシアは帝政から共産党独裁へ、そして大統領制国家へと変転をとげた。だが、ロシア史を貫く基本構造は同じである。それは、統治が直接的な人間関係によって支えられているということである。政治家や官僚の個人的な属性の上位にあって、彼らの行動を縛る規範が、ロシアにはないのである。ルーチン化される規範や制度や法がないところでは、統治は個々の人間のあいだでの剝き出しの権力関係と同義となる。この構造が続いているがゆえに、私たちが歴史でしか知らない現象が、今日のロシアでは生々しく甦るのである。大戦争であれ、強権的支配であれ、大衆動員であれ、それらは全て、剝き出しの権力関係、あるいは直接的な人間関係によって、社会を運営しようとすることから起こっている。

過去が現在に貫通するというロシアの特性を理解するには、一つの時代についてつぶさに見つめることも大事だが、いくつかの時代について眺めてみることも必要だろう。帝政期、ソ連期、現代ロシアのそれぞれは、一つのロシア史を構成しているのである。ソ連期だけ学んでいてもソ連は分からないし、同じことは他の時期についてもいえる。もちろん、研究者の仕事としては、普段はもっぱら自分が関心のある時期について考えていれば、それだけでじゅうぶんに意義深い。だが、ときには思い切って、帝政期、あるいはそれよりも前の時代から、ソ連を経て今日にいたる、ロシア史の長い展開について論じてみることも必要だろう。とりわけ今日のように、「ロシアとは何ものか」を見極めることが、世界史の今後にとって大きな意味をもつ時代には、なおさらそういえる。

過去から現在へと、個々の時代を貫くものに光を当てることによって、「ロシアとは何ものか」を考えることが、本書の根底にある問題意識である。そうした問題意識をもって行なってきたこれまでの仕事のうちで、専門性の高い学術論文というよりは、広範な読者を意識して書いたものを中心にして、本書をまとめた。もちろん一冊の本としての統一性をもたせるために、書き直しを行なっているし、あらたに書いた章もある。

多くの章では、私は具体的な人間の生き方について考えることに力を割いた。それは、一つには、上述の通り、ロシア史においては個々の人間関係が統治を支えているからである。そのことは、政治に関与するということが、他の社会においてそうである以上に、人間の運命を深く規定することになる。私はそうした人間の姿について、見つめてみたかったのである。また、より一般的な理由からも、私は個人の軌跡に多くの注意を払った。それは、現下の戦争という状況下で、ロシアの友人たち一人ひとりの行為の重さに、深い印象を受けたからである。さらに、一人ひとりの人間の、苦しみをはじめとする個別の経験を正面から主題とできることが、歴史学、また広くは人文学の長所であると考えたからでもある。

いくつかの章では、ロシアとヨーロッパ、それに日本の歴史的歩みについて比較している。そうした比較を通じて、ロシアにおける独特の過去のあり方、権力のあり方について、浮き彫りにできればと考えている。

第一部「ロシア史を理解する」は、帝政期とそれ以降の時期の連続面を明らかにすることに比重をおいた。ロシア史を長期的に眺め、そのいくつかの特徴を把握することがねらいである。第二部「ロシア革命からソ連へ」は、一九一七年の革命、それにソ連史の初期に焦点を当てている。革命とソ連の成立という転変を、個々の人々はどのように主体的に生きたのか。そのような問いを念頭におきながら、自由主義者とその敵対者であるボリシェヴィキ、両方の姿に着目した。第三部「ソ連から現代ロシアへ」は、ソ連崩壊後、とりわけプーチン政権下のロシアについて、過去が現在を貫いているという観点から見つめ直したものである。現代ロシアに起こっている事態を過去とのかかわりの中でとらえ、「目の前で生成される歴史」、すなわち「現在史」として理解することを目指した。

過去が過去にならないロシアについて、歴史学の観点から検討することは、独自の困難をともなっている。他の社会においてそうである以上に、現状が過去の理解に影響を及ぼすからである。しかし、それはまた、現在において、「生きている過去の姿」を検討できるということも意味している。歴史研究者にとって、これは大いにやりがいのある仕事に違いない。

ロシアとは何ものか

目次

Ⅱ　ロシア革命からソ連へ

凡　例

・ロシア帝国は、西欧のグレゴリオ暦と異なるユリウス暦を使っていた。二十世紀ではユリウス暦は、グレゴリオ暦から一三日遅れていた。ソヴィエト政権は一九一八年二月一日をもって、グレゴリオ暦に切り替えた。本書各章での暦の使用については、文中で適宜指示してある。

・本書ではウクライナの地名の表記は、基本的にロシア語に基づいている。その理由は、本書における叙述の大半が、ウクライナがロシア帝国およびソ連の一部であった時期のものだからである。ただし、ウクライナが独立状態にある内戦期、および一九九一年以後に関する叙述では、ウクライナ語に基づく表記を優先した。いずれにせよ、現地でどのような呼び方が優勢かという点も考慮に入れるならば、時期や帰属に応じて地名の表記を機械的に決めるのは難しいことである。

・本書の注において参照されたウェブサイトの最終閲覧日は、二〇二四年三月六日である。

・引用文中の〔　〕は筆者による補足を示す。

地図制作：地図屋もりそん

ロシアとは何ものか——過去が貫く現在

I　ロシア史を理解する

クレムリン脇に立つウラジーミル聖公の記念碑（2016年設置）。筆者撮影

第一部「ロシア史を理解する」は、巨視的な展望をもった四つの章からなる。東スラヴ諸国の原基というべきキエフ・ルーシから、モスクワ大公国、ロシア帝国、ソ連を経て現在にいたる長い歴史を大づかみにとらえ、ロシア史の基本的な特徴を明らかにすることがこの部の狙いである。政治制度は幾度も変わったが、ロシア史を貫通するような構造は維持されていたと私は考えている。個々の時代について丁寧に検討することはもちろん必要だが、ときには思いきり長いスパンで見ることによって、「ロシアとは何ものか」という大きな問いに迫るべきではなかろうか。

第一章「ロシア史の基底」は、文字通りロシア社会の根底に横たわる構造について、西ヨーロッパとの比較の中で検討したものである。ロシア史では突然の体制崩壊や大規模な自国住民の弾圧など、私たちの基準とは異なる出来事がしばしば起こってきたが、それはなぜか。「そう見えるのは私たちがロシアを特異な社会だと考えているからに過ぎない」として、この問いを退けるのは容易である。だが、ロシアであれ西ヨーロッパであれ、個々の地域はそれぞれの個性をもっているわけであるから、その様相を解明することをためらうべきではなかろう。本章は書下ろしである。

第二章「ヨーロッパとロシアの二十世紀」は、波乱に満ちた二十世紀に焦点を当てて、

第一章で比較した二つの地域の軌跡を跡付けたものである。初出は二〇一五年だが、最後に出てくる二十一世紀の展望を含めて、本質的に私の考えは今でも変わっていない。なので、個々の字句や表現をあらためる以上のことはしていない。

第三章「交差する日本とロシアの軌跡――一九〇五年―一九四五年」は、日本帝国とロシア帝国・ソ連の歩みの重なりを追ったものである。ロシアと日本の軌跡は、とてもよく似ている。ロシアを理解するということは、私たちの自画像を描くということでもある。付論一「鷗外とグチコフ」もあわせて読まれたい。

第四章「クリミア半島の歴史――地域からの視角」は、書下ろしである。今日、ロシアとウクライナの戦争により、双方のナショナリズムが昂進している。そのような状況であればこそ、ナショナルな枠組みとは異なる角度から、歴史的文脈の陰影を照らし出す作業も必要なのではないか。これが第四章における私の問題意識である。■

第一章　ロシア史の基底

ロシアよ、跑足！

ピリニャークの小説『機械と狼』（一九二五年刊）は、ロシア革命に続く内戦期に起こった飢えと混沌のありさまを、都市と農村の対照を軸にして描いた長編である。象徴をちりばめて荒廃と再起を描いたこの小説では、ロシアを馬に見立てた一節が幾度も繰り返し唱えられる。「ロシアよ、跑《だく》足《あし》！　ロシアよ、左に！　全速力で、ロシアよ！」[1]。

馬といってロシア史でよく知られるのは、ピョートル大帝に捧げられた「青銅の騎士像」であろう。十八世紀初頭にロシアのヨーロッパ化を「全速力で」進めた皇帝を讃えて、一七八二年にエカチェリーナ二世によって、首都ペテルブルグの元老院広場に建てられたものである。ピリニャーク自身が「沼沢地のロシアを機械のなかに投げつけた全速の歩みによって」と書いているので、私が沼地に新都を築いた皇帝のことを思い出しても、全くの的外れではないだろう[2]。

沼地と機械、農村と都市。ロシア史はこの種のコントラストに事欠かないが、ひときわ強く響くのは「ロシアとヨーロッパ」のモチーフである。ピョートル大帝やピリニャークをはじめ、近代以降のロシアに暮らし思惟する多くの人々が、自己の位置を考えるためにヨーロッパに目を向けてきた。「ロシアはヨーロッパであるのか」「ロシアはヨーロッパになるべきか」といった問いが、間断なく発せられてきたのである。

こうした問いにおけるヨーロッパとは、より正確には西ヨーロッパのことである。それはまた、地理的という以上に文化的な概念であったし、実態である以上に観念である。観念としてのヨーロッパはまた、「西方」(ザーパド)という言葉によっても表現される。第二次世界大戦後はむしろアメリカ合衆国がその主要な構成要素となった。

この観念はロシア人の側にだけ関わっていたわけではない。ロシアより西方に暮らす人々もまた、「野蛮な」ロシアと自分とのあいだに境界線を引くことによって、己れのアイデンティティを固めてきた。[3] 観念の次元に関わる以上、ロシアとヨーロッパという対置を実体化してとらえ、両者の差異ばかりを強調すべきではないのかもしれない。

とはいえ、観念は往々にして照応する実態をもつ。ロシアとヨーロッパの違いという観念もまた、照応する実態をもつように思われる。それはとくに、日常生活をかたちづくる社会関係のありように見出すことができるのではないか。「ロシアとヨーロッパ」という対置が成り立つ程度には、ロシアとヨーロッパには互いに異なる独特の社会関係が存在したのである。

もちろんヨーロッパだけがロシアの地理的・文化的な隣人というわけではない。「ロシアとアジア」の対置も、ロシア人の世界観を理解するための大事な視角となろう。だが、何といっても「ロシアとヨーロッパ」こそが、ロシア人のアイデンティティを長期にわたり形成してきた対置なのであった。この対置をまずは足場として、ロシア史の基本的な特徴の探求に入っていきたい。

ユーラシア国家からヨーロッパ国家へ

東スラヴ人の最初の国家は、九世紀に成立したキエフ・ルーシである。これは今日のロシア・ウクライナ・ベラルーシのいずれにとっても「原国家」と呼ぶべき存在である。キエフ・ルーシは様々な公国に分かれていったが、十三世紀にウラジーミル大公国から分岐したモスクワ公国が、近現代ロシア国家の直接の起点となった。

キエフ・ルーシとそれを引き継いだ諸公国は、ユーラシアという空間を主要な活動の舞台とした。つまりそれらはユーラシア国家であった。西方ではビザンツ帝国（三九五―一四九二年）が上位権力であったが、東方でもハザール王国（六世紀後半―九六五年）が有力な交易相手となった。ペチェネグ人やポロヴェツ人といった遊牧民も、ときに敵対者、ときに同盟者として、ルーシ諸公と深い関わりをもった。十三世紀半ばからはキプチャク・ハン国が上位権力として、諸公国に対して君臨した。モスクワ公国もその一つであった。

モスクワ公国がヨーロッパ国家の相貌を帯び出すのは、十五世紀後半以降である。イヴァン三世（在位一四六二―一五〇五年）とヴァシーリー三世（在位一五〇五―三三年）という二代の公の治世に、統治制度の改編が進んだ。それまでのモスクワ公国は遊牧民国家に似て、公とその兄弟たちという一連の有力者の連合体であった。それがこの二人の治世中に、近世ヨーロッパ国家と類似した、宮

和田春樹編『ロシア史 上』（山川出版社、2023年）61頁より作成。

廷を中心とするより集権的な政体へと変わっていったのである。[4]

モスクワ公国は周辺の諸公国を併合するとともに、イヴァン四世（在位一五三三－八四年）の治世以降は版図を東方へと広げていった。十八世紀初頭にはピョートル大帝（在位一六八二－一七二五年）のもとで帝国の名乗りを上げ、ヨーロッパ国際関係における中心的なアクターへと成長していく。

以上のような経緯から、ロシアはその原型がユーラシア国家として形成され、十五世紀後半以降ヨーロッパ国家としての性格を強めていったと考えることができる。だが、それにもかかわらず、フランスやドイツやオーストリア等の西欧・中欧諸国、それにイギリスを一方として、ロシアを他方とする両者のあいだには、いくつかの重要な領域で差異があった。相互に関連するそれらの領域について、次に見ていくことにしたい。

結婚類型

はじめに社会の基層により直接に関わる、結婚類型という問題について見たい。一九四〇年までの少なくとも二世紀についてヨーロッパ諸国の結婚類型を比較した結果、人口学者ヘイナルは次のような結論を得た。ペテルブルグからトリエステを結ぶ線の西方と東方とで結婚類型は分かれる。西方の類型の特徴は、高い結婚年齢と、高い生涯未婚者の割合にある。ヘイナルはこれを「ヨーロッパ型結婚類型」と呼んだ。これに対して東方の類型の特徴は、低い結婚年齢と、低い生涯未婚者の割合にある。これは「東ヨーロッパ型結婚類型」とされた。ヘイナルによれば「東ヨーロッパ型結婚類型」ないしそれに近い傾向は世界の諸地域で見られるものであり、「ヨーロッパ型結婚類型」が特異なのであった。[5] 社会経済史家ミッテラウアーはこの線を「ヘイナル線」と名付け、その西方に見られる「ヨーロッパ型結婚類型」は、フランク王国の中核地帯においてカロリング朝期に既に成立しつつあったと論じた。この類型をもたらすものとして、ミッテラウアーは他の要因とともに土地制度を挙げた。[6]

ミッテラウアーの議論を引き継ぎつつ、結婚類型の相違をもたらす要因としての土地制度について、ヘイナル線の西方だけではなく東方についても検討を深めたのが肥前榮一である。肥前によれば、中・近世のドイツ農村では、宅地・耕地の占有権、共同地の入会権がセットになった「フーフェ」を所有することが、世帯主となるための条件であった。フーフェは長子単独相続制によって引き継がれた。相続権をもたない次男以下の男子は奉公人と化す。これらのことから「ヨーロッパ型結婚類型」は説明できる。奉公人は結婚の可能性が著しく低いので、生涯未婚者の割合は高くなった。また、長子が相続によって独立の生計を立てられるようになる年齢も一般に高くなるので、結婚年齢も上がった。

これに対して農奴解放（一八六一年）以前のロシア農村では、共同体ミールが土地を用益していた。個々の世帯が耕作する土地は、世帯の規模の変化に応じて、時間的間隔をおいて再配分される（土地割替）。世帯が大きいほうが割替で有利なので、男子子弟はみな世帯の構成員として認められる。結婚によって独立の世帯をつくるものもいるが、元の世帯に残るものもいる。彼らはみな、ミールによる集団的な土地用益に参加する権利をもっている。フーフェ制度のように「土地の相続」「世帯主となること」「結婚」が結び付けられていないので、男子子弟は（女子子弟も）みなが、かつ早期に、結婚する。[7]

所有権

こうして、ヘイナル線の東西における結婚類型の差異は、土地制度の差異に由来すると考えることができる。土地制度とは所有のあり方のことである。そして所有のあり方は当該社会の法文化全体に規定的な影響を及ぼす。イギリスでは十五世紀以降、農民による土地の保有権が所有権として認められた。十七世紀末までに所有権は自然権の中心をなすものとして位置づけられ、君主権の制限を実現するイデオロギー上の支えとなった。フランスでも十八世紀までに農民が所有権をもつことが学説上堅固な地位を得、大革命により所有権を軸に市民権がうちたてられた。ドイツでも十八世紀中にフーフェの占有権が所有権に転化し、十九世紀になると所有権をめぐるフランス革命期の諸観念が波及した。[8]

ロシアでは所有権をめぐる以上のような展開は生じなかった。あらためて述べれば農村では各世帯ではなくミールに土地の用益権が属した。たしかに農奴解放後には割替をやめる共同体もあり、その数は西部国境に近づくにつれ増えた。それでも、各世帯主に土地の所有・相続権が認められていないことには変わりがなかった。[9]

では、農民ではなく貴族はどうであったのか。農奴解放に先立つ幾世紀ものあいだ、ロシアで土地を所有してきたのは領主としての貴族であった。彼らのもとでは所有権の保護は確立しなかったのであろうか。

この点を精緻に論じているのがロシア法学者大江泰一郎である。大江によればロシアではキエフ・ルーシ以来、全土所有者たる専制権力（公、ツァーリ、皇帝）が貴族に贈与して「授権」したものが、貴族の所有に帰する土地である。だが、貴族は自身の土地に対して最終的な処分権をもっているわけではなかった。貴族の「私的所有権」は、あくまで専制権力の「優越的領有権」の一部、下部構造なのである。[10]この秩序は帝政の最後まで本質的には変わらなかった。[11]貴族が自己の所有権を守るために君主権の制約を図るといった事態はロシアでは起こらなかったのである。

王の二つの身体

土地制度や所有権思想以外にも、ヨーロッパとロシアの歴史的経緯には大きな相違点があった。それは教会と国家の関係である。ブルンナーによればカトリック世界では、教皇権と皇帝権の闘争の結果、「権利と自由の実効性を保ち、徹頭徹尾合理的な法体系を完成することを可能にするような状況が生まれた」[12]。これに対してビザンツ神学においては、皇帝が統治し、教会が霊的に指導する、普遍的なキリスト教社会という理想像があった。なおかつそうした理想像が、すでに現実のローマ帝国・ビザンツ帝国において実現されているとも想定されていた。それゆえ皇帝（ないし帝国、国家）と教会とは調和し、不可分の関係にあった[13]。キエフ・ルーシはこの理念を引き継いだ。また、キリスト教受容の歴史的過程においても、キエフ公という世俗権力がビザンツ帝国から正教を導入し、保護し、普及に努めたために、俗権と聖権の対立が生じなかった[14]。

また、カトリック世界の教会は、キリストが自然的身体と神秘的身体の二つの身体をもつという神学上の理解を発達させた。神秘的身体という概念は、十三世紀までに「法人」としての教会という把握を生み出した。法人としての教会というこの把握は、ついで政治思想上は国王の「政治的身体」に位相を移した。個々の具体的な国王が有するのは「自然的身体」であるが、個人的な生死を超えて彼らは「政治的身体」をも擁しているのである。とくにイングランドではこの思想上の展開は「王の二つの身体」という観念に結実した[15]。総じてヨーロッパでは、具体的な個人から独立した、抽象的な法概念としての君主が想定されることで、個人としての君主の上位に立つ、法的に規定された公権力概念の形成が促された。

これに対して、ロシアでは君主の身体の分化が生じなかった。個人としての君主が、国家・土地・人民を所有する。これがロシアの伝統的君主観である。「国家」を指すロシア語はゴスダルストヴォ（государство）であるが、これは君主（ゴスダーリ、государь）による支配の対象を元来意味した[16]。ロシアでは「王の一つの身体」が君臨し続けたのである。

たしかにピョートル大帝はヨーロッパ政治思想から学び、「公共圏」に奉仕する君主というあらたな理念をロシアに導入した。だが、個人としての専制君主が国家の最高権力であることには変わりがなかった。十八世紀初頭のヨーロッパでは一連の国において王位継承法が形成された。その背景には、法学者が策定した基本的諸法が、専門化した行政の基盤を提供するという趨勢があった。イングランド（一七〇一年）、スウェーデン（一七一九年）、スペイン（一七一三年）、ハプスブルク帝国（一七一三年）において継承法が制定され、君主の地位はこの法によって規定された。ロシアでも一七二二年にピョートル大帝が最初の継承法を定めた。だが、その内容は君主が継承者を指名し、君主の意思でその指名を取り消すこともできるというものであった。つまりヨーロッパでは徐々に法が君主の上位に立つようになったのに対して、ロシアでは法の上位に君主が立ち続けたのである[17]。

自治的団体と強制団体

法人概念は教会や君主だけに関わるものではない。中世ヨーロッパでは都市やギルド（職人組合）が法人とされ、固有の権利と義務を有した。ここには、都市やギルドが自生的に形成されたものであることも大きく作用した。王権は独自の権利を慣習的に有する既存の諸団体に対して、法的な地位を認めたのである。[18] ロシアではそのような経緯は見られなかった。都市は軍事上・行政上の拠点として君主権力によって組織された。ギルドに職能上対応するような商工民はいたが、その地位は不安定であった。ボリス・ゴドゥノフ（在位一五九八―一六〇五年）は、商工民ばかりか浮浪者や奴隷なども「ポサード民」という身分に編入することによって、「上から」団体的な編成を行なったのである。[19]

総じて、中世ヨーロッパの身分制は自生的な社会関係が先行して、王権がそれに法的地位を与えた。これに対してロシアの身分制は、エカチェリーナ二世（在位一七六二―九六年）によって完成するのであるが、それは王権による強制団体の組織化を通じて形成されたものである。大江泰一郎が論じるように、ヨーロッパにおいて、支配に対置される諸団体の自治は、君主よりも上位にある法の支配に帰結する。他方、強制団体が上から編成されるロシアでは、法は「政治権力の定立する規範」に収斂《しゅうれん》する。[20]

ゲマインシャフトとゲゼルシャフト

以上の事柄を総合すると、ヨーロッパとロシアのあいだには、主に法文化に関わって、次のような相違が近代までに形成されたと考えてよいように思われる。ヨーロッパでは支配関係は、個々人から独立し、君主よりも上位にある法によって規制される。これに対してロシアでは、ヨーロッパにおける法のような超越的な規範が見られない。人間間の支配関係は、物理的な力を根底におく、直接的な力関係において規定されるのである。

このことからさらに派生する、ロシアとヨーロッパのそれぞれにおける人的結合の性格を特徴づけるために、私はドイツの社会学者テンニエスが提起したゲマインシャフトとゲゼルシャフトという概念が有効であろうと考えている。ゲマインシャフトとは、個々の部分がはじめから全体の有機的な一部をなすような共同体である。血縁共同体が代表的な事例である。他方、ゲゼルシャフトとは、個々の部分がある利害のために集まって、全体を形成している共同体である。会社が代表的な事例である。[21]

各人が固有の権利をもたず、一個の集団として上位権力から編成されるロシアの人的結合は、よりゲマインシャフト的な傾向をもつ。これに対して、各人が固有の権利をもつヨーロッパの人的結合は、よりゲゼルシャフト的な傾向をもつ。

ロシアでは農奴解放(一八六一年)、憲法制定(一九〇六年)、帝政崩壊とソヴィエト体制の成立(一九一七年)、ソヴィエト体制の崩壊(一九九一年)と、体制の土台に関わる転換はいくども生じた。だが、人的結合の基本的な特徴は変わらなかったように思われる。非人格的な法の支配が形成されなかったのである。

ただし、留意しなければならないのは、ロシアでもピョートル大帝以降、専制権力はヨーロッパ起源の制度や概念を積極的に取り入れたということである。合理的に組織された制度を用いることは、統治の効率のために有益であった。だが、その際にあくまでロシアの従来の人的結合のあり方を前提とした上で、制度や概念の借用が図られたのであった。

一つの例として「法治国家」を挙げたい。これは内務官僚出身で、合理的な統治を志向するストルイピン首相が好んだ概念である。とりわけ、第一ドゥーマ（下院。一九〇六年から一七年まで四次のドゥーマが選挙で成立した）が解散された八か月後、一九〇七年三月六日（露暦）に召集された第二ドゥーマでの初演説において、ストルイピンは「君主の意思によって変革されたわれらの祖国は、法治国家に変わらねばならない」と宣言したのであった[22]。

だが、第二ドゥーマも第一ドゥーマと同様に、議員の多くは政府に激しい対抗姿勢をとった（そのため第一ドゥーマは三か月で解散された）。農民・労働者に支持された左派・自由主義系議員が多数を占めたこと、帝国周縁部の非ロシア系議員も彼らにくわわったことが、その背景をなした。とくに自由主義政党のカデット（立憲民主党）は、議会に主権が存するイギリスを理想とし、政府に対する議会の発言権を強めることを目指した。六月三日、ストルイピンはニコライ二世（在位一八九四－一九一七年）の勅令をもって第二ドゥーマを解散するとともに、憲法で認められていない選挙法の改定を強行した（六月三日クーデタ）。この改定によってドゥーマ選挙は有産層およびロシア人に有利となり、第三ドゥーマから議員の構成は保守化し、議事運営は安定した。「法治国家」を謳ったストルイピンは、皇帝権力の超憲法的な発動を、その実現のための起点としたのである。そうした手段で確保したドゥーマ多数派の支援を得て、ストルイピンは非常警備体制の延長やフィンランドの自治権の制限などを、立法手段によって推進した。大江のいう「政治権力の定立する規範」に基づく「法治」が実現されていったのである。

同様のことは、一九一七年三月初頭の帝政崩壊後になされた「身分」概念の「市民」概念による置き換えにもいえる。帝政崩壊によって成立した臨時政府は、当初カデット中心の構成であり、身分制の廃止を公的に追求した。権利と義務が身分ごとに分かれた臣民を、等しい権利と義務をもつ市民に変えることが臨時政府の目標であった。フランス革命による市民概念の確立がモデルとされた。五月に社会主義者が入閣してからも、この点に変わりはなかった。もし臨時政府が続いていれば、ゲマインシャフト型からゲゼルシャフト型へのロシア社会の再編成が進んだかもしれない。

しかし、十月にボリシェヴィキが臨時政府を倒し、ソヴィエト体制が成立した。身分制はたしかに公的に廃止され、「市民」がロシア住民の一律の地位となった。だが、有産層など一部の住民は市民権を与えられなかったし、労働者と農民のあいだでも前者に有利になるように選挙制度に格差がつけられた。つまり、あらたに形成されるべきソヴィエト市民とは、全員が等質の権利と義務をもったフランス革命型の市民ではなく、集団ごとに権利と義務が異なる点で、身分制と相似的なのであった[23]。

ここに近現代ロシア史における顕著な特徴を見出すことができるように思われる。それは「法治国家」や「市民」のように、ゲゼルシャフト的な概念を使うことで、ゲマインシャフト的な社会編成の維持を実現しているということである。一九〇五年革命や一九一七年革命といった転機ごとに、この特徴がとくに顕著に露見するのは偶然ではなかろう。ゲマインシャフト的編成をその本質を保持したままに刷新し、再強化するという機制がここには作用しているのである。

現代ロシアにもこの特徴は維持されているのではなかろうか。「法治国家」を謳う現行のロシア連邦憲法は、一九九三年十二月に成立した。その前提となったのは、エリツィン大統領による議会機能の違法な停止であり、それに続く軍事力による議員の抵抗の粉砕であった[24]。法が統治者の上に立つのではなく、統治者が法の上に立つ秩序が、「法治」の名のもとに正当化されているのである。

注

1 ボリス・ピリニャーク（川端香男里・工藤正広訳）『機械と狼』（白水社、一九七三年）、六〇頁。

2 ピリニャーク『機械と狼』、一一八頁。

3 たとえば、前川陽祐「『ロシア』（一九一三年・一九一七年）からみるオットー・ヘッチュのロシア論――ドイツ保守派による親露主義の一例として」、井内敏夫編『ロシア・東欧史における国家と国民の相貌』（晃洋書房、二〇一七年）を参照。

4 Donald Ostrowski, The Growth of Muscovy (1462–1533), in Maureen Perrie, ed., *The Cambridge History of Russia. Vol. 1. From Early Rus' to 1689* (Cambridge: Cambridge University Press, 2006), p. 213.

5 ジョン・ヘイナル（木下太志訳）「ヨーロッパ型結婚形態の起源」、速水融編『歴史人口学と家族史』（藤原書店、二〇〇三年）、三五〇―三五三頁。

6 肥前榮一『比較史のなかのドイツ農村社会――『ドイツとロシア』再考』（未來社、二〇〇八年）、一四頁。

7 肥前栄一『ドイツとロシア――比較社会経済史の一領域』（未來社、一九八六年）、四七―四八頁。兄弟みなが土地の割当を得た結果、ヨーロッパと異なり次男以下が都市工業に大規模に流出することは起こらなかった。各人に土地が割り当てられる結果、農村における土地不足および人口過剰が深刻化した。これが一九〇五年と一七年の農村での革命の前提となった。

8 甲斐道太郎・稲本洋之助・戒能通厚・田山輝明『所有権思想の歴史』（有斐閣新書、一九七九年）、二八、三三、七五、八八、一〇二―一〇三、一一七頁。オットー・ブルンナー（石井紫郎ほか訳）『ヨーロッパ――そ

の歴史と精神』（岩波書店、一九七四年）、三〇八—三一〇頁。

9　一九〇五年革命に際して、共同体により結束した農民は、地主地の略奪を全国的に展開した。この事態は共同体を存続させることの危険性を専制政府の側に認識させた。一九〇六年に首相となったストルイピンは、個々の世帯に各自の耕作地を共同体から分離することを認めた。これは所有権の確立に向けた大きな一歩であった。だが、この「ストルイピン改革」は一九一七年の革命によって挫折した。共同体に残っていた農民は、分離独立した農民（主に自立的な経営の才覚をもつ富農・篤農）を強制的に共同体に引き戻したのである。その後、一九二〇年代末から三〇年代前半にかけて、ソヴィエト政権によって農業集団化が行なわれることで、ロシアの共同体は終焉を迎えた。集団化は個々の農民を所有権に裏打ちされた近代的市民とするものではなく、その反対の方向性をもった。従来の村落を基盤にして、土地や家畜を共有する集団農場がつくられ、農民は強制的にそこに編入された。その際に、政権は農民の移動を禁止したものの、都市部への多量の逃亡者が出た。工業化を進める政権はこの元農民を労働者として活用した。ロシア農村の過剰人口問題はこれによって解消した。肥前『ドイツとロシア』、三七七—四一六頁。

10　大江泰一郎「ロシア固有法における所有権の構造」、『静岡法務雑誌』一〇号、二〇一八年九月、八一—八二、九六頁。

11　なお、ピョートル大帝は一七一四年の勅令により貴族の土地について一子相続制を導入した。土地を相続できるものは一子のみ（男子がいなければ女子も可）とすることによって、土地からの収益に頼れるものを減らし、貴族の国家勤務を促そうとしたのである。この勅令によって、相続可能なヴォチナ（世襲領）と、勤務とひきかえに下賜されるポメスチエ（封土）の区分もなくなり、イメーニエ（所領）として一元化された。一子相続制は貴族のあいだで不評であり、ピョートル没後の一七三一年に廃止された。*М-н В.* Единонаследие // Энциклопедический словарь. Т. XI (Санкт-Петербург: Типо-литография И. А. Ефрона, 1893). С. 558–559; Российское законодательство X-XX веков. Т.4. Законодательство периода становления абсолютизма

(Москва: Юридическая литература, 1986). С. 290–310.

12 ブルンナー『ヨーロッパ』、三一七頁。

13 J・メイエンドルフ（鈴木浩訳）『ビザンティン神学――歴史的傾向と教理的主題』（新教出版社、二〇〇九年）、三三〇―三三三頁。

14 Jonathan Shepard, The Origins of Rus' (*c.* 900–1015), in Perrie, ed., *The Cambridge History of Russia. Vol. 1*, p. 72.

15 エルンスト・H・カントーロヴィチ（小林公訳）『王の二つの身体――中世政治神学研究』（平凡社、一九九二年）、二〇八―二二四、三〇四頁。

16 Oleg Kharkhordin, What is the State? The Russian Concept of Gosudarstvo in the European Context, *History and Theory*, Vol. 40, Issue 2, 2001, p. 214.

17 Richard Wortman, The Representation of Dynasty and "Fundamental Laws" in the Evolution of Russian Monarchy, in Richard Wortman, *Russian Monarchy: Representation and Rule* (Brookline: Academic Studies Press, 2013), p. 35. それゆえ「王の二つの身体」という区分は生じないとウォートマンもいう（*Ibid.*, p. 41）。

18 二宮宏之「フランス絶対王政の統治構造」、吉岡昭彦・成瀬治編『近代国家形成の諸問題』（木鐸社、一九七九年）。

19 栗生沢猛夫『ボリス・ゴドノフと偽のドミトリー』（山川出版社、一九九七年）、二二九―二三三頁。

20 大江泰一郎『ロシア・社会主義・法文化――反立憲的秩序の比較国制史的研究』（日本評論社、一九九二年）、六―八頁。

21 テンニエス（杉之原寿一訳）『ゲマインシャフトとゲゼルシャフト――純粋社会学の基本概念』上（岩波文庫、一九五七年）、三四―三五、六一、一一二頁。

22 *Столыпин. П. А.* Нам нужна великая Россия. Самые знаменитые речи и письма (Москва: АСТ, 2013). С.

68. 一九〇五年革命は、専制権力に対する社会諸層の異議申し立ての高揚であり、ニコライ二世から「十月詔書」の発布を引き出した。この詔書に基づき、信仰・言論・結社の自由など一連の市民的権利が宣せられるとともに（ただしその実現の度合いは十全たるものではなかった）、一九〇六年四月には憲法の制定と二院制の議会の開設が実現した。ストルイピンが「君主の意思によって変革された」と述べているのはそのことを指す。

23 *Икэда. Ё.* «Гражданин» в революционном дискурсе, февраль 1917-июль 1918 г., in Слова и конфликты: язык противостояния и эскалация гражданской войны в России: сборник статей (Санкт-Петербург: Издательство Европейского университета в Санкт-Петербурге, 2023).

24 事態の展開については、溝口修平『ロシア連邦憲法体制の成立――重層的転換と制度選択の意図せざる帰結』（北海道大学出版会、二〇一六年）、一六七―二〇八頁を参照。

第二章　ヨーロッパとロシアの二十世紀

はじめに

二十世紀の一〇〇年間に、ヨーロッパの国際的な地位は大きく低下した。世紀初頭には植民地帝国の首都が立ち並ぶヨーロッパが「文明の頂点」であった。だが、二次の世界大戦と冷戦の中で植民地帝国は過去のものとなり、国際政治の重心は大西洋の向こう岸のアメリカ合衆国に、さらにまた東アジアの中国へと移った。二十世紀はヨーロッパ凋落《ちょうらく》の一世紀と呼べるのかもしれない。

しかし、権力政治における主導権の在処だけをみていたのでは、二十世紀世界においてヨーロッパが果たした役割を十分に理解することはできない。なぜならば、近代（ひとまずフランス革命をもって始まるとしたい）のうちにヨーロッパで生まれ、練り上げられた理念や制度は、地域を超えて世界中に広がっていったからである。本章ではそれらの理念や制度を「近代ヨーロッパ文明」と呼ぼう。アメリカ合衆国は、そのような文明を直接に引き継ぐ存在であった。他方でソ連もまた、実際には「近代ヨーロッパ文明」と質的に断絶していたにもかかわらず、そうした文明の継承者を自認していたのである。

本章では、ソ連の盛衰を、「近代ヨーロッパ文明」の展開と照らし合わせながら振り返ってみる。そうすることで、二十世紀世界におけるヨーロッパとソ連の位置づけがあらためて浮き彫りになる。「近代ヨーロッパ文明」への別の挑戦者として現れたファシズムについても、簡単に触れよう。

一、「近代ヨーロッパ文明」

ヨーロッパ諸国の歴史や風土は様々である。そもそもヨーロッパの地理的な輪郭ですらも一定していない。バルカン半島やロシア西部を地理上のヨーロッパに含めるかどうかは、その時々の国際関係や文化的規範によって左右されてきた。今日もそのことに変わりがないのはウクライナをみればわかる。

それでも二十世紀初頭までに、「近代ヨーロッパ文明」という概念を設定できるだけの共通の諸要素が、西欧・北欧・中欧諸国を中心にして存在していたことは否定できないだろう。そうした諸要素に基づく「ヨーロッパ」という想像上の空間は、現地と外部の人々の両方によって共有されるものとなったのである。

「近代ヨーロッパ文明」の諸要素のうち、まずは私的所有権の不可侵という理念を最重要のものとしよう。「近代ヨーロッパ文明」、あるいは近代資本主義社会とかブルジョア社会とか呼ばれるものの根底にあるのが私的所有権の不可侵である。この理念は経済生活のみに関わっているのではない。各人の資産を守ることは、各人の利害を算定することにつながる。各人の利害の集積は、個々の社会集団の利害となる。そして、それぞれの社会集団の利害を代表し、それらを相互に調整するために、政党制ならびに議会制が発展するのである。くわえて、私的所有権の不可侵は、人身の不可侵(生存権)に始まる、より多様な近代的諸権利の確立をも促す。なぜならば、各人の権利がどれだけ侵害され、どれだけ補償されねばならないかを計る上で、数値化された財産以上の客観的な尺度はおそらくないだろうからである。

フランス革命とナポレオン戦争の混乱が一段落ついた十九世紀初頭の段階では、私的所有権の不可侵と法の支配はもっぱら有産層の利害にのみ適うことであった。だが、貧困や差別的待遇に苦しむ民衆層の側からの異議申し立てに押されつつ、次第に参政権を含む近代的諸権利の対象範囲は(男性に限られていたが)拡大していった。もとより地域間のずれは大きく、一九〇六年まで憲法も議会もなかったロシア帝国は、この点で「近代ヨーロッパ文明」の周縁に位置していた。

次に、「近代ヨーロッパ文明」の要素としてナショナリズムにも着目しよう。主権の担い手としてネイション(国民)という共同体を想定し、身分や階級ではなくそうした共同体を政治・社会の編成の第一の基準とする考え方が、ナショナリズムである。この考え方の源流にあるのは主権概念であるから、私的所有権と元来の位相は異なる。とはいえ実際には私的所有権(および近代的諸権利)の享受者とネイションの成員とは軌を一にして拡大してきた。

最後に、啓蒙思想に由来する進歩史観もまた、「近代ヨーロッパ文明」の重要な要素として挙げられよう。自分たちこそが進歩の頂点にいる「普遍的な」文明世界であるという自負は、ヨーロッパ諸国が植民地支配を拡大するためのイデオロギー上の原動力となった。植民地や従属地域の側でも、軍事力・工業力の圧倒的な差のもとで、この進歩史観を受容することとなった。

無論、一枚岩的なヨーロッパが存在したわけではなく、各国のあいだには対立や摩擦が常にあった。ナショナリズムはそうした対立をとくに煽った。だが、その一方でヨーロッパ諸国は、文明世界という自己認識のもとに外部に対してまとまることができた。その外交上の表現が、イギリス、フランス、ドイツ、オーストリア＝ハンガリー、ロシア、それにある程度までイタリアという主要国家による利害の調整、すなわち「コンサート・オブ・ヨーロッパ」体制であり、これはウィーン会議以降、二十世紀初頭にいたるまで機能していた[1]。

ヨーロッパの人々がみな、「文明世界」の現状に納得していたわけではない。なかでも政治的平等（自由民主主義）だけではなく経済的平等（社会民主主義）をも目指す社会民主主義者は、私的所有権に制限を付し、富をより公正に再分配することを主張していた。彼らの運動は民衆層の支持を集めた。しかし、十九世紀末までに多くの国では社会民主主義者は各国の議会制に組み込まれ、民衆層のネイションへの統合に寄与することになった。その背景には、有産層や政府が、参政権の拡大などを通じて、民衆層を含みこむかたちで議会制の統合機能をよりいっそう発揮させたということがあった。重化学工業が登場し、各国が高度の工業力や軍事力を競い合う第二次産業革命の時代（一八七〇年代－二十世紀初頭）には、民衆層のマンパワーもネイションに取り込むことが必要とされていたのである。

民衆層の愛国心を喚起するためにも、また彼らの経済的境遇を改善して不満を緩和するためにも、ヨーロッパの各国政府はより多くの植民地を獲得し、帝国の威光を輝かせることに力を注いだ。社会民主主義者の中にも、この動きにある程度まで同調するものが現れた。実際、彼らの大半は、ヨーロッパが文明の最先端にいることは疑っておらず、帝国支配の抑圧性には鈍感だったのである。その好例はH・G・ウェルズが一八九九年に書いた『眠れる人の目覚めるとき』で、階級格差が激化した二〇三年後のロンドンを舞台とするこの小説では、民衆叛乱を鎮圧する南アフリカの「黒人警察」はもっぱら道具としてのみ描かれていた。[2]

二、第一次世界大戦後のヨーロッパ

第一次世界大戦（一九一四－一八年）によって「近代ヨーロッパ文明」は根底から揺さぶられた。総力戦体制のもとで、民衆層は兵役などの重い負担にみあうだけの政治的権利を求めるようになった。これはつまり、ネイションの下層部分の政治的要求が強まったということであった。同じことは、総力戦体制によってネイションに編入された女性やマイノリティについてもあてはまった。この新状況を前にして、各国の政治制度の包容力が問われた。議会制が定着していた国、とくにイギリスとフランスでは、民衆層を含む社会の様々な部分の利害を調整することが、相対的にうまくいった。対照的に、議会制が未熟なロシア、また議会制が多民族のあいだで引き裂かれていったオーストリア＝ハンガリーでは、帝国が崩壊した。

大戦の衝撃は、終戦ののちも続いた。とくに東欧・南欧・バルカン諸国では、激しい暴力を伴う社会対立が、戦後の数年間消えなかった。社会構造において伝統的な支配関係が維持されていたこれらの地域では、ネイションの下層部分や新しく編入された部分（女性、マイノリティ）の要求の高まりを受けとめ、統合の方向に導いていくほどには、政治制度一般、とりわけ議会制が柔軟ではなかったのである。諸帝国、とくにオーストリア＝ハンガリーの解体によって、従来は一国内の民族・地域間問題であったことが、領土問題や少数民族問題へと構造化されたことも、ネイションの統合に負荷をかけた。[3] 結局、これらの地域ではチェコスロヴァキアを例外として、一九二〇年代から三〇年代にかけて権威主義体制が成立した。そこでは「近代ヨーロッパ文明」は虫食い的にのみ残った。私的所有権はネイション概念とともに残ったが、議会制や近代的諸権利は著しく制約された。

イタリアの場合、単なる権威主義体制とは異なる対応策が打ち出された。一九二六年に確立されるファシズムである。そこでは、複数政党制や議会制によるネイションの統合が放棄され、かわりに、職場や職種などを基準にして住民を強制的に団体に編成し、各団体間の利害を国家が調停する、コーポラティズムによる統合が打ち出された。労資の利害対立も国家が調停したが、あくまで資本家側の利益が優先された。また、第一次世界大戦の戦勝にもかかわらず、領土拡張が期待はずれに終わったことを背景として、極端なナショナリズムが煽動されたこともファシズムの特徴である。換言すれば、「近代ヨーロッパ文明」のいくつかの要素（私的所有権、ナショナリズム）に、コーポラティズムを接ぎ木したのがイタリア・ファシズムであった。この体制は一九三〇年代に入ってから、ドイツやポルトガルやエストニアに直接の影響を与えた。しかし、少なくとも一九二〇年代のうちは、権威主義体制もイタリア・ファシズムも、ネイション統合の危機に対する一国の枠内での対応であった。そのため、「近代ヨーロッパ文明」そのものの超克や打倒は、モチーフとしては弱いものであった。

その「近代ヨーロッパ文明」は、イギリスやフランスなどの戦勝国において、おおむねしっかりと維持された。のみならず、総力戦体制によるネイションの拡大と下層部分の負担増に応えて参政権や社会権が拡充された点において、これらの国では「近代ヨーロッパ文明」は、有産層だけの利害を保証するものからはかなり遠いものとなった。社会民主主義者もまた、私的所有権のラジカルな否定には踏み込まず、議会制や近代的諸権利は積極的に擁護することで、戦前以上に「近代ヨーロッパ文明」に同化した。「近代ヨーロッパ文明」がこの時期に帯びていた相貌は、ケインズも用いた Liberal socialism という語とよく共鳴していた。[4]

敗戦国ドイツはひどい混乱に見舞われたが、それでもヴァイマール憲法における社会権規定にみるように、ネイションの下層部分への配慮は忘れなかった。「コンサート・オブ・ヨーロッパ」体制も、ドイツの国際社会への復帰を意味した一九二五年のロカルノ条約において息を吹き返した。[5]

ただし、一九二〇年代半ばにヨーロッパが安定を取り戻しつつあったとしても、それは自らの力だけによるものではなかった。第一次世界大戦を経て経済大国と化したアメリカ合衆国の役割が、決定的に重要であった。国際連盟にこそ参加しなかったものの、アメリカはドイツの賠償返済を支援することでヨーロッパ経済の回復を支え、ひいてはヴェルサイユ体制の安定化に努めていたのである。[6] 戦間期のアメリカは「近代ヨーロッパ文明」の基本要素を全て継承していたが、それをさらに総力戦体制の時代に対応させて進化させていた。フォード・システムに代表される大量生産・大量消費を実現し、中間層に支えられる大衆社会をつくりだしたのである。アメリカ大衆社会は二十世紀における「近代ヨーロッパ文明」の力強い継承者であった。

三、社会主義ソ連の登場

総力戦の中でロシア帝国は崩壊し、一九一七年秋にソヴィエト・ロシア（一九二二年末からはソ連）としてあらたに旗揚げされた。レーニン率いるボリシェヴィキは、一九一八年春に自分たちの党の名前を社会民主労働党から共産党へと変更することで、ヨーロッパ社会民主主義からはっきりと袂を分かった。原理的に私的所有権の不可侵を否定し、社会的所有制に基づく新社会の創出を目指すことで、ソヴィエト・ロシアは「近代ヨーロッパ文明」の核となる部分を拒絶していた。

社会的所有制といっても、実態は何よりもまず国家所有制なのであった。国家はさらに住民を、職場や職業などを基準とする様々な団体へと編成した（革命後しばらくは萌芽的でしかなく、本格的な展開は一九三〇年代以降）。帝政期の身分制的コーポラティズムが、総力戦による変形を経た上で、団体を単位とする革命後の政治・社会編成に引き継がれていた（たとえば工場単位で代表を選出するなど）。[7] コーポラティズムを導入する点では、ソヴィエト・ロシアの体制はファシスト・イタリアと形態上の共通性をもっていた。他方、一九二〇年代末まではボリシェヴィキの政策体系におけるナショナリズムの位置づけは二義的なものといってよかった（後述）。

この国家主導のコーポラティズムをボリシェヴィキは「社会主義」と呼んだ。共産党もまた、コーポラティズムを構成する団体のうちの一つであった（他の団体に人を送り、それらの上位に立っていた点では、メタ団体）。ボリシェヴィキが目指していたのは、この国家主導のコーポラティズムによって、「近代ヨーロッパ文明」が解決し残した貧困や不平等を解消することであった。「近代ヨーロッパ文明」が打ち出した諸々の「自由」や「権利」は、私的所有制のもとではブルジョアを利するに過ぎず、社会的所有制のもとではじめて民衆層にも十全に行使できるものになるというのがボリシェヴィキの考えであった。社会正義が正面に掲げられていただけに、ボリシェヴィキのアピールは、貧しい人々だけではなく、良心に疼《うず》きを感じていた世界中の若者やインテリに訴えるものがあった。ソヴィエト・ロシアは「近代ヨーロッパ文明」の根幹である私的所有制を否定しつつ、やはりその文明の強力な継承者候補として、戦後のヨーロッパに登場したのである。

私的所有制に由来する近代的諸権利を「ブルジョア的」と呼んで排する以上、ソヴィエト・ロシアにおいては個人の財産や生命が国家の恣意にさらされる余地は「近代ヨーロッパ文明」のもとでよりも遥かに大きくなった。それどころかボリシェヴィキにとって国家暴力は、階級敵を殲滅《せんめつ》して社会的所有制の貫徹を図り、さらには新しい規範を住民に知らしめるための必要不可欠の手段であった。ただし、そのことは住民の意志がひたすら暴力によって抑え込まれていたことを意味するのではない。国家暴力による強制は大前提としつつ、経済的利害や社会的上昇の可能性、思想的共感や革命的熱狂、それに新しい規範を受け入れることによる自己実現といった諸要素が、「ソヴィエト市民」形成を促した。

ボリシェヴィキが国家暴力を行使する際の正当化の論理は、自分たちだけが歴史の客観的な法則を正しく理解して、人々をより進歩的な方向に導けるということであった。歴史を普遍的な進歩の過程ととらえ、文明の頂点とされていたヨーロッパよりもさらに先を目指すと考える点では、ボリシェヴィキは「近代ヨーロッパ文明」と進歩史観を共有していた。この進歩史観にのっとって、ボリシェヴィキは「近代ヨーロッパ文明」と自分たちとの関係を、断絶であるよりも質的に新しい段階への飛躍的発展であると考えていた。

しかし、ヨーロッパ諸帝国のエリートとボリシェヴィキとでは、進歩史観に込める意味はだいぶ違っていた。前者にとっては自分たちが文明の頂点におり、遥か後ろにいる植民地の人々を啓蒙と科学技術の光で導いてやるという理解であった。両者の距離は長い時間をかけて縮まっていくかもしれないが、自分たちが最先端にいることには変わりがなかったから、あえて歴史の流れを加速させる必要はなかった。これに対してボリシェヴィキは、革命前のロシアが「近代ヨーロッパ文明」の周縁に位置しており、「ブルジョア的な」諸制度ですらも整備が遅れていたことを痛感していた。だが、時間をかけてそれらの整備を進めるのではなく、一気にヨーロッパの頭を飛び越えて文明の未知の最先端である「社会主義」に到達しようとしたのである。

歴史を単に直線的に把握するばかりでなく、革命によってより遅れた地点から最先端への一打逆転を目指す。コミンテルンを通じて世界に発信されたこの歴史把握は、後発地域のインテリには極めて魅力あるものに映った。日本の講座派マルクス主義者もその中にいた。だが、社会主義ロシアのほうが資本主義日本よりも進んでいるというコミンテルン史観と、明治日本が帝政ロシアよりも一七年早く立憲制になったという歴史的事実のあいだには克服しがたいずれがあった。このずれを何とか整合的に説明しなければならないということが、「近代ヨーロッパ文明」への憧れ・コンプレックスとともに、講座派が明治維新の「不徹底性」を論証するのに多大なエネルギーを割かざるをえなかったことの、大きな理由となった。

ボリシェヴィキはヨーロッパの地理的・文明的周縁ロシア帝国の産物であった。「近代ヨーロッパ文明」の根幹を否定しつつ、それでもボリシェヴィキはヨーロッパに強い憧れを抱いていた。この屈折を活写したのが、エレンブルグの近未来小説『トラストD・E――ヨーロッパ滅亡史』(一九二三年)である。エレンブルグはボリシェヴィキの周囲をうろうろしていたが、革命の現実に倦み切りヨーロッパに脱出したユダヤ人作家で、本作もベルリンで執筆された。第一次世界大戦によるヨーロッパの崩壊が色濃く影を落とすこの作品は、ヨーロッパを愛するがゆえにその滅亡を願うモナコ王子の落胤エンス・ボートの物語である。彼がアメリカ合衆国に設立したトラストD・E(Destruction of Europe)が背後で糸をひき、ヨーロッパ各国はあるものは戦争、あるものは疫病、あるものは経済危機で一つまた一つと滅んでいく(ヨーロッパの外部の国々はみな救われる。トルコのジェマル・パシャはボスポラス海峡に銃弾をもって防疫線を敷き、自治国はみな鋼鉄の過剰生産とアメリカの保護関税によって恐慌と飢餓に陥ったイギリスから独立する)。

ソヴィエト・ロシアもまた、ブリキ缶工場主ブランデヴォのクーデタ政権のフランスと、そこに使嗾《しそう》されたポーランドとルーマニアによって攻撃を受ける(ドイツはフランスの毒ガス空爆によりすでに荒野と化していた）。電気投擲砲《とうてきほう》によってモスクワ、ペテルブルグ、キエフ、オデッサが壊滅する。だが、ロシア中央部のリャザンで事態が転回する。投擲砲弾に記された「D・E」の文字を「ダヨーシ・エヴロープ」、つまり「ヨーロッパを与えよ」、あるいはより砕けたニュアンスが伝わるように訳せば「欲しいぞ、ヨーロッパ」と解釈した元赤軍兵士の叫びをきっかけに、難民たちの大逆流が始まる。赤軍も農民もマルクス主義者もタタール人も、総勢二八〇〇万人の大群が「欲しいぞ、ヨーロッパ！」と叫びながらワルシャワそしてブカレストを占領するのである。しかし、一九二〇年のソヴィエト・ポーランド戦争を彷彿させるこの進軍も、ここで阻止された。フランスが散布した疥癬菌《かいせんきん》によってロシアのヨーロッパ部は全東欧とバルカンもろとも滅亡し、ソヴィエト政府は無傷のシベリア・チタ市に遷るのである。[8] 棍棒で武装した農民たちがワルシャワめがけて押し寄せながら「欲しいぞ、ヨーロッパ！」と叫ぶ姿は、ヨーロッパに対するロシアの片思いを切ないまでに描き出していた。

四、「近代ヨーロッパ文明」の危機

一九二九年に世界恐慌がアメリカで始まったことは、ヴェルサイユ体制を経済的に支える後ろ盾の消滅を意味した。それから四年後、ドイツではナチス政権が成立した。ナチス・ドイツはファシスト・イタリアと同様に、ナショナリズムとコーポラティズムの結合に立脚していた。だが、ドイツ・ネイションによる他のネイションの支配、また「劣等人種」の奴隷化や絶滅を目指す点において、ナチス・ドイツはファシスト・イタリアと質的に異なるような暴力性や現状破壊的性格をもっていた。

それでもヒトラー政権の対外拡張やマイノリティ弾圧は全てネイションという、「近代ヨーロッパ文明」が生み出した概念に立脚していた。ネイションの権利を侵害したり、その純潔を脅かしたりする存在が攻撃の対象となったのである。対照的に、ドイツ・ネイションの中にいると認められたものは、コーポラティズム体制のどこかに結構居心地のいい場所をみつけることができたのだった。さらにいえば、自らを文明の頂点とみなし、「劣った」人々に抑圧的に接することは、「近代ヨーロッパ文明」が長く植民地において行なってきたことに他ならなかった。[9] それゆえナチス・ドイツによるヨーロッパの破壊は、「近代ヨーロッパ文明」の自家中毒であった。

経済危機のもとで社会対立が昂進する一九三〇年代のヨーロッパでは、議会制の統合能力に対する信頼が低下した。排外的なナショナリズムとコーポラティズムの組み合わせというナチス体制は、十分にありうる代替案として多くの人々の目に映った。[10] とりわけ東欧・バルカンの権威主義体制は、第二次世界大戦（一九三九―四五年）開始後にヒトラーがヨーロッパ大陸全域を掌握する下地となった。「近代ヨーロッパ文明」をより純粋なかたちで維持していた諸国でさえも、親ナチス的運動が起こった。とりわけフランス第三共和政は、第二次世界大戦が始まるとかなり呆気なくドイツに敗北し、「労働・家族・祖国」を標榜する「フランス国」に生まれ変わった。

このような状況にあって、北欧諸国を別とすればひとりイギリスのみが「近代ヨーロッパ文明」を守り抜いた。一つの理由は議会制が包容力を発揮したことにあった。保守党が発揮した統合力はとくに大きかった。大恐慌直前の選挙でマクドナルドの労働党に負けていたために、保守党は経済危機の責任を免れた。一九三一年に労働党政権が倒れてからは、保守党は第二次世界大戦終結まで一貫してイギリス政治を中心的に担い続けた。三〇年代の二度の選挙は、イングランド労働者の半数が保守党を支持していることを示した。保守党が安定的な地位を維持した結果、同党を支持する中間層も勝者の側に常に残り、大陸諸国のように急進化することがなかった[11]。

そのイギリスもはじめからナチス・ドイツと対決しようとしたわけではなかった。チェンバレンの宥和《ゆうわ》政策は、一九三九年九月に第二次世界大戦が始まり英独が交戦状態に入ってからでさえも、イギリス世論において失敗したとはみなされていなかった。社会主義ソ連というもう一つの脅威を抱えて、イギリスはナチス・ドイツとの共存という選択肢を簡単に捨てるわけにはいかなかったのである。このときヨーロッパの国々は文字通りの生き残りをかけて相互に対峙していた。一九四〇年四月にドイツがノルウェーに侵攻するにいたってついに宥和政策の破産が明らかとなり、対独戦の徹底を主張するチャーチルが首相となった[12]。しかし、宥和政策の評価のいかんによらず、イギリスが一貫して「近代ヨーロッパ文明」を死守したことの意義は強調されねばならない。

五、スターリンのソ連

ソ連では世界恐慌と同時期にスターリンの「上からの革命」が進行した。このタイミングは偶然であったが、猛ピッチで進む工業化と農業集団化は外部の世界に強烈な印象を与えた。とはいえイギリスやドイツの労働者には、ウラル山麓の工場都市マグニトゴルスク建設のように無人の荒野に掘っ立て小屋をつくるところから始める必要はなかったのであるから、ソ連の経済的達成はあくまで後発地域ならではのものであった。

それでもボリシェヴィキの歴史把握では、ソ連はついに社会主義段階に完全に到達したのだった。人間による人間の搾取《さくしゅ》がない、人類社会の「本史」に世界で初めて入ったのである。この認識はソ連政治に深い影響を及ぼした。最も重要なことは、社会における共産党の位置づけが曖昧になったことである。市場原理が残る一九二〇年代のネップ（新経済政策）期には、自覚した人間の集団である共産党だけが、「前衛」として人々を導いていかねばならなかった。だが、いまや社会全体が人類社会の「前衛」の位置にたどりついた。「上からの革命」の熱狂の中でボリシェヴィキの言葉や規範も新しい世代のあいだに広まった。それゆえ共産党員だけが先覚者であるとはいえなくなった。これが一九三七年前後に荒れ狂った大量逮捕（大テロル）の一つの背景であるように思われる。

人類社会の「本史」に入ったということは、現状がそのまま聖化されることでもあった。このことはナショナリズムの扱いに影響を与えた。一九二〇年代の民族政策では非ロシア系諸民族のナショナル・アイデンティティの発達が促されたが、それは早くナショナリズムの段階を通過させてその消滅の段階に諸民族を導きたいという、ボリシェヴィキの進歩史観に裏打ちされていた。だが、一九三〇年代半ばにいたり現状が聖化されてからは、ナショナル・アイデンティティも長期にわたって残るという見解が優勢になった。他方で、連邦全体に共通の「ソ連市民」アイデンティティも、「社会主義祖国」のような用語とともに強調された。国家の全住民が民族籍を超えて共通の政治共同体に属するという意味で、これもまた（公民的な）ナショナル・アイデンティティであった。このような二層構造をもつナショナリズムが、ソ連末期まで続いた。[13]

全体としてナショナリズムが確固たる地歩を得たことは、ボリシェヴィキの階級原理と矛盾するかのようであった。だが、そもそもフランス革命でネイション概念は、王権ではなく住民一人ひとりが主権の担い手であるという思想のもとに打ち出されたのであったから、革命国家ソ連でも同じことはいえた。一九二〇年代末までは階級対立が残っていたが、スターリンのもとで搾取階級は文字通り絶滅されたのであるから、いまや「社会主義ネイション」が生まれてもおかしくはなかった。とはいえ、ネイションを構成するのは近代的諸権利を享受する個々人ではなく、あくまで職場や職能などの団体に編成された人々であった。

総じてスターリンのソ連は、国家主導のコーポラティズムという独自の体制をとりつつも、用語においてはそれまでよりも「近代ヨーロッパ文明」に近づくことになった。それは、いま述べたように搾取階級が絶滅された結果、階級闘争概念が後退した結果であった。それにくわえて、いまやボリシェヴィキは、文明の頂点に達したというある種の余裕をもって、「近代ヨーロッパ文明」の産物を眺めることができた。一九三六年に制定されたスターリン憲法でも、先行する一九一八年と一九二四年の憲法に比べて階級原理は薄まり、全市民の平等が強調されていた。だが、ソ連は「近代ヨーロッパ文明」＝ブルジョア民主主義にすりよったわけでは全くなかった。首相モロトフが述べたように、ブルジョア民主主義は「支配するブルジョア少数派」の利害のために本来的に制約されているのであり、「プロレタリア独裁の勝利に立脚する社会主義的民主主義」こそが「真の民主主義、大衆の民主主義、勤労者の民主主義」なのであった。だが、このようにソ連社会主義の優位を確認したのち、モロトフは次のようにもいうことができた。「他の諸国の民主主義制度における全てのよりよきものを、われわれは手に取り、わが国に移し替え、ソヴィエト国家の条件に適応させるのである」[14]。ここにあるのは、「近代ヨーロッパ文明」を仰ぎみる後進国ロシアの視線ではなく、それを遥か先に追い越してしまった社会主義ソ連の過去のものに対する眼差《まなざ》しである。過去のものであればこそ、自由な立場から選択的な利用が可能なのである[15]。

したがって、スターリンのソ連は「市民の権利」や「民主主義」など、「近代ヨーロッパ文明」の言葉を用いつつも、そこに込める意味内容はあくまで国家主導のコーポラティズムの優位という前提に基づいていた。それゆえ、ナチスの登場によって始まったヨーロッパの弱肉強食の死闘において、「近代ヨーロッパ文明」(イギリス)とファシズム(ドイツ)のいずれがよりソ連に近いということはなかった。チェンバレンの有和政策の及び腰に似て、スターリンの対独政策もまたジグザグをたどった。最終的にソ連は「近代ヨーロッパ文明」と同盟することになったが、それは何といっても一九四一年六月にナチス・ドイツが対ソ戦争に踏み切ったからであった。無論、ソ連が主力となってナチス・ドイツを打倒したことの歴史的意義は大きなものであった。

六、ヨーロッパの冷戦

第二次世界大戦で、ヨーロッパではイギリス、ソ連、それにアメリカが大連合を組んでナチス・

ドイツを打倒した。アジアではナチス・ドイツと似た体制をとった日本（ネイションの中にいるものにとってはそれなりに居心地がよいという点でも似ていた）が、やはりアメリカによって打倒された。戦後、アメリカ・イギリス・ソ連の三大国体制が浮上するかのようにみえた。だが、イギリスは第二次世界大戦中に日本が打撃を加えたこともあって帝国がぐらついており、ギリシア内戦に際しても共産党勢力を抑え込むために介入することができなかった。イギリスの疲弊をみたアメリカは、ヨーロッパにおける「近代ヨーロッパ文明」の守り手を引き受けることを決意した。

そのヨーロッパの東部は、ソ連の支配下にあった。スターリンは当初、親ソ的な緩衝圏をつくる以上のことは考えていなかった。だが、アメリカの対ソ姿勢が硬化し始めたこともあって、一九四七、四八年を境にソ連と同様の体制を押しつけていった。「欲しいぞ、ヨーロッパ！」の叫びは東半分だけではあったが現実のものになった。いまやソ連は世界史の最先端に立つという認識のもと、支配下の（東）ヨーロッパに歴史上の位置づけを与えてやることができた。資本主義またブルジョア民主主義から一歩踏み出した「過渡的な」体制としての「人民民主主義」がそれである。ナチス支配のあとのことであったから、それに全く期待がないわけではなかった。ハンガリー出身のマルクス主義経済学者でソ連に亡命していたヴァルガは、『世界経済と世界政治』第三号（一九四七年）に発表した論文で、「新しい型の民主主義」という言葉を使った。[16]

冷戦は単なる二つのブロックの軍事対立ではなかった。ともに普遍性を標榜する二つの世界観がそこでは対峙していた。一方は「近代ヨーロッパ文明」およびその進化形としてのアメリカ大衆社会である。もう一方は「近代ヨーロッパ文明」の掲げる民主主義および諸権利は、自分たちこそが完全に実現しうると考えるソ連社会主義である。この意味で冷戦は「近代ヨーロッパ文明」の継承戦争であった。

実際には第二次世界大戦後の国際政治において、イデオロギーが全てを規定していたわけではなかった。とくにヨーロッパの東西分割は、ドイツの封じ込めという地政学的狙いと不可分であった(ここではソ連とフランスなどの西欧諸国は利害を共有していた)。だが、そうした地政学的要因もまずは、どちらの体制がより「民主的」かといったイデオロギー的文脈で語られた。のちの一九六〇年代には中国がソ連から自立することで、米ソ二極構造は変容する。それでも中ソ対立もまた、イデオロギー的文脈で語られる限り、冷戦構造そのものを根底から修正するものではなかった。

ヨーロッパが外部の勢力(アメリカとソ連)に命運を握られるという事態は、かつてないことであった。ソ連の東欧支配ばかりでなくアメリカの軍事プレゼンスもまた、当惑を呼ばないわけではなかった。アメリカ人自身のあいだにもこの新状況に対する不安があったことは、「封じ込め政策」を唱えたケナンが、(西)ドイツのナショナリズムはアメリカをいつまでも我慢できるはずがないから(これは読み違えだった)、早く冷戦にけりをつけねばならないと考えたことにも現れていた。[17] よりのちの一九六〇年代にはフランスのド＝ゴールが、アメリカを撤退させ、ソ連とフランスを中心に新しい「コンサート・オブ・ヨーロッパ」を実現することを試みた。[18] 二人とも自律的なヨーロッパという戦前の枠組みにのっとっていた。

しかし、戦争による荒廃の現実を考えたとき、アメリカをつなぎとめておくことは西ヨーロッパの人々にとって最も現実的な選択肢であった。冷戦(ソ連の脅威)という枠組みは、アメリカを孤立主義に戻さないためにも機能していたのである。[19] 実際のところ、西ヨーロッパの人々にとってソ連の東欧支配は僥倖《ぎょうこう》といえた。オーストリア＝ハンガリー帝国崩壊で生じた不安定な「向こう岸」の国々は、ソ連が全部抱え込んでくれた。おかげで豊かな西ヨーロッパは、地域統合という新規まき直しを自分たちだけで進めることができた。[20] 武力担当は主にアメリカにまかせ、東方の国々は（ファシズムともども）非難することで、西ヨーロッパは「近代ヨーロッパ文明」の担い手として純化することができた。一九四九年の欧州審議会規約で「個人の自由、政治的自由および法の支配」がもつ価値が確認され、六一年には社会権の条項を含む欧州社会憲章が成立した。[21] 十九世紀前半にはブルジョアの利害と重なり合っていた「近代ヨーロッパ文明」は、二十世紀に二度の世界大戦を経たのち、冷戦のただなかに普遍性の高い人権概念へとたどりついたのである。

ただし、普遍性の自負が傲岸に結びつくことは、依然として「近代ヨーロッパ文明」の欠点であった。イギリスとフランスが帝国支配と手を切るのは、ただでさえ自分たちが対立の種を播いたインドとパキスタンの独立（一九四七年）を難航させ、さらにはインドシナ戦争（一九四六－五四年）やアルジェリア戦争（一九五四－六二年）などで多くの現地人の血を流してからのことである。帝国支配の傷跡は、いまでもパレスチナをはじめとする各地に残っている。アメリカは第二次中東戦争（一九五六年）における英仏の帝国主義的な企図に反対して、現代版「近代ヨーロッパ文明」の矜持《きょうじ》を示したかにみえたが、ベトナム戦争における介入の泥沼化（一九六五－七五年）で旧世界の轍を踏んだ。

それでもなお、「近代ヨーロッパ文明」およびアメリカ大衆社会が、二十世紀後半にいたって政治的自由と経済的繁栄をともに実現したことは明らかであった。資本主義の生産力が十九世紀人マルクスの予想を遥かに超えることで、人間の顔をした私的所有制が実現したのである。一九八〇年代以降の新自由主義の擡頭《たいとう》によってもこのことは変わらない。

これに対してソ連は、一九八〇年代初頭までに停滞していった。経済の国家管理はイノヴェーションには向いていなかった。また、オイルショックは西側諸国を新自由主義的な構造改革に向かわせるもととなったが、産油国ソ連は原油価格の高騰によってかえって技術革新の機会を逸した。それでもなお低空飛行を続けることは可能であった。ともかくも生命力があった体制を崩壊に向かわせたのは、ゴルバチョフのペレストロイカであった。

七、ソ連崩壊

一九八五年に書記長に就任したとき、ゴルバチョフはソ連体制が停滞しており、改革が必要であることを認識していた。だが、基本的にはゴルバチョフはソ連体制の優位を前提に考えていた。「新思考」外交における「人類共通の価値」という発想は、マルクス主義の階級原理から逸脱しているようにみえた。だが、先に述べたようにソ連は「近代ヨーロッパ文明」と同じ用語を用いていたから、「人類共通の価値」を戦略的に唱えることは可能であった。いかなる戦略があったかといえば、国内改革に専念するために軍拡競争の重荷から逃れるという「息継ぎ」の発想であった。東欧が社会主義を放棄することもゴルバチョフは想定しておらず、自立的な改革社会主義という第三の道を選んで、ソ連と西ヨーロッパの架け橋となってくれればよいと考えていた。[22] 親ソ的な緩衝圏という冷戦初期の原点に戻ったかのような発想であった。「ヨーロッパ共通の家」という彼のスローガンも、アメリカの軍事プレゼンスのヨーロッパからの撤退を含意していた。[23] だが、現実にはソ連軍の脅威から解放された東欧諸国は雪崩《なだれ》を打って「近代ヨーロッパ文明」とアメリカのもとへと走った。

内政ではペレストロイカ（建て直し）が唱えられ、その促進のためにグラスノスチ（情報公開／言論の自由）が打ち出された。グラスノスチはソ連の命運にとって決定的な政策となった。何を書いても逮捕されないとわかった人々は、次第に社会主義そのものの破綻についても論じだしたからである。それでもゴルバチョフがグラスノスチを停止しなかったのは、「保守派」の抵抗を排すためであったが、より構造的な理由も指摘できる。議会制が実質的に機能していないところで改革を進めるには、政権の意志を波及させるために言論空間を切り開く必要があったし、また、啓蒙された個人の意志と能力にもっぱら依拠せざるを得なかった。それゆえ、危機が深まれば深まるほど、グラスノスチを推し進める必要が出てくるのである。

もとより、実質を伴った議会制の創出も試みられた（それまでも各級のソヴィエトと呼ばれる議会はあったが、動員装置の性格が強かった）。一九八九年五月—六月に一回目の召集が行なわれたソ連人民代議員大会である。とはいえ、外交と同様に、ここでも従来の体制との連続性が明らかであった。全議員二二五〇人の三分の一は、共産党・労働組合・協働組合・諸芸術家団体などの「社会団体」代表に割り当てられていたのである。これは国家主導のコーポラティズムに議会制を接ぎ木したものであった。残りは三分の一が各級民族領域、もう三分の一が通常の選挙区にそれぞれ割り当てられた。だが、ひとたび複数候補制によって選挙が行なわれると、選出部門にかかわらず、急進派が(依然少数派ではあったが)勝ち残ってきた。物理学者サハロフやエリツィンを含む急進派は独立代議員の連合体である「地域間代議員グループ」をつくり、コーポラティズムとは異なる人的結合を政治の場に切り開いていった。

ペレストロイカとソ連体制の崩壊過程とは継ぎ目なしにつながっていたが、この人民代議員大会はそのような中にあっても大きな劃期となった。これ以降、ソ連の政治空間は流動性を増し、連邦の統合も徐々に揺らいでいった。複数候補制とグラスノスチのもと、各共和国レベルの指導者は地元世論を第一に配慮しなければならなくなった[24]。エリツィンを含む共和国の指導者の多くは、連邦の解体を当初から目指していたわけではなかったが、ソ連レベルの機構の混乱が深まるなか、共和国の枠組みだけが「地すべりの中でつかまることのできる木」となった。そのため政治・経済改革を求め、連邦中央を批判する声は、ナショナリズムの形態をとって表出されることとなった[25]。私的所有権の不可侵、議会制と政党制、それに近代的諸権利といったものは未整備なまま、ナショナリズムだけが強まっていった。共和国の自立化は、企業の自主性を高めたこととあいまって、従来の流通の結びつきを損ない、物資不足を深刻化させた。この状況下、コーポラティズムを構成する諸団体は、政治・社会生活の排他的な基礎ではなくなったが、経済危機のもとではかえって物資確保の回路などとして生命力を発揮するものもあった。こうしてソ連体制は解体していったが、もとより「近代ヨーロッパ文明」が短期間で根づくわけでもなかった。ロシアの漂流は、二十世紀末にプーチンが権威主義体制の構築に着手するまで続く。

一九九〇年七月に開かれた第二八回党大会は、結果的に最後の共産党大会となった。ゴルバチョフたちはそこで「人間的、民主的な社会主義へ」と題する綱領的声明を採択した[26]。「一歩また一歩と、古いものと新しいものの鋭い闘争の中で、社会が置かれている危機から脱出するための前提条件がつくられつつある」。古いものと新しいものの闘争という弁証法的現状認識を示す点では、この声明はボリシェヴィキの進歩史観に依然忠実であった。だが、進歩の行く先をみるならば、「ペレストロイカの政治の本質は、権威主義的＝官僚主義的体制から人間的、民主的社会主義社会への移行にある」。つまり、「近代ヨーロッパ文明」としての社会民主主義がゴールとされていたのだった。これは一九一七年以来のボリシェヴィキの歴史把握とは根本的に矛盾していた。ここにおいてソ連体制は「近代ヨーロッパ文明」に対する敗北宣言を行なったといってもよい。それから一年半にわたって崩壊過程がさらに続き、一九九一年十二月、ソ連は消滅した。

おわりに――「近代ヨーロッパ文明」と二十一世紀

二十世紀を通じて「近代ヨーロッパ文明」は様々な挑戦を受け、第二次世界大戦という大きな危機も経験した。それでも、結局のところ「近代ヨーロッパ文明」はその現代版であるアメリカ大衆社会ともども生き残り、自らをより豊かなものとした。ソ連体制は「近代ヨーロッパ文明」の手ごわい挑戦者であったが、それに取って代わることはできなかった。私的所有権の不可侵が、根底のところで「近代ヨーロッパ文明」の強さを支えていた。

ソ連の消滅は冷戦の終わりを意味したが、「近代ヨーロッパ文明」はそれで無風状態の中におかれたわけではなかった。冷戦時代には地域間の地政学的な対立や摩擦は、イデオロギー対立のフィルターを通じて現れていた。たとえば中ソ対立がそうである。そのフィルターを通すことによって、「近代ヨーロッパ文明」をいかにして継承すべきかという問いが、国際政治の根本的な規定要因となっていた。だが、ソ連が崩壊したことによってこのフィルターは消滅し、地政学的対立は剝き出しのかたちをとるようになった。

「近代ヨーロッパ文明」はたしかに他者に対して傲慢《ごうまん》であったし、今日なおその弊から十分に脱却できたとはいえない。だが、だからといって「普遍性」の押しつけに反撥して、地域ごとの「特殊性」を押し出していくだけでは、国際紛争は解決しないし、世界は住みにくくなっていく一方であろう。二十一世紀初頭の世界を見渡したとき、個々人の権利、さらには個々人の（そしてまた個々の地域や文化の）多様性を最も広範なかたちで保障しようとしているのは、結局のところ「近代ヨーロッパ文明」（その現代版であるアメリカ大衆社会を含む）なのである。そうであれば、ヨーロッパの内にいるか外にいるかを問わず、「近代ヨーロッパ文明」を自分のものとして支え、よりいっそう多くの人に受け入れられるように修正していく。これが、二十一世紀の今日、わたしたちのとるべき道なのではないだろうか。

注

1 Georges-Henri Soutou, Was There a European Order in the Twentieth Century? From the Concert of Europe to the End of the Cold War, *Contemporary European History*, Vol. 9, No. 3, 2000, pp. 330–333.

2 アレンジ版として、ウェルズ（中上守訳）『冬眠２００年』（偕成社、一九六九年）がある。

3 Soutou, Was There a European Order, p. 335.

4 Liberal socialism については、近藤和彦『イギリス史10講』（岩波新書、二〇一三年）、二七一頁、参照。

5 Soutou, Was There a European Order, pp. 337–338.

6 G・チブラ（三宅正樹訳）『世界経済と世界政治――再建と崩壊　１９２２－１９３１』（みすず書房、一九八九年）、一〇四頁。

7 池田嘉郎『革命ロシアの共和国とネイション』（山川出版社、二〇〇七年）。

8 イリヤ・エレンブルグ（小笠原豊樹・三木卓訳）『トラストＤＥ――小説・ヨーロッパ撲滅史』（海苑社、一九九三年）、一〇四－一二六頁。

9 Mark Mazower, *Dark Continent: Europe's Twentieth Century* (New York: Vintage Books, 2000), p. 73.

10 Mazower, *Dark Continent*, pp. 17–21.

11 Ross McKibbin, *Parties and People: England 1914–1951* (Oxford: Oxford University Press, 2010), pp. 69, 87, 95, 193–195.

12 McKibbin, *Parties and People*, pp. 119–121.

13 池田嘉郎「ソヴィエト帝国論の新しい地平」、『世界史の研究』二三四号、二〇一三年（本書第九章）。

14 *Молотов В. М.* Конституция социализма: Речь на Чрезвычайном VIII Всесоюзном съезде советов 29 ноября 1936 г. (Москва: Партиздат ЦК ВКП (б), 1937). С. 6–7, 9.

15 ボリス・グロイス（亀山郁夫・古賀義顕訳）『全体芸術様式スターリン』（現代思潮新社、二〇〇〇年）、七五–九七頁。
16　*Варга Е.* Демократия нового типа // Мировое хозяйство и мировая политика. №. 3, 1947.
17　John L. Harper, George Kennan's Course, 1947–1949: A Gaullist before de Gaulle, in Frédéric Bozo et al., eds., *Visions of the End of the Cold War in Europe, 1945–1990* (New York: Berghahn Books, 2012), p. 18.
18　Garret Martin, Towards a New Concert of Europe: De Gaulle's Vision of a Post-Cold War Europe, in Bozo et al., eds., *Visions of the End of the Cold War*, p. 100.
19　Mary Kaldor, *The Imaginary War: Understanding the East-West Conflict* (Oxford: Basil Blackwell, 1990), p. 113.
20　遠藤乾「ヨーロッパ統合の歴史——視座と構成」、遠藤乾編『ヨーロッパ統合史』（名古屋大学出版会、二〇〇八年）、七頁。
21　上原良子「ヨーロッパ統合の生成　1947–50年——冷戦・分断・統合」、遠藤編『ヨーロッパ統合史』、一二一頁。
22　マーティン・メイリア（白須英子訳）『ソヴィエトの悲劇——ロシアにおける社会主義の歴史　1917～1991』下巻（草思社、一九九七年）、一九九、二五七頁。
23　Soutou, Was There a European Order, p. 349.
24　Archie Brown, The Gorbachev Era, in Ronald Grigor Suny, ed., *The Cambridge History of Russia. Vol. III. The Twentieth Century* (New York: Cambridge University Press, 2006), p. 330.
25　Stephen Kotkin, *Armageddon Averted: The Soviet Collapse 1970–2000*. Updated Edition (New York: Oxford University Press, 2008), pp. 103–108.
26　Материалы XXVIII съезда КПСС (Москва: Политиздат, 1990). С. 131–132.

第三章　交差する日本とロシアの軌跡
——一九〇五年—一九四五年

はじめに

日露戦争が終結した一九〇五年から第二次世界大戦が終結した一九四五年までの四〇年間は、国際的に緊張の絶えることが少ない時代であった。日本とロシア・ソ連の関係もまた同様であり、両者の対立は国際的緊張をもたらす主要因の一つでもあった。例外的に、日露戦争終結からロシア革命までの一〇年ほどは、両国の関係は友好的であったし、一九二〇年代後半にも凪《なぎ》のような一時期があった。だが、基本的には日本とロシア・ソ連のあいだには対立的な関係があり、それは極端なかたちでは、シベリア出兵、数次の大規模国境紛争、それに第二次世界大戦末期の日ソ戦争という、軍事衝突に帰着した。両国の対立の背後には、資本主義日本と社会主義ソ連とのイデオロギー的相違があったが、より大きな意味をもったのは、東アジアでの覇権をめぐる地政学的な緊張関係であった。そして、この地政学的対抗においては、日本の拡張主義的な野心が、事態を昂進させる基本要因であった。

かような対立的な関係にもかかわらず、一九〇五年から一九四五年までの日本とロシア・ソ連とは、一つの立場を共有していた。それは、この期間、両国がともに、西欧諸国の文明的ヘゲモニーから圧力を受けていたということであり、両国はまた、それに対して各自の立場から挑戦することにもなったのであった。具体的にいえば、議会制やナショナリズム、それに私的所有権といった、十九世紀末までに西欧諸国で確立された制度や理念の体系に対して、それを受容するために努力を払うか、あるいは別の体系を打ち出して対抗するか、といった課題にともに迫られていたのである。日本とロシア・ソ連のあいだの対立もまた、部分的には、各自が西欧諸国の文明的ヘゲモニーに対抗して、独自の代案を打ち出そうとしたことの結果であった。そして、こうした運命を共有していたことによって、両国のあいだには、単に対立相手を研究するといった動機に留まることのない、互いの社会に対する関心が深まった。

本章では、一九〇五年から一九四五年までの日本とロシア・ソ連の関係について、以上のような観点から概観する。とりわけ、相互の社会に対する関心が特徴的に現れている事例を取り上げることで、両国が共有していたものが何であるのかを浮き上がらせるように努めたい。

一、ロシア帝国と日本帝国

「近代ヨーロッパ文明」と日本・ロシア

二十世紀初頭の世界において、西欧諸国は相互に競合しつつも、全体として一つの文明と呼べる、価値と制度の体系を体現していた。ここではそれを、「近代ヨーロッパ文明」と呼んでおきたい。十九世紀中に確立されたその文明は、私的所有権を根底とし、かつ、そこから生まれる諸権利を相互に守り、調整するために、憲法や議会といった制度を発展させていた。その文明においては、法的に平等な市民同士から構成される政治共同体、すなわちネイション（国民）が、各国の政治的主体となった。ネイション概念は、男性に関する限り、社会の広汎な構成員に政治的な主体意識をもたせるものであり、西欧諸国の経済的・科学的・軍事的発展を強力に後押しするものであった。

十九世紀半ばにこの文明の圧力にさらされた日本は、生き残りをかけて、その理念と制度を摂取する道を選んだ。一八八九年には大日本帝国憲法が制定され、一八九〇年には帝国議会が開設された。これらの制度構築に促され、また、住民構成の均質性の高さにも助けられ、日本では二十世紀初頭までにネイション形成がかなりうまく進んだ。これに対してロシアは、十八世紀初頭以来、政治的・軍事的には国際関係の中枢メンバーであったが、二十世紀初頭まで皇帝専制という独自の体制を維持し続けた。憲法も議会も不在であり、私的所有権も十分には根づいておらず、ネイション意識も脆弱《ぜいじゃく》であった。広大な国土に様々なエスニック集団（民族）が暮らしていたこと、さらには身分制が堅固に機能していたことが、住民を分断し続けた。一九〇四年から一九〇五年の日露戦争における日本の勝利とロシアの敗北は、かなりのところまでネイション形成の差に由来するものであった。土屋好古が指摘しているように、ロシア政府を批判し、立憲制を求める自由主義者の中には、ストルーヴェのように、日本では議会制度のもとでネイション形成がうまくいっているからこそ戦争に勝てたのだと論じるものもいた。[1]

日露接近

敗戦、またそれと直接に結びついた一九〇五年の革命が、ロシア帝国のエリートに「近代ヨーロッパ文明」の諸要素を採用することを余儀なくさせた。もっとも、一九〇六年に導入された憲法および議会は、依然として専制や身分制の要素を残存させていた。それでもストルイピンの改革、とりわけ農村共同体の解体と、農民身分の隔離状態の解消に関わる措置は、やはりネイション形成を進めることを一つの目的としていた。

ストルイピンは対外平和の維持を、国内改革の成功の条件と考えていた。とりわけ東アジアでは、日本との関係改善が進められた。東アジアのもう一つの重要な国である中国は、清朝末期の混乱から、辛亥革命（一九一一年）を経て、中華民国にいたってもなお、安定を見なかった。このような状況にあって、旧清朝周縁部の利権を確保することにおいて、日本とロシアの帝国主義的な利害は一致していたのである。一九〇七年、一九一〇年、一九一二年、一九一六年の四次にわたる日露協約によって、朝鮮は日本が、外蒙古（モンゴル）はロシアがおさえ、満洲は南北で、内蒙古は東西で、勢力範囲を分割した。日本とロシアによる介入自体が、中国また朝鮮の国内的安定を妨げる大きな要因であった。[2]

日露の関係改善は、一九一二年に明治天皇が没したときにもよく現れた。ロシアの多くの論者は、日露戦争の敗北にもかかわらず、ピョートル大帝の改革に比すべきものとして、明治天皇のもとでの日本の近代化を讃えた。たとえば大衆向けの『万人のための新しい雑誌』に掲載された論説は、「日本のピョートル大帝」と題し、「ピョートル大帝の時代のロシア人と同様に、日本も多くの伝統的な風習を急激に変革しつつある」と論じた。もっとも、そうした見方を批判する者もいた。知識層向けの『ロシアの富』に掲載された「睦仁《むつひと》の治世における日本の発展」は、「黄色人種のピョートル大帝」「玉座の偉大な改革者」といった見方は、実際には国民全体の努力でなされたことを一人の人間の営為に帰す幻想であると断じた。[3]これはそのまま、王朝中心のロシア史叙述に対する批判でもあった。日本の国制をめぐるロシアの論説は、ときに自国の政体についての隠れた批判となりえたのである。

第一次世界大戦

もし第一次世界大戦が起こらなければ、ロシア帝国も、日本帝国あるいはドイツ帝国のように、立憲君主制のもとで徐々にネイション形成の道を歩んでいけたかもしれない。だが、大戦に参加しなければロシアの大国としての威信を傷つけることになったので、そうした選択がなされる余地は小さかった。そもそもバルカン半島をめぐるロシア帝国とハプスブルク帝国の確執が、第一次世界大戦が始まる重要な前提であったのだから、ロシアにとって大戦は天から降ってきたわけではなく、自ら招いた災禍であった。数か月で終わると思われていた戦争は長期戦、総力戦と化した。それとともに、ロシアには総力戦を耐え抜くための国内統合の制度が弱体であり、ネイション意識も十分には住民のあいだに共有されていないことが露わになっていった。ニコライ二世が議会に信をおかず、その開催を長期にわたって阻止していたため、たまに開かれるその会期は、「城内平和」を実現するための場としてではなく、自由主義者による政府攻撃の場としてもっぱら機能することになった。諸民族も独立こそ目指さぬものの、自治権獲得を視野に入れて独自の動きを活潑化させた。[4]他方、日本は主戦場となったヨーロッパやアフリカから遠く離れた極東にあって、大戦から最大の利益を最小の犠牲によって引き出すことに成功した。

一九一四年の開戦から一九一七年の二月革命まで、日露関係は優れて良好であった。両国はともに連合国の一員として、ドイツ側と戦った。早くも一九一四年秋には日本赤十字社によるロシアへの救護班派遣が実現した。十月に東京を出発した救護班は、シベリア鉄道で西進し、道中ハルビンでは中東鉄道管理局長ホルヴァートの歓迎を受けた。翌月ペトログラードに到着し、以後、二度の滞在延期を経て、一九一五年四月まで活動した。[5]その後もロシア赤十字社の懇望を受けて三輪美之輔が残り、一九一七年十月まで診療活動を続けた。同年十二月に日本赤十字社社長石黒忠悳《いしぐろただのり》男爵宛てで作成された彼の報告書によれば、日本赤十字救護班病院の入院患者の延人員は、病院を開設した一九一四年十二月から救護班が引き上げた一九一六年三月までで四万四一〇三人、一九一六年四月から一九一七年九月までで七万三一八八人、合計一一万七二九一人であった（この統計に関してのみ、年月は露暦）[6]。日本はロシアに武器弾薬や軍装も提供した[7]。また、開戦まで医療機器や薬品をドイツからの輸入に頼っていたロシアは、新しい輸入先を探さなければならなかったが、日本は綿の主要な提供者であった[8]。

ローカルなレベルでの交流もあった。たとえば一九一六年九月には、モスクワ市議会議員のシチェンコフが東京訪問に出発している。紡績業の多いモスクワ・ブルジョアジーの代表らしく、繊維取引が彼の訪問の主要な関心であった。それとともに、モスクワ市所属の技師シェスタコフには日本の港湾建設について調査を行なうことも委託されていた。モスクワでも河川航路の港湾を開設する予定であることが、その背景にはあった。都市インフラに関してモスクワが東京を意識していたことが分かる、興味深い事例である。シェスタコフは一九二〇年代に、構想だけに終わった「大モスクワ計画」の策定を主導することになる[9]。

二、革命ロシアと日本

革命と内戦

一九一七年三月にロマノフ朝は倒れたが、この二月革命によってロシアの政治が安定することにはならなかった。農民や労働者といった民衆層は、自らが求める公正を実現するために、私的所有権を無視して工場や土地といった有産層の資産に対する攻勢を展開し、疲弊した兵士は戦闘を放棄した。先述の三輪美之輔の報告書にも、入院している兵士の動向が記されている。それによれば、

「革命動乱以来無智なる兵卒は上級者に対する交感熱昂騰により一時に膨張したる誤まられたる自由思想は全く紀律と秩序を乱し、傷病兵も何時かは之に感染し、時には一切義務拘束を認めず、従来の病院の規定に従はず、例えば自由勝手に外出し規定の時間には帰院せず、之に説諭を加ふれば節度序礼を無視する如き輩続出し、吾日本赤十字社救護班病院に於ても一時病院の節度を保つに困難なる時期ありしも、如何に思想は単純、頭脳は空虚なる彼等も治療に対する恩義は忘れ難かりしと思しく、日本人医（余及福田医学士）の説諭には従ふを常とし、他の救護病院に比し幾分の秩序を保留することを得たり」[10]。

各層の利害を調節する制度である議会が未発達の状況において、社会対立は激しさを増す一方であった。民衆層の要望に機敏に対応することができ、なおかつそれを統御するためには暴力も辞さずという強力な意思をもった集団は、ボリシェヴィキだけであった。一九一七年十一月に武装蜂起によって政権を獲得したのち、彼らは一九一八年から二一年の内戦中に、身分制のロシアを階級というあらたな区分に基づいて再編した。ソヴィエト・ロシアでは私的所有権という「近代ヨーロッパ文明」の根幹は否定され、憲法も形式的な性格が強く、議会（ソヴィエト）も主に動員装置としてのみ機能した。労働組合や職業団体や協同組合が社会生活の基盤となるという点では、ソヴィエト・ロシアに生まれたものは、団体を単位とする体制、すなわちコーポラティズムともいえた。党・国家主導のコーポラティズムによって、私的所有権や市場経済や搾取を否定し、もって真に平等な社会をつくるというのが、ボリシェヴィキの目指したことであった。

ただし、ネイション形成という一点に関しては、ソヴィエト・ロシアには「近代ヨーロッパ文明」と重なる要素があった。つまり、ボリシェヴィキのイデオロギーのもとで、国家への共通の帰属意識を涵養《かんよう》することが図られたのである。もっともボリシェヴィキ自身は、少なくとも一九二〇年代末までは階級闘争の観点を重視していたから、必ずしも自分たちがやっていることをネイション形成の文脈で把握していたわけではない[11]。

日本にとってロシア帝国の崩壊は、利権獲得のための協調関係が崩れたことを意味した。それだけにボリシェヴィキ政権の成立は、北満洲やシベリアでの権益拡大のチャンスとして映った。一九一八年春からロシアの内戦が本格化するとともに、列強の軍事介入も始まるが、派遣した部隊の規模において日本は他を圧倒した。結局、大義なき列強の軍事介入は中途半端なものに終わり、シベリアの連合国部隊は一九二〇年春までに撤兵したが、日本は出兵を続けた。これに対して、ソヴィエト側は緩衝国として極東共和国をつくった（一九二〇年三月）。本国と異なり複数政党制を許容するなど、極東共和国は西欧諸国の基本的政治制度をまがりなりにも備えていたが、その存在はあくまで暫定的なものに過ぎなかった。

一九二〇年三月から五月には、アムール河下流のニコラエフスク（尼港）で、日本軍と交戦していたソヴィエト側のパルチザンが、日本人居留民・俘虜数百名を惨殺するという事件が起こった。この「尼港事件」をきっかけに、日本政府は北サハリンを占領し、日本世論の対ソ感情も悪化した。だが、事件の背後にあったのは、日本軍が和平協定を破棄したことであった。くわえてパルチザンの中に朝鮮人がいたことが、日本軍の敵愾心《てきがいしん》を昂進させていたことも、尼港事件、ひいてはシベリア出兵の東アジアにおける文脈を考える上で看過してはならないことである[12]。

一九二〇年代

一九二一年春までにボリシェヴィキは苛烈な内戦を勝ち抜き、ソヴィエト・ロシアの存在は国際関係における既成事実となった。こののち、日本とソヴィエト側の接近の動きが徐々に開始されることになった。ソヴィエト側としては、アジア・太平洋地域の強国で、イデオロギー的に敵対する日本との関係を改善することは、安全保障上の重要な課題であった。日本にとっても、ソヴィエト・ロシアとの接近は、利権の獲得など、商業上の利益をもたらすことが期待できた。それ以前から進んでいた交渉の結果、一九二二年十月には極東・シベリアからの日本軍の撤兵が始まった。直後の十一月には極東共和国が清算され、ソヴィエト・ロシアに吸収された。一九二三年九月に起こった関東大震災は、ウラジオストックから派遣された救援船レーニン号を日本側が追い返すといった悶着《もんちゃく》もあったが、総じて日ソの当局者が接触する機会を増やすことになった。一九二五年一月には日ソ国交の樹立がなり、同年五月には日本軍による北サハリンの占領も終わった。

社会主義ソ連は東アジア全体の、そして日本の知識人に強い影響を与えた。一九二二年七月には日本共産党が結成され、モスクワを本部とする共産党インターナショナル(コミンテルン)の日本支部となった。日本当局はその活動を厳しく取り締まり、日ソ国交樹立と機を同じくして一九二五年に治安維持法が成立してからは、なおさらそうであった[13]。

他方、一九二一年春以降、内戦の疲弊から市場経済を取り入れた新経済政策(ネップ)のロシアは、日本の経済人にも比較的つきあいやすい相手のように見えた。国交回復よりも前にソヴィエト・ロシアとの交易樹立を強く唱え、一九二二年夏にはモスクワ入りしていた山崎亀吉もその一人である。時計業・貴金属業で活躍していた彼は、一九二四年に刊行した『労農露西亜《ロシア》の実情』において、一方では、「多数民衆は、革命勃発以来過去数年に亘る生活の苦痛に、根も精も尽き果て、今は新経済政策の結果として、幾分其の苦痛の緩和せられたるに安堵し、また他を思ふ余裕なきこと」として、共産党に対する民衆の態度が積極的な支持と呼べるものではないことを指摘している。だが、その一方で、「過去数年の間に、労農露西亜が自然の淘汰に際会して、実際生活に適する組織及制度に漸次改まりつつあることだけは事実なり」とも記して、徐々にソヴィエト・ロシアが折衷的な体制に移行していくとの展望を示したのだった。[14]

総じて一九二〇年代のソ連は、外の世界との人の往来が活潑であった。興味深い事例では、少し前まで南満洲鉄道株式会社（満鉄）の理事であった大蔵公望《おおくらきんもち》が、一九二七年十二月から一九二八年九月まで現地調査のためにソ連に滞在している。これは満鉄社長の山本条太郎の依頼によるものであった。滞在中、大蔵は「幾百の要人に会見し又ロシア国内各地を観察して」いるが、その成果はソ連の政治・経済・社会・文化の諸事項について網羅的に紹介した全一六二四ページの『ソウェート聯邦の実相』に結実した。[15] 同じ頃、歌舞伎座のモスクワとレニングラード公演も実現した。一九二八年八月一日の『忠臣蔵』モスクワ初演の模様は、政府機関紙『イズヴェスチア』翌日号の文化面（五面）ではなく外交面（二面）で報じられた。人民委員会議議長（首相）ルイコフ、ソ連中央執行委員会書記エヌキッゼ、教育人民委員ルナチャルスキー、商業人民委員ミコヤン、外務人民委員代理カラハンなど、錚々《そうそう》たる顔ぶれが桟敷を埋めた。日本学の第一人者コンラッドの署名記事は、市川左團次の大星由良之助を次のように讃えた。「この役には外面的な意味においてうけるような要素は全くない。そこでは全ては内面の経験の深さと強さに立脚しており、外面的な表現方法は極度に抑制されている（中略）。この役は、恐らく、言葉を解さない観客には理解不能なように思われた。だが、偉大な芸術家の仕事は見事にその力を発揮した。眉毛のかすかな動き、視線の回転、気付くか気付かないかの身振り、これらが実に力強い印象をもたらした[16]」。

無論、ソ連と日本との基本的な対立関係が解消されたわけではなかった。一九二八年六月には関東軍の暗躍によって張作霖爆殺事件が起こっており、日本が満洲に野心を燃やしていることは明らかであった[17]。一九二八年刊のソ連誌『新東洋』二〇・二一号に掲載されたカントロヴィチの論文「日本経済の現代の諸問題」は、日本の過剰人口問題を取り上げて、国外拡張の圧力が強まっているとした。その際、カントロヴィチは、次のような留保を行なっている。「本節および続く諸節における叙述の共通の前提をなすこととして、読者は次のことを念頭においておく必要がある。つまり、日本には資本主義体制が存在し、保持されているということである。社会主義日本が、ソ連と、そしてまた、想定されることとして、復活した中国とも同盟関係に入れば、今日とは大きく異なる状況におかれることになろうし、現在の日本がもっていない諸々の可能性を得ることともなろう[18]」。だが、社会主義日本・ソ連・中国の連帯は、当面ありそうもない夢想であった。

三、ソ連対日本帝国

似通う相貌

一九二〇年代、日本は西欧諸国の基本的政治制度に立脚し続けたが、軍エリートのあいだには「近代ヨーロッパ文明」を否定して独自の道を歩みたいという志向が、伏流水のように存在した。この志向は中国大陸への進出の欲望と結びついていた。一九二九年の大恐慌以降、国際関係の動揺と再編成が始まると、日本の拡張主義は露わなものとなった。一九三一年に満洲事変が起こり、翌一九三二年には満洲国がつくられた。一九三七年には日中戦争が始まる。攻撃的な対外政策と連動して、一九三〇年代の末までに、日本の国内秩序も次第に反「近代ヨーロッパ文明」的なものに改造されていった。

その結果、興味深いことに、日本の相貌はイデオロギー的には敵対するソ連と似たものに変わっていった。私的所有権は否定されなかったが、日中戦争の長期化が明らかになると、「革新官僚」によって統制経済が敷かれていった。マルクス主義およびソ連計画経済がそこには影を落としていた[19]。また、一九三〇年代末までに議会政治も逼塞《ひっそく》し、第二次世界大戦開始後の一九四〇年には全政党が解散して大政翼賛会が成立した。職業団体への編成など、コーポラティズム的要素も並行して強まっていった。

日本における統制経済的要素の伸張は、世界的な趨勢の一部でもあった。大恐慌によって自由主義や市場原理の正統性は打撃を受け、他方で一九二〇年代末から工業化と農業集団化に邁進するソ連の姿も、資本主義諸国に強い衝撃を与えることになったからである。計画経済に対する各国の関心が高まっていることは、ソ連でもよく認識されていた。一九三三年には『計画化の仮面に隠れて』という題で、ゾンバルト、ベネディクト・カウツキー（カールの息子）、ローズヴェルトなどによる、計画化を支持する各国の論説の翻訳集が出されている。日本からは、先に名前の上がった満鉄社長山本条太郎の「日本のための五ヵ年計画」が収録されている。これは *Contemporary Japan* 誌の一九三二年六月刊の創刊号に掲載されたもので、彼のもとで政友会が一九三〇―三一年に作成した、「産業五ヵ年計画」についての紹介である。無論、この論集の序文においてニコライ・イリユホーフが、計画化の名のもとで独占資本とテクノクラート上層部は自分たちの利害を貫徹しようとしていると記したように、ソ連側は楽観的な気分でいたわけではなかった[20]。

社会主義モスクワと帝都東京

日本とソ連の相貌の接近は、都市計画における関心の共有というかたちでも現れた。一九二〇年代後半から一九三〇年代前半のソ連では、都市計画をめぐって活溌な議論が交わされた。東京もまた同じ頃に、規模の拡大をはじめとしてモスクワと類似の問題を抱えていたので、ソ連における議論は日本でも熱心に参照された。独自の道を歩む帝国の首都として、モスクワと東京は似た使命を担っていたのである。

たとえば吉川末次郎が『都市問題』一六巻五号（一九三三年五月）に発表した「ソヴェート聯邦

都市計画の理論と実際」では、「都市農村対立の解消」や「都市主義と反都市主義の論争」など、理論面での問題が説明されるとともに、第一次五ヵ年計画中にある工業都市建設についても列挙された。ゴーリキー（ニジニ・ノヴゴロド）の都市計画については、とくにソ連大使館のガルコーヴィチ書記官や大蔵公望などから得た資料を使って、詳しく紹介している。[21]

ジャーナリスト長谷川萬次郎（如是閑《にょぜかん》）の論考にも、明示的に述べられてはいないものの、ソ連での議論の影響が窺える。『都市問題』一一巻四号（一九三〇年十月）に発表された「資本主義的都市形態の解消」では、近代都市では「生産以上に消費する」社会群の形成が促されているとし、今後の都市計画においては都市解消の科学が理論的立場とならねばならないと主張される。長谷川は『都市問題』一五巻四号（一九三二年十月）掲載の「資本主義社会に於ける大都市の特質」でも、日本の都市の現状を批判した。その論点は、①大都市計画を資本主義的企画からできるだけ独立した科学的企画に基づかせること、②特権階級のみでなく無産政党の自治体への進出を要求すること、③地方的生活の特異性は保持されるべきこと、である。このうち最初の二点は、ソ連の都市計画を意識していたであろう。この論文が発表された一九三二年十月は、東京市が隣接する郡町村を併合して、一五区から三五区へと一気に拡大した時期であった。[22]

また、『改造』一九三二年三月号に掲載された饒平名智太郎《よへなちたろう》「モスクワの計画」は現地の観察記である。親ソ的立場から、モスクワの住宅難、交通難、食糧難について、政府の対策を紹介するなどの弁護を行なっている。さらに「明日の大モスクワ市」の節では、ソ連における都市計画の有利について、次のように指摘している。「資本主義の都市では、土地と家屋は個人の所有である。だから市当局が如何なる名プランを建ててみた処で、思ふやうに再建設が出来るものでない。処か〔ところが〕、此処ソヴエート聯邦では、労働大衆を代表する市当局の思ふやうな何《ど》んなプランでも実行され得る」。この、私的所有権による制約が生じないというソ連都市改造の利点は、日本を含む各国の都市計画関係者が一様に言及しているところであった[23]。

最後に、東京とモスクワの交流におけるユニークな事例として、一九三三年に製作された初の日ソ合作映画『大東京』を挙げておきたい。ロシア人研究者フィオードロワが精力的に分析しているこのドキュメンタリー映画は、ソ連のシュネイデロフを監督に迎え、日本の映画人が帝都東京の姿をソ連また世界に対して発信しようとしたものであった。当時はまだ珍しかったトーキーであり、山田耕筰がモスクワの撮影所で録音を指揮した[24]。

このようにモスクワと東京という二つの帝都には、一九三〇年代に入っても文化的提携が見られたのであったが、それにもかかわらず時間の経過とともに、ソ連と日本は対立の度を深めていった。その舞台は満洲であった。

帝国間の対立

イギリスもフランスも第一次世界大戦後に各自の帝国を維持していたから、その意味では日本の大陸進出は、西欧先進帝国の模範にならっていたともいえた。だが、白人入植地に限ってであれ、帝国をより緩やかなコモンウェルスに再編したイギリスと比べるならば、日本の帝国運営には本土と植民地のあいだに大きな格差があった。さらに、ソ連について見るならば、その多民族国家運営は、政治的自由の厳しい制約があったとはいえ、それは民族を問わず課されていたし、政治的権利と義務もまた各民族に平等に与えられていた。非ロシア系諸民族に「共和国」や「自治共和国」などの領域を提供し、土着の文化やエリートの保護・育成に努めた点において、ソヴィエト連邦制は、資本主義世界の帝国運営よりも一歩進んだ点を明らかにもっていた。それゆえソ連の存在は、朝鮮や中国をはじめ、アジアやアフリカの植民地・従属地域での反植民地運動を鼓舞するものとなった。

革命期から一九二〇年代にかけてのソ連では、資本主義の残滓《ざんし》である民族意識は近い将来になくなるだろうと考えられていた。だが、一九三〇年代以降スターリンは、連邦全体の安定にとって危険をもたらすと想定された場合には、個々の民族に苛烈な弾圧を加えたが、民族意識そのものの短期的な消滅を想定することはもはやなくなった。それは、工業化と農業集団化を経て、社会主義建設が基本的に達成されたという認識が打ち出されたことと密接に関わっていた。生産や生活の場で使われている言葉や、親しまれている文化は、すなわち社会主義の言葉であり文化となったのである。他方でスターリンは、ソ連全体の発展と安定を支える要として、ロシア人の優位をも唱えるようになった。その上でなお、個別の民族意識とともに、より重要なものとして、ソ連全体に対する共通の帰属意識をも涵養すべく努めた。その目的のために、社会主義のイデオロギーにくわえて、より具体的で分かりやすい統合の象徴として、多民族帝国を率いた偉大な過去の人物が顕彰された。こうして一九三〇年代半ば以降、イヴァン雷帝やピョートル大帝といった、ツァーリたちの名誉回復が行なわれた[25]。

総じてスターリンのソ連には、社会主義イデオロギーに基づく諸政策と、国家の安定を基準とす

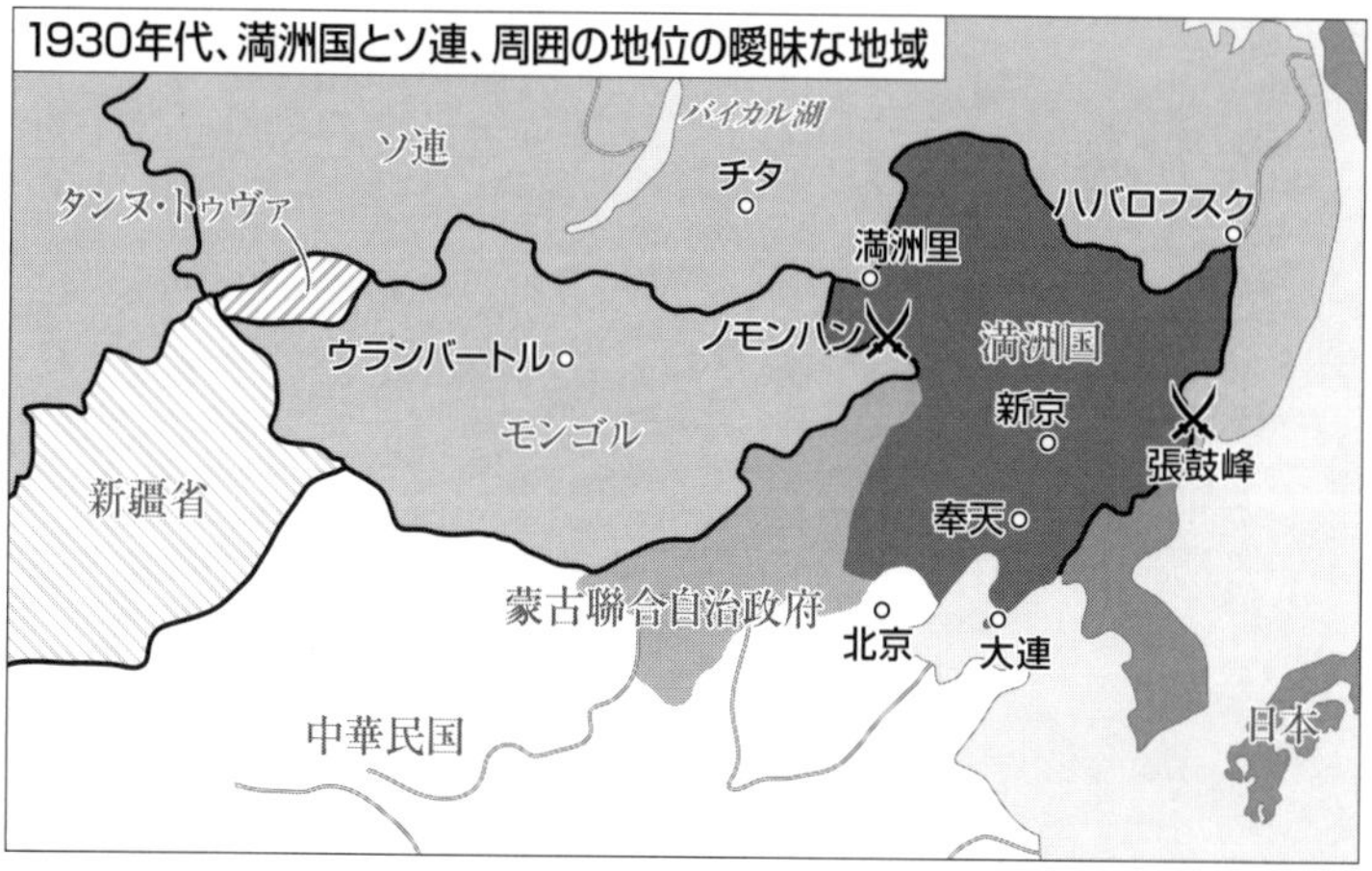

1930年代、満洲国とソ連、周囲の地位の曖昧な地域

る権力政治的な諸政策とが混在し、ときに結合していた。従属地域に対する外交においても、反植民地運動を鼓舞する要素がたしかに存在した一方で、勢力圏の拡張を図り、その際に自治という制度を活用するなど、諸帝国と同様の行動様式も見られた。とりわけ旧清朝との境界地域においては、そうした側面がより強く現れることになった。実際、ソ連と、日本・満洲国との対立は、清朝の衰退に伴って日露がその周縁部を蚕《さん》食《しょく》していった歴史の延長線上にあった。勢力圏の拡大は必ずしも国際的な承認を得ずに行なわれたから、旧清朝周縁部においては、地位の曖昧な地域がいくつも生じた。一九二四年にソ連は中華民国との協定において、モンゴルが中華民国の一部であることを認めていたが、他方でモンゴルは自治を享受しているとの認識も示し、自らの勢力圏に収めていた。新疆省もまた、中華民国の一部でありながらモスクワが影響を強めており、とりわけ一九三〇年のトルクシブ鉄道建設によってソ連と緊密に結合されていた。さらに、モンゴル

の西北隅に位置するタンヌ・トゥヴァも、中華民国の主権下にありながら一九二一年以来自治を宣言し、ソヴィエト・ロシアの保護国となった（一九四四年にソ連に編入）。日本のマリオネットとして満洲国が成立したことは、帰属の曖昧な「国家」・地域が錯綜するユーラシア内陸部において、同様の単位がまた一つ誕生したということであった。

満洲国の成立によって、事実上日本はソ連と長大な国境線を挟んで対峙することになった。満ソ国境は三二〇〇キロの河川国境と、一〇〇〇キロの陸地国境とからなる。ネルチンスク条約（一六八九年）から奉ソ協定（一九二四年）にいたる、ロシア（ソ連）・中国間の一二の条約・協定がその根拠になっていたが、陸地国境の場合、地形の錯綜や標識の消滅によって、また河川国境の場合でも水路の移動によって、境界は不明確であった。満洲とモンゴルの七〇〇キロにわたる国境線も、草原が広がるばかりで境界線は全く曖昧であった。そのこともあって、満洲・ソ連ならびに満洲・モンゴル国境を通じ、満洲国建国以来、一九三六年一月末までだけで二四七件の国境紛争事件が起こったという[26]。その後も国境紛争は絶えることがなく、一九三八年七月には張鼓峰（ハサン湖）事件、一九三九年五月—九月にはノモンハン（ハルハ河）事件が起こるにいたった。

ソ連芸術における日ソ対立

日ソの緊張の高まりは、ソ連の芸術作品にも反映した。一九三六年に発表されたパヴレンコの長編小説『東方にて』は、極東における社会主義建設、満ソ国境の紛争を描いたのち、日ソ未来戦の情景を展開させた。極東から出撃したソ連重爆撃機大隊が関東平野に飛来して、東京市を空襲により壊滅させるのである。同じ年に出たジコフスキーの短編集『鉄の鴨』も、日本を主題にしていた。日本はなお迷信が支配する国であるとする「梅子夫人」は、丙午《ひのえうま》生まれの女性が生年を偽って嫁していたことを告白したことで離縁され、不幸な死を遂げる話である。ほかに、プロトニコフの詩「ツングースが赤軍兵士と協力して日本人を海の向こうに追いやった物語」や、ブリヤート・モンゴル自治共和国の一農夫が口述した童話「猟師フョードルは如何に日本兵を追い払ったか」のように、現地の民話を取り入れて国防意識を高めようとする事例も見られた[27]。

映画界でも、ヴァシーリエフ兄弟が一九三七年にシベリア出兵を主題に『ヴォロチャエフカの日々』を製作した。冷酷な日本軍将校をスヴェルドリンが好演したが、彼は地元民に命じて五右衛門風呂をつくらせ、湯船の中で「すてきだなあ」と日本語でつぶやき草津音頭を口ずさむなど、どこかコミカルでもあった。この映画はソヴィエト側につく元庭師の日本人兵士も登場させて、階級的連帯のバランスをとっていた。パルチザンの捕虜になった彼は銃殺を覚悟するが、放免されたことで心を動かされ、労農露国の隊列に加わるのである。パルチザンとうちとけるシーンで、お前、子どもはいるのかいと身振りで問われたのを、元庭師は子ども扱いされたと誤解して突然に相手の頬を打つ。すぐ誤解は解けるのだが、小柄で端正な日本人が大男のロシア人に挑み、そして友達になるというシークエンスはロシア人の心をくすぐるようである(一九九七年のエリツィン・橋本龍太郎会談がまさにこれであった)。一九三九年のユージンの映画『気概のある娘』は、極東からモスクワに出てくるソフホーズ娘の話であるが、彼女が乗り込む列車の食堂車のシーンでは、メガネをかけた東洋人の紳士が、いかにもスパイ然とした雰囲気で登場する。同じく一九三九年のプイリエフ

『トラクター仲間』は、トラクター手はいつでも戦車手にもなれねばならないという話であり、ラドゥイニナ演じるヒロインもハサン湖事件の本を読んでいる。この映画の主題歌「三人の戦車手」は、「その夜、サムライたちは国境の川を越える決意をした」「鋼鉄と炎に襲われて、サムライたちは地にひれ伏した」と、侵入してきた日本軍が打倒される様を歌っていた。[28]

第二次世界大戦と日ソ戦争

第二次世界大戦における同盟と対抗は、イデオロギーに依拠するのと同じ程度には地政学的関係にも依拠していた。日独からの挟撃を避けたいソ連と、南方への進出を優先したい日本との利害が一致し、一九四一年四月、日ソ中立条約が結ばれた。この年の六月には独ソ戦争が、十二月には日米戦争が始まり、第二次世界大戦は文字通り世界大の戦争となったが、日本とソ連のあいだには、その後も四年にわたり平和状態が維持された。しかしながら、ドイツ軍を押し返すことに成功したスターリンにとっては、日本はもはや打倒される対象でしかなかった。一九四五年二月のヤルタ会談で、ソ連の対日参戦が確約された。アメリカ軍が広島に原爆を投下した三日後の八月九日、ソ連が満洲への侵攻を開始し、日本帝国の命運は完全に尽きた。同じ九日に長崎に原爆が落とされ、十四日には日本政府はポツダム宣言を受託するが、ソ連の侵攻はなお続いた。千島列島をすべて占領し、ソ連の攻撃が止まるのは九月五日のことである。

それに先立つ九月二日、連合国に対する日本の降伏文書が調印された日、スターリンは対日勝利を祝する「国民への呼びかけ」を発した。[29] その冒頭、スターリンは「同志諸君！」に続けて、「同胞諸君！」（ロシア語は「祖国を同じくする男女」の意）といった。表題、そしてこの言葉が示すように、呼びかけ全体がネイションの歴史という観点に立って書かれていた。いわく、一九〇四年二月の旅順奇襲に始まり、シベリア出兵、張鼓峰（ハサン湖）事件、ノモンハン（ハルハ河）事件と、日本は繰り返し「われらの国」を攻撃してきた。ハサン湖でもハルハ河でもソヴィエト軍は日本の攻撃を打ち返し、シベリア出兵も清算された。だが、「日露戦争の時期における一九〇四年のロシア軍の敗北は、国民の意識に重い記憶を残した。それ〔敗北〕はわれらの国に汚点となって残った。われらが国民は、日本が粉砕され、汚点が雪がれる日が来ることを信じ、待った。われわれ、古い世代の人間は、その日を四〇年間待っていた。そしてその日が来たのである」。かくして、一九一七年には帝政期とのつながりを一切断った革命国家が、およそ三〇年のあいだにあらたなネイション意識を確立させ、いまやその意識が革命以前の過去にまで遡及して投影されているのであった。

さらにまたスターリンは、呼びかけの中で次のようにも述べていた。日本が無条件降伏したということは「南サハリンと千島列島がソ連に移ってくるということ、そして、今後はそれらがソ連を大洋から切り離す手段、われらの極東に対する日本の攻撃基地としてではなく、ソ連を大洋と直接に結びつける手段、日本の侵略からわれらの国を防衛する基地として役立つようになることを意味している」。注意すべきは、日本の将来の侵略について言及がなされていることである。かくしてソ連は、将来の戦争を想定した姿勢のまま、第二次世界大戦後の世界に入っていくのである。

むすび

二十世紀前半、日本とロシア・ソ連はともに、「近代ヨーロッパ文明」から圧力を受ける側として世界史に参加した。国際システムのより周縁にいたがゆえに、日本のエリートはより強い危機意識をもって、「近代ヨーロッパ文明」の摂取に努めた。その反対に、ロシア帝国は専制と身分制を維持し続け、第一次世界大戦によって崩壊した。

ロシア帝国は崩壊したが、革命と内戦を経て、ソ連として復活した。私的所有権の否定をはじめ、ソ連は「近代ヨーロッパ文明」とは異なる社会主義の文明を力強く打ち出した。その姿は日本において、左翼知識人ばかりでなく、より多様な層に強い印象を与えた。とりわけ一九三〇年代に入ってからは、国内の格差の克服や、拡張主義的志向の実現といった課題設定を行なうなかで、日本は統制経済やコーポラティズムの要素を強め、ソ連と似通った相貌を帯びるようになっていった。よく似た二つの国家は、第二次世界大戦の最後の局面まで互いに戦うことをしなかったが、土壇場になって剝き出しの力によって、ソ連がアメリカとともに日本に破滅的打撃を与えた。

第二次世界大戦後、勝利者として立ち現れたソ連は、「近代ヨーロッパ文明」とは異なる独自の道を歩み続けることになる。他方、国力を徹底的に喪失した日本は、大衆の時代における「近代ヨーロッパ文明」の後継者たるアメリカの傘下におかれ、西側陣営に組み込まれた。それでもなお、戦後の日本において、一九三〇年代から一九四五年までに形成された非「近代ヨーロッパ文明」的要素は、完全には解体されずに残ったといえる。つまり、国家による規制主導の経済政策や、職場に半ば全人格的に帰属するようなコーポラティズム的要素の存続ということである。それらはむしろ、戦後復興の中で活用され、再強化されたとすらいえるのではないか。日本におけるこれらの非「近代ヨーロッパ文明」的要素が、一九三〇年代以降に主に形成されたのか、それともより前の時期に起源を遡りうるものなのかについては、今後の検討が必要である。いずれにせよ、第二次世界大戦後もなお、ソ連と日本はともに、非「近代ヨーロッパ的文明」的立脚点から世界史に参与するという立場を共有することとなった。両者の軌跡は、なおも交差を続けることになるのである。

注

1 土屋好古『「帝国」の黄昏、未完の「国民」——日露戦争・第一次革命とロシアの社会』（成文社、二〇一二年）、二五九―二六五頁。

2 吉村道男『増補 日本とロシア』（日本経済評論社、一九九一年）、七―四八、二九七―三〇九頁。和田春樹『日露戦争——起源と開戦』上下（岩波書店、二〇〇九―一〇年）。

3 *Сиротский, Л.* Японский Петр Великий // Новый журнал для всех. № 8. Август 1912. С. 94–95; Эволюция Японии в царствование Муцухито // Русское богатство. № 8. Август 1912. С. 92, 97, 99, 100.

4 池田嘉郎編『第一次世界大戦と帝国の遺産』（山川出版社、二〇一四年）、序論、第六章。

5 河合利修「第一次世界大戦中の日本赤十字社による英仏露国への救護班派遣」、『軍事史学』四三巻二号、二〇〇七年九月、五―七頁。ホルヴァートについては、「露国行救護班歓迎」、『博愛』三二八号、一九一四年十一月十日。

6　日本赤十字社史料、ファイル戦七一八「欧州戦乱　露国派遣救護班報告」、大正七年救第八七「在露都日本赤十字社救護班病院状況三輪医員概報」。史料調査にあたっては、保管先である日本赤十字豊田看護大学の河合利修准教授（当時。現在は日本大学教授）のご協力を得た。ここに記して謝すものである。

7　エドワルド・バールィシェフ『日露同盟の時代　１９１４～１９１７年——「例外的な友好」の真相』（花書院、二〇〇七年）、七九–八〇頁。

8　Российский Государственный Военно-исторический Архив. Ф. 2018. О. 1. Д. 95. Л.9об.

9　Китай и Япония. Обзор периодической печати. № 245. Октябрь, 1916 г. (Хабаровск: Типография Штаба Округа, 1916). С. 65–67; Timothy J. Colton, *Moscow: Governing the Socialist Metropolis* (Cambridge: Belknap Press of Harvard University Press, 1995), pp. 233–236.

10　注6の文献。カタカナをひらがなに直し、濁点を補った。

11　池田嘉郎『革命ロシアの共和国とネイション』（山川出版社、二〇〇七年）。

12　原暉之『シベリア出兵——革命と干渉　１９１７–１９２２』（筑摩書房、一九八九年）。和田春樹「シベリア戦争史研究の諸問題」、『ロシア史研究』二〇号、一九七三年四月。

13　富田武『戦間期の日ソ関係　１９１７–１９３７』（岩波書店、二〇一〇年）、三七–五〇、五九頁。黒川伊織『帝国に抗する社会運動——第一次日本共産党の思想と運動』（有志舎、二〇一四年）。池田嘉郎「関東大震災と日ソ関係——局地紛争の時代の災害」、史学会編『災害・環境から戦争を読む（史学会１２５周年リレーシンポジウム３）』（山川出版社、二〇一五年）。

14　山崎亀吉『労農露西亜の実情』（山崎亀吉、一九二四年）、四二–四三頁。

15　大蔵公望『ソウェート聯邦の実相』（南満洲鉄道株式会社、一九二九年）、序二、五頁。大蔵公望『大蔵公望之一生』（大蔵公望先生喜寿祝賀委員会、一九五九年）、九〇–九一、九七–一〇一頁。

16　Известия ЦИК. 2 августа 1928. С. 2.

17 満洲をめぐる日本・ソ連・中国の錯綜する対立関係については、麻田雅文『満蒙——日露中の「最前線」』(講談社選書メチエ、二〇一四年)。
18 *Кантрович* А. Современные проблемы японской экономики // Новый восток. № 20–21, 1928. С. 2.
19 有馬学『帝国の昭和(日本の歴史23)』(講談社、二〇〇二年)、二三二—二四九頁。
20 Под маской планирования. Сборник статей (Москва-Ленинград: Государственное издательство "Стандартизация и Рационализация", 1933). С. 34, 107–111; Jotaro Yamamoto, A Five Year Plan for Japan, *Contemporary Japan: A Review of Japanese Affairs*, Vol. 1, No. 1, June 1932, pp. 45–51.
21 吉川末次郎「ソヴェート聯邦都市計画の理論と実際」、『都市問題』一六巻五号、一九三三年五月、一四七、一五二—一五四頁。
22 長谷川萬次郎「資本主義的都市形態の解消」、『都市問題』一一巻四号、一九三〇年十月、三三、四四頁。同「資本主義社会に於ける大都市の特質」、『都市問題』一五巻四号、一九三二年十月、三四一—三四四頁。東京市役所編『東京市政読本』(東京市役所、一九三六年)、一一五頁。
23 饒平名智太郎「モスクワの計画」、『改造』一九三二年三月号、引用は三三—三四、四七頁。池田嘉郎「スターリンのモスクワ改造」、『年報都市史研究』一六号、二〇〇九年二月、三八頁。
24 アナスタシア・フィオードロワ「トーキー移行期における日本像の形成——日ソ合作映画『大東京』の製作・公開を例に」、杉野健太郎編『映画とイデオロギー』(ミネルヴァ書房、二〇一五年)。
25 池田嘉郎「ソヴィエト帝国論の新しい地平」、『世界史の研究』二三四号、二〇一三年二月(本書第九章)。
26 東京日日新聞社・大阪毎日新聞社編『露国の心臓を衝く』(第三版)(東京日日新聞社、大阪毎日新聞社、一九三六年)、一五一—一五五、一七六、一九三—一九七、二〇五—二〇六頁。
27 『日露年鑑 昭和十三年版(一九三八年)』(日露通信社、一九三七年)、五六四—五六六頁。
28 『トラクター仲間』については、田中まさき「スターリン時代のミュージカル・コメディーに見る農村描写の変化」、『スラヴ文化研究』六号、二〇〇六年。

29 *Сталин И. В.* Сочинения. Т. 15. Ч. 3 (Москва: Издательство ИТРК, 2010). С. 890–892.

付論一

鷗外とグチコフ

森鷗外が日露戦争で満洲に出征したことはよく知られている。軍医である鷗外の肩書きは第二軍の軍医部長といって、衛生部門の責任者であった。よく知られていないのは、満洲で鷗外が、のちにロシア史に名を残す人物と対峙したことである。

舞台は大会戦を終え、日本の占領下に入ったばかりの奉天である。ロシア軍は退却に際して六つの病院を残置していった。数十名の衛生部員と看護婦、一〇〇〇名を超える負傷者もいっしょに残された。彼らを保護し、負傷者に治療を与え、さらに非戦闘員である衛生部員を敵方に送還するという骨の折れる仕事が、第二軍軍医部長の鷗外にのしかかった。

もっとも外国語での交渉は鷗外の得意とするところであったから、軍医部長は水を得た魚のようであった。やはり満洲に従軍中の友人に書き送った次のような手紙から、彼が意気軒昂であった様子が窺える。「奉天では司令官の名で通牒書を遣すも敵方の総代と交渉するも何も彼もおれ一人だ。おれの部屋は朝から晩まで露人が絶間なく出入する。独逸語と仏語とでさっさとやっつける」[1]。

この手紙に出てくる「敵方の総代」が、一九一七年のロシア革命で陸軍大臣になる、アレクサンドル・グチコフである。グチコフはモスクワの企業家の一族に生まれ、自身も繊維工場の大経営主であったが、日露戦争のときは満洲でロシア赤十字の代表を務めていた。

敗戦後の奉天でグチコフは負傷兵といっしょに病院に残り、ロシア側人員への適切な扱いを確保すべく、鷗外との交渉に臨んだ。二人はドイツ語で直接話した。衛生部員のロシア側への送還条件をめぐっては、激しくやりあう一幕もあった。だが、両者はともに、自分の職務に忠実な相手の姿に敬意を払った。二人の努力によって、衛生部員の送還問題は無事に解決されるのである。

鷗外とグチコフ。ともに一八六二年生まれの二人は、それぞれ国運を案じながら、満洲にまで来ていた。だが、それぞれの自国への想いは対照的であった。鷗外は明治国家の現状が万全とは思っていなかったが、これでいくしかないと考えていた。グチコフはロシア帝国の現状に全く不満であり、抜本的な改革を望んでいた。

実際、明治国家は、ヨーロッパが絶対的な力をもつ国際秩序で何とか生き残っていくために、不可欠な改革を一歩一歩進めていた。明治維新後早々と四民平等への措置がとられ、身分制国家から国民国家への転換のための重要な一歩が踏み出された。住民の権利・義務がみな平等であり、能力や熱意があれば上昇していける社会が国民国家である。そうした国民国家であればこそ、そこに暮らすものはみな、国の命運と自分の命運とを重ね合わせ、富国強兵に励むことができる。

一八八九年には大日本帝国憲法が発布された。これは、公布されてすぐに停止されてしまったオスマン帝国の憲法につづく、アジアで二番目の憲法であった。そこでは君主たる天皇の権力は、おおいに制約されていた。恣意的な権力の発動を防ぎ、政治に予測可能性をもたらす憲法は、ヨーロッパ諸国に「文明国」として認めてもらうための大事な装置であった。翌年には国会も開かれた。一握りの富裕層だけではあったが、社会の様々な分野における活力と、国政とを連動させるための重要な装置である。ゆくゆくは有権者の範囲は、男性だけではあるが広がっていくだろう。

同じ頃のロシア帝国は、ヨーロッパ中心の国際秩序の重要な一角をなしていた。だが、その社会の仕組みは独特であった。コンパクトな西欧諸国、それに日本と違って、広大な版図に様々な民族や宗派を抱えるロシアでは、住民に等しい権利と義務を保障する国民国家の仕組みがなかなか育たなかった。住民は「貴族」や「商人」や「農民」、それに「異族人」（ユダヤ人や中央アジアの遊牧民など）などの身分に分かたれ、それぞれが個別の権利と義務をもって、皇帝に臣従していた。皇帝は専制君主として君臨し、一握りの高官だけが政治の実務を任されていた。

ちょうど日本が開国したころは、交通手段（鉄道、蒸気船）や通信手段（電信、電話）が飛躍的に進歩し、人・物・金・情報の流れが世界化する、第一次グローバル化の時代であった。ロシア帝国もこの波に乗りはしたが、経済発展はあくまで国家が上から主導した。都市化が進むにつれて、既存の秩序におさまらない学者や法律家などの自由業者、それに進取の気性に富んだ実業家なども登場する。グチコフもそうした実業家の一人であった。彼らは身分制の窮屈な枠をなくしたかったが、十九世紀後半の皇帝アレクサンドル三世も、その息子のニコライ二世もそうした

「自由主義」を毛嫌いし、せいぜい地方自治体の活動くらいしか彼らに許さなかった。改革しなければ即、国の存亡に関わる日本とくらべて、ロシアにはそこまでの危機感はなかった。二十世紀を迎えても、ロシアには憲法もなければ議会もなかった。

日露戦争は、ロシアに憲法や議会をつくることを求める人々、すなわち「自由主義者」にとって千載一遇のチャンスであった。遠い極東での戦争遂行のためには、才能や経済力をもった彼らの助けが必要であった。そのためニコライ二世は、地方自治体にそれまで認めていなかった全国規模の統一組織をつくることを認め、傷病兵の救護にあたらせた。勢いを得た自由主義者は、それまで官製の色合いが強かった赤十字でも、活潑に仕事を始めた。グチコフもまた、そうした一人であった。

グチコフたち、自由主義者の粉骨砕身も空しく、ロシア帝国は極東での戦争で敗北を重ねた。皇帝とその政府は挙国一致体制をつくろうなどとは考えず、自由主義者の活動にあれこれと縛りをかけた。何よりも問題だったのは、兵士のあいだに、自分やその家族の命運とロシアの命運とを結びつけて考える姿勢が弱いことであった。身分制による社会の分断、それに議会の不在が濃い影を落としていた。日本側が凄まじい団結心を発揮したのとは、実に対照的であった。

戦敗が重なるなか、家族を軍にとられ、暮らしが厳しくなる一方のロシア民衆は、国のあちこちで不満を爆発させ始めた。もともと農民は地主に、労働者は工場主に、「異族人」はロシア人官僚に、不満を募らせていた。裕福な層に属する自由主義者は、民衆の革命的エネルギーにはむしろ恐怖を覚えたが、それでも彼らといっしょになって、改革要求を打ち出した。ニコライ二世はやむなく譲歩し、一九〇六年、憲法と議会がロシアにも生まれた。グチコフも議員に選ばれた。

こうしてロシアもようやく立憲君主制となったが、皇帝は依然強大な権力を保持していた。身分制も残った。ロシア帝国はなお、国民国家を目指しているようには見えなかった。一九一四年に第一次世界大戦が始まると、ロシアはもちこたえることができなかった。一九一七年三月（露暦二月）、労働者と兵士の叛乱によってロシア帝国は倒れた。臨時政府がつくられて、晴れて自由主義者が政権についた。グチコフは陸軍大臣になった。

だが、二月革命によって、兵士のあいだにいきなりロシアへの熱烈な帰属心が湧き起こるというものでもなかった。むしろ、上官への反抗熱が高まり、ロシア軍は急速に解体していった。絶望したグチコフは、二か月もせずに大臣のポストを投げ出した。かつての同僚である議員たちを前に、彼はこう胸中を吐露している。軍紀の低下は、決してレーニンたちボリシェヴィキ（のちの共産党）の宣伝だけのせいではない。問題は、「大衆の裡《うち》に自覚的な、実際の、熱烈な愛国心を、そして何よりも義務感を十分に育ててこなかった」、ロシア帝国のあり方自体にあったのだ、と。[2] 日露戦争以来の苦い経験に裏打ちされた言葉であった。

ある意味でグチコフのこの言葉は、あらたにロシアを支配することになる人々への遺言のようなものであった。一九三〇年代、そして一九四五年、スターリンのもとで相貌をあらためたロシアは、ふたたび満洲で日本と対峙することになるのである。

注

1　鷗外とグチコフの邂逅については、大石汎『美神と軍神と——日露戦争中の森鷗外』（門土社総合出版、一九九三年）、一一二—一一七頁、に詳しい。引用は一〇八頁。

2　Буржуазия и помещики в 1917 году: частные совещания членов Государственной Думы (Москва-Ленинград: Парт. изд-во, 1932). С. 6.

第四章　クリミア半島の歴史——地域からの視角

はじめに

歴史はしばしば国家を単位として叙述される。現代史の場合、国家は外交・内政の基本的な単位であるので、それを重んじるのはおかしなことではない。とはいえ、国家という枠組みを基底に据える歴史叙述は、往々にして首都や政府など、国政の中心からの視角のみに収斂しがちである。そこからこぼれ落ちるものを掬い上げるためには、別個の工夫が必要であろう。

そうした工夫の一つとして、地域に焦点を当てるということが考えられよう。ある国家を含み込むほど大きな場合や、ある国家に含み込まれるほど小さな場合、あるいはまた複数の国家に跨《またが》るような場合、いずれの場合にせよ地域を単位にして考えることで、国家単位の歴史とは別の文脈が見えてくるのではないだろうか。

この章では、クリミア半島に焦点を絞って、地域からの視角を追求してみたい。今日、国際法上はウクライナに属するクリミア半島は、二〇一四年以来ロシアの実効支配のもとにおかれている。ひとまず国家という単位を棚上げし、一つの地域としてクリミアの歴史を概観することによって、同地域における複数の歴史的文脈を見つめ直すことが本章の狙いである。

一、古代から中世へ

古代のクリミア

クリミア半島は黒海北岸に位置する。大陸部とは最狭部で幅わずか八キロのペレコプ地峡によってつながっている。半島の北部は平地で、南部にはクリミア山脈が連なる。面積は二万五八八〇平方キロメートルで、日本列島でいえば九州の七割程度である。[1]

クリミア半島の東側にある突出部は、ケルチ半島という。これはケルチ海峡を挟んで、ロシアのクラスノダール地方と向き合っている。クリミア半島、ケルチ半島、クラスノダール地方が囲んでいるのがアゾフ海である。

古代ギリシアの著作にもクリミア半島のことが記されている。紀元前五世紀のヘロドトスは、『歴史』の中でタヴリカという土地について触れているが、これがクリミア半島のことである。この名称はタヴリ人の住んでいる土地ということである。ヘロドトスはタヴリ人を遊牧民とするが、考古学者には定住説をとるものが多い。タヴリカやタヴリダといった名称は、クリミア半島の古名として、近代のロシアで復活する。[2]

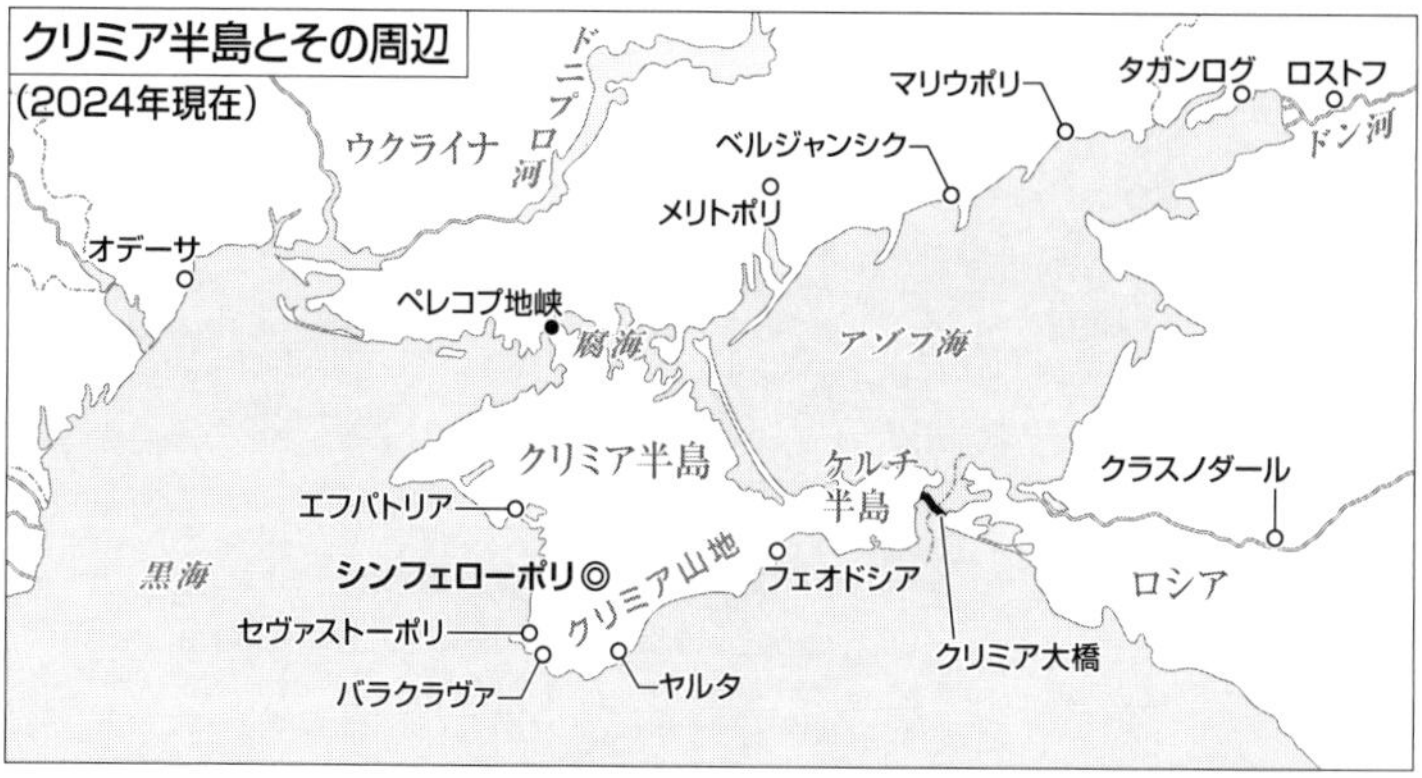

クリミア半島とその周辺
(2024年現在)

日本語では「クリミア」と呼ぶが、ウクライナ語 Крим、ロシア語 Крым はいずれもクルィムと発音する。この名称は十三世紀後半に登場した。その由来は、モンゴル語で「高い、広い壁・堤」を意味する語、あるいはテュルク語で「堀」を意味する語であるとされる。[3]

紀元前七世紀末からギリシア人が黒海沿岸に入植し、一連の植民市をつくった。そうした植民市がもとになって、クリミア半島には二つの王国が栄えた。パンティカパイオン（現在のケルチの場所）を中心にして紀元前五世紀に成立し、ケルチ海峡の両岸を支配していたのがボスポロス王国であり、クリミア半島西部にあったのがヘルソネス王国である。紀元前三世紀には遊牧民スキタイ人もクリミア半島に国家をつくった。だが、紀元後三世紀から四世紀にゴート人、ついでフン人の流入があってこれらの国家は衰退し、ローマ帝国の支配の時代がくる。[4]

ビザンツ帝国のもとで

ローマ帝国（その東半分）、より知られる名前ではビザンツ帝国は、クリミア半島を勢力圏とし続ける。六世紀半ばのユスティニアヌス一世の時代には、半島南端にアルシュタなどの砦がつくられた。ついで八世紀初頭までにカスピ海の側からハザール王国が伸張し、クリミア半島南部に勢力を伸ばした。ハザールと同盟を締結したビザンツ帝国は、大陸につながる半島北部を抑え続けた。八世紀にビザンツ帝国で聖像破壊運動が起こると、半島に移住するものが増えた。キリスト教徒が増加した結果、クリミア半島には三つの教会管区も設けられた。だが、同じ八世紀、ハザール王国がビザンツとの同盟を破棄して戦争となり、半島東部では多くの住民が死に、住民構成におけるテュルク的要素が強まった。半島南東部沿岸にあるスダークが、ハザール王の代官の拠点となった。しかし、九世紀に登場するキエフ・ルーシが、パワーバランスに変化をもたらす。九六五年にハザール王国はキエフ公スヴャトスラフによって滅ぼされた。[5]

約二〇年後、国内の叛乱とブルガリアの脅威という内憂外患に苦しむビザンツ皇帝は、スヴャトスラフの息子であるキエフ公ウラジーミルとの関係を密にすることを求めた。これに応えてウラジーミルは九八八年頃にクリミア半島のヘルソネス（今日のセヴァストーポリの位置にあった）に軍を進め、その地で受洗した。この受洗はルーシのキリスト教化の発端となったが、ウラジーミルのヘルソネスへの進軍自体は、動機や経緯において不明な点が多い。[6] また、ハザール王国滅亡後にはケルチ海峡に対するキエフ・ルーシの影響力が強まって、ケルチ半島の対岸にあるトムトロカニはキエフ・ルーシの一部となった。ただし、トムトロカニが、海峡を越えたケルチを服属させたことを示す証拠はないという。[7] つまり総じてキエフ・ルーシとクリミア半島の関係にははっきりしない点が多い。

十二世紀には遊牧民ポロヴェツがクリミア半島のほぼ全域を支配し、同地の言語のテュルク化がいっそう進行した。一二〇四年に第四回十字軍によってビザンツの帝都コンスタンチノープルが一時的に陥落すると、クリミア半島にもテオドロ公国をはじめいくつかの小国家が成立した。ジェノヴァ人とヴェネツィア人も入植を企てた。イタリア商人同士の競争は、ジェノヴァ人の勝利に終わった。彼らはカファ（今日のフェオドシア）を拠点とし、スダーク、ケルチ、バラクラヴァも獲得した。[8]

二、モンゴル支配からクリミア・ハン国の形成へ

モンゴル支配

モンゴル軍の侵入はクリミア半島の歴史にあらたな一ページを開いた。一二二三年、ルーシ・ポロヴェツ連合軍と戦ったモンゴル軍はクリミア半島にも侵入し、スダークを襲った。このときは軍勢はモンゴルに引き上げた。だが、一二三七年末にジョチ（チンギス・ハンの息子の一人）の息子であるバトゥの率いる軍勢が再度ルーシを襲い、一二三八年二月には首都ウラジーミルを陥落させた。いったん引き上げたモンゴル軍は、一二三九年にクリミア半島を征圧した後、一二四〇年秋にルーシを再襲撃し、キエフを陥落させた。一二四三年、ヴォルガ河下流のサライを都として、バトゥによりキプチャク・ハン国（モンゴル史ではジョチ＝ウルスと呼ばれる）がつくられ、ルーシもクリミア半島もその支配下に入った。[9]

ヴェネツィアの修道士プラノ・カルピニの伝えるところによれば、ドニエプル河とドン河に挟まれた地域は、チャガタイ（チンギス・ハンの息子の一人）の息子に統治が任された。ついでキプチャク・ハン国の第六代ハンであるマング＝ティムール（在位一二六七－八〇年）が、この領域を自身の息子の一人に分領として与えた。分領の中心拠点はクルィムと呼ばれた。先に述べた通り、堀ないし堤の意味である。ここから分領全体がクルィムと呼ばれるようになった。中心拠点としてのクルィムにはソフラトという別称もあった。現在はスタルィイ・クルィム（旧クルィム）市と呼ばれる。[10]

キプチャク・ハン国の支配のもとでも、ジェノヴァ人は商業を続けることができた。先述のマング＝ティムールが、彼らに商業特権を与えたのである。ヨーロッパ、ルーシ、クリミア半島をつなぐ交易路の拠点として、カファとスダークは繁栄した。[11]

クリミア半島に暮らすポロヴェツ、アラン人（イラン系）、ギリシア人、アルメニア人などは、キプチャク・ハン国に対する貢納を課された。他方、テュルク系住民はハン国の支配層との同化が進み、「タタール」という名称が広まっていった。このタタール人集団を中核として、インド＝ヨーロッパ系集団のテュルク化、キリスト教徒のイスラム化が進み、「クリミア・タタール人」が形成されていった。[12] 以下、本章で「タタール」といえば、クリミア・タタールのことである。

クリミア・ハン国の登場

十五世紀半ば、キプチャク・ハン国が内部分裂で混乱するなか、クリミアではジョチの子孫であ

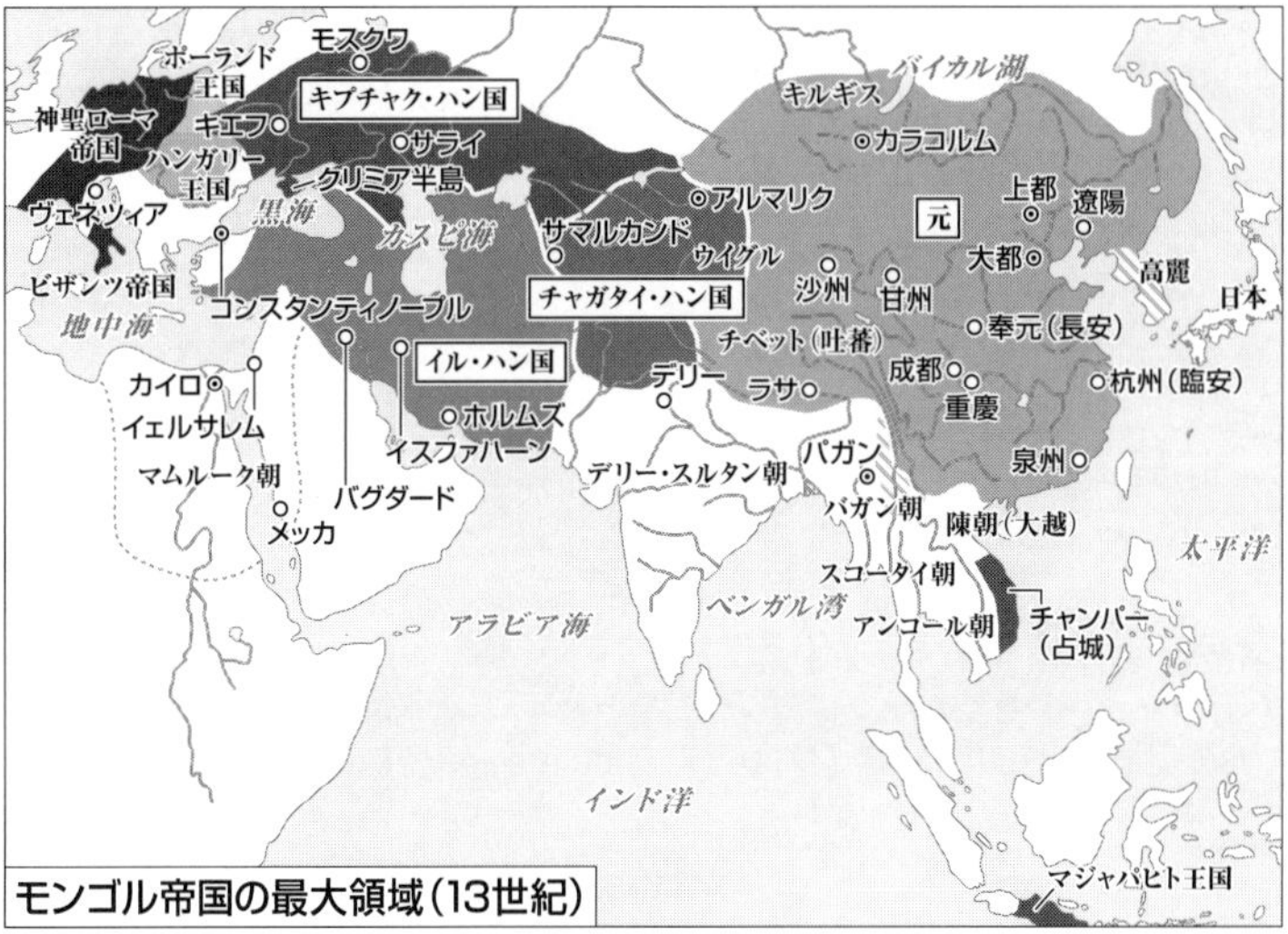

モンゴル帝国の最大領域(13世紀)

黛秋津編『講義 ウクライナの歴史』(山川出版社、2023年)より作成。

るハジ＝ギレイが擡頭した。ハジ＝ギレイはリトアニア、ポーランドと同盟してキプチャク・ハン国の軍勢に勝利を収め、一四四九年にはクリミアの独立した統治者を名乗った。これらのことをもってこの時期にギレイ朝のクリミア・ハン国が形成されたと考えることができるのだが、ハジ＝ギレイはあくまでキプチャク・ハン国全体の玉座を目指しており、クリミアだけを切り離して国家とする構想があったわけではない[13]。

近世ユーラシアでは（その他の諸地域と同様に）、広域を支配する上位権力があって、そのもとにいくつもの政体また部族集団が自治的に存在していた。ビザンツ帝国（一四五三年に最終的に滅亡）やキプチャク・ハン国（一五〇二年に滅亡）が、そうした上位権力であった。これらの上位権力が衰退するにつれて、ルーシではモスクワ大公国が伸張した。モスクワ大公国は周囲の諸公国を統合して、自らがあらたな上位権力に成長していった。

他方、クリミア半島ではギレイ朝が自立的権力として立ち現れたが、一四六六年に開祖ハジ＝ギレイが没すると政治は混乱し、じきにあらたな上位権力のもとに入った。それはオスマン帝国である。一四五三年にビザンツ帝国を滅ぼしたオスマン帝国は、一四七五年にはクリミア半島におけるジェノヴァ商人の拠点やテオドロ公国を征服した。このクリミア半島沿岸部への進出の過程で、オスマン帝国はクリミア・ハン国の宗主国としての地位を獲得した。ジェノヴァ勢力の虜囚となっていた、クリミアの元ハンであるメングリ＝ギレイが、オスマン帝国（カファを占領した）のメフメト二世に個人的に臣従を誓ったことがその理由である。メングリ＝ギレイはそのすぐ後、キプチャク・ハン国による再征服を恐れるクリミアの貴族たちに推されて復位した。[14]

オスマン帝国の宗主権下におかれた後も、クリミア・ハン国はユーラシア西部の国際政治における有力なアクターであり続けた。メングリ＝ギレイは、モスクワ大公イヴァン三世やヴァシーリー三世がリトアニアと戦うのを助け、自身もリトアニア領を攻撃した。また衰退著しいキプチャク・ハン国を攻撃し、一五〇二年にはアストラハンを陥落させた。これによってキプチャク・ハン国は消滅した。キプチャク・ハン国の後継国家として、クリミア・ハン国以外にも、アストラハン・ハン国やカザン・ハン国などの諸ハン国が残ったわけであるが、ギレイ朝はこれらの再統合という野心を追求した。アストラハン・ハン国のハンを一度ならず服従させ、カザン・ハン国のハン位を何度も得た。だが、旧キプチャク・ハン国の版図を引き継ぐことを狙っていたのは、クリミア・ハン国だけではなかった。モスクワ大公国のイヴァン四世（雷帝）が強力な対抗者として現われ、一五五〇年代にカザン・ハン国やアストラハン・ハン国を併合していった[15]。

他のハン国と違い、クリミア・ハン国はモスクワ大公国（ロシア）の脅威として残った。もっとも、ハン国の内部が堅固に統一されていたわけではない。ハンの権力は絶対的なものではなく、キプチャク・ハン国以来の貴族や聖職者が大きな力をもっていた。ノガイ・オルダ（部族）もハン国内で独自の地歩を保った。彼らはステップで遊牧を営んでいたが、一五五六年にアストラハン・ハン国がモスクワに占領された際に、大挙してクリミアに移住してきたのである。彼らはしばしばハンに対して叛乱を起こした[16]。

こうした不安要因を抱えつつも、クリミア・ハン国の勢いは衰えなかった。オスマン帝国の宗主権下にあることが、ハン国の力となった。オスマン帝国のスルタンは、ハン国に毎年多額の贈与金を与えた。オスマン帝国下のモルドヴァ公国とワラキア公国からも、貢納を得ていた[17]。なお、一五三〇年代初頭にクリミア・ハン国のサーヒブ一世ギレイは、バフチサライを都とした。これは、オスマン帝国の代官が駐在し、守備隊をもつカファから離れたところに都をおき、スルタンの監督からなるべく離れたかったからである[18]。

オスマン帝国、ロシア、コサックとクリミア

クリミア・ハン国の軍勢は再三ロシアを襲撃した。とくに一五七一年にはモスクワが攻撃され、多くの死者が出た。当時ロシアは、イヴァン雷帝が発動したテロル体制オプリーチニナの渦中にあり、防禦《ぼうぎょ》体制が弱まっていたのである。この後、一五九〇年代までに、ロシアではボリス・ゴドゥ

ノフによって南方にヴォロネジ、クルスク、ベルゴロドといった都市がつくられ、クリミア・ハン国に対する防塞の役割を果たすようになった。ハン国はオスマン帝国を支援してペルシア、ハプスブルク帝国、ポーランドと戦っていたために、ロシアは南方に歩を進めることができたのである[19]。

ロシアとクリミア・ハン国のあいだには、なおコサックの空間が広がっていた。彼らはテュルク系の脱走兵の集団に、ポーランド＝リトアニアのスラヴ系逃亡農民がくわわることで形成された。ドニエプル河流域を拠点として自治的な生活を送ってきたザポロージャ・コサックは、ワルシャワ王権からの締め付けに反撥して、一六四八年に叛乱を起こした。このときクリミア・ハン国はコサックの味方をして、彼らが国家を打ち立てることを助けた。このコサック国家は十九世紀にウクライナ・ナショナリズム運動が浮上すると、近代ウクライナ国家の起点という位置づけを与えられることになる。

しかし、ポーランド国王の懐柔が功を奏して、クリミア・ハン国はコサック国家を助けることをやめた。コサック国家はロシアと組むことにして、一六五四年にツァーリ・アレクセイとペレヤスラフ協定を結んだ。これによりザポロージャ・コサックはロシアのツァーリに臣従を誓った。コサックにとってこれは一時的な提携でしかなかった。だが、一六六七年にロシアとポーランドがアンドルソヴォ講和を結ぶと、コサック空間はドニエプル河を境にして東西に二分され、両国の支配下に組み込まれた[20]。

クリミア・ハン国はなお活潑であり続けた。一七一一年のプルート川の戦いで、ピョートル一世率いるロシア軍はオスマン軍に敗北する。このときデヴレト二世ギレイ率いるクリミア軍は、ロシア海軍を包囲する上で決定的な役割を果たした。だが、これがクリミア・ハン国がロシアに対して収めた、戦略上の最後の成功となった。[21]

三、ロシア帝国のもとで

エカチェリーナ二世の対クリミア政策

一七六八年に露土戦争が始まると、ロシア皇帝エカチェリーナ二世はクリミア・ハン国の切り崩しを図った。交渉も行なわれたが、それ以上に有効な手段として、一七七一年にロシア軍はクリミアに侵攻した。混乱の中で新しいハンが選ばれ、その弟シャヒン＝ギレイがペテルブルグを訪問した。彼は幼少時をヴェネツィアで過ごし、イタリア語やギリシア語を身に付け、アラビア語にも通じていた。若く教養のある彼は、エカチェリーナ二世の厚く信頼するところとなった。一七七二年十一月、ロシア帝国とクリミア・ハン国は、カラスバザール条約を締結した。これにより両国は「同盟と恒久の友好」によって結ばれた。ロシアはハン国の国内体制について自治を保障した。ハン国に対していかなる戦争の参加も強制しないとも約束した。他方、ロシア人には商業・貿易上の特権が付与され、ケルチなどにロシア駐屯軍が配備された。この二年後には露土戦争の講和条約であるキュチュク・カイナルジャ条約が締結され、オスマン帝国は正式にクリミア・ハン国に対する宗主国の地位を喪失した。ただしオスマン帝国は、クリミア・ハン国に対する宗教的宗主権を得た。[22]

先述の通り、クリミア・ハン国においてハンの地位は絶対的なものではなかった。一七七五年には反ロシア派が叛乱を起こし、ハン位を得た。これに対しては翌年末にスヴォーロフ麾下《きか》のロシア軍がクリミアに侵攻して、一七七七年に女帝の信任厚いシャヒン＝ギレイがハン位に就いた。彼は貴族の力を弱めるためにハンの継承を選挙制から世襲制にあらためるとともに、一連の改革に着手した。聖職者の所有する土地を没収して農民に分配した。全国民を対象にして徴税制度を導入した。ロシア軍をモデルにして軍隊の近代化にも取り組んだ。他方でシャヒンはキリスト教の教会の土地は没収せず、軍ではムスリムとキリスト教徒を同等に扱った。キリスト教徒に対するこの寛容策が、急進的な改革全般とあいまって反撥を呼び、即位から半年で叛乱が起こった。この叛乱もロシア軍が鎮圧した。一七八二年にもクーデタがあり、ハン位を追われたシャヒンはロシア軍に守られてケルチに逃げた。エカチェリーナ二世の命を受けたポチョムキンがクリミアに軍を進め、叛乱を収めるとともにシャヒンを復位させた。

だが、シャヒンがロシア側の制止にもかかわらず護衛隊を使って叛乱者への抑圧を始めると、ポチョムキンは一七八三年三月にペテルブルグに戻り、女帝にクリミア併合を進言した。女帝もこれを受け容れ、翌月クリミア併合が宣言された。ハン国領であったクリミア半島・南部ステップ地域・クバン川以北地域がロシアに併合された。翌年、クリミア半島とステップ地域はタヴリーダ州とされ、シンフェローポリに州都がおかれた[23]。

タヴリーダという古名が復活したことは、啓蒙の時代のロシアとヨーロッパにおける古典古代への関心を反映していた[24]。州の名前以外にも、エカチェリーナ二世はギリシア風の名前をクリミア半島の村落や要塞につけていった。古代の都市名を、地理的に必ずしも関係がないタタール人の村や砦のある場所に与えていったのである。タタール人の村アフチアルは、一七八四年にギリシア語で「偉大な都市」を意味するセヴァストーポリと名づけられた。もともとアブハジアのスフミが古代世界においてこの名で呼ばれていた[25]。

州都シンフェローポリはギリシア語で「有益な都市」の意味で、集落アク＝メチェチをもとに一七八四年につくられた。オデッサも集落・要塞ハジベイのあった場所につくられた。一七九五年に命名されたその名前は、一説によればブルガリアにあった植民市オデッソスからとられた[26]。

タヴリーダ州は七つの郡に分けられ、その行政機構にはクリミア・タタール人のエリートも引き入れられた。彼らは然るべき官等を得て、ロシア帝国の貴族と同等の身分とされた。ベイやムルザといった称号をもつタタール人貴族はみな、世襲領の権利を保持した。その一方で、オスマン帝国に逃れたハンの一族や聖職者が有していた肥沃な土地の多くが国家に接収され、ロシア人・タタール人などを問わず行政官に配分された。これと並行して、スラヴ系・キリスト教徒（今日でいうところのロシア人・ウクライナ人の農民）もクリミア半島に大量に移り住んだ[27]。

一七八四年に定められたタヴリーダ州の紋章には、ロシア正教の八端十字架が描かれていた。その説明には、かつてキエフ・ルーシの大公たちが受洗した時に、ギリシア皇帝（ビザンツ皇帝）からロシアに贈られたものであると記された。つまり、ウラジーミル聖公がクリミア半島のヘルソネスで受洗したことが意識されていた。正教の庇護者として振る舞おうとしたエカチェリーナ二世は、ルーシに正教を受け入れたウラジーミル聖公と自身を重ね合わせようとしたのである。続くパーヴェル一世の時代から、ロシア皇帝の称号に「タヴリーダのヘルソネスのツァーリ」がくわわった[28]。

パーヴェル一世の短い治世にタヴリーダ州は廃止されて、ノヴォロシア県の一部とされた（一七九六年）。だが、彼をクーデタで排除したアレクサンドル一世は、祖母エカチェリーナ二世の行政区分を復活し、一八〇二年にタヴリーダ県をおいた。十九世紀前半、ロシア人、ウクライナ人、ギリシア人、ドイツ人、アルメニア人、ユダヤ人が半島に移住する一方で、クリミア・タタール人のオスマン帝国への流出が進んだ。クリミア半島南岸では政府によってブドウ栽培とワイン醸造が振興された。ケルチ＝エニカレ（一八二一年）やセヴァストーポリ（一八七三年）といった、地政学上の意義をもつ港湾都市は、別個の行政単位である特別市総督府とされた[29]。

クリミア戦争の衝撃

一八五三年十月に始まったロシアとオスマン帝国の戦争、すなわちクリミア戦争（一八五三―五六年）は、クリミア半島に暮らすタタール人の命運に大きな影響を与えた。ロシア海軍は、黒海南岸にあるオスマン帝国の港スィノプ近くで、オスマン艦隊を破った。これがイギリスとフランスを刺戟し、英仏はオスマン側で参戦した。ロシア皇帝ニコライ一世はダニューヴ河やスィノプで戦闘を行なっていた緒戦の段階で、国境に位置するベッサラビア、ヘルソン、タヴリーダの三県に戒厳令を敷いた。タヴリーダ県は軍司令官メンシコフの指揮下におかれた。タタール人をはじめとするクリミア半島の諸民族はツァーリへの忠誠を表明し、県総督も民族の相違を超えて住民が忠実であることをメンシコフに報告した。だが、軍当局は対敵協力の恐れがあると判断した住民の監視を始めた。当初は外国人（オスマン帝国臣民やイギリス人）とユダヤ人（カライムと呼ばれるクリミアのユダヤ人）が標的となった。

一八五四年九月、黒海に侵入した英仏軍がエフパトリアに上陸し、秋のうちに半島沿岸部の占領を進めた。行政の拠点シンフェローポリに向けて大量の避難民が発生し、敵の侵攻に関する噂が乱れ飛んだ。女性たちはトルコ人・イギリス人兵士による性暴力の可能性を恐怖した。ロシア軍はセヴァストーポリ要塞の防衛に集中され、シンフェローポリ防衛は手薄となった。メンシコフはドンとウラルのコサックを増援のために用いたが、辺境防備・治安維持の任につく彼らはタタール人に対して暴力的に振る舞った[30]。

治安当局から見れば、タタール人も潜在的に対敵協力の恐れがあった。エカチェリーナ二世によるハン国併合後、多くのクリミア・タタール人がオスマン帝国に流出した。彼らから連隊や騎兵隊がつくられ、ナポレオン戦争や露土戦争（一八二八－二九年）でロシアに対抗して戦った。クリミア戦争でも同様であった。また、ギレイ家の人々はバルカン半島で行政官や軍人として仕えていた。そのうちの一人であるムサド＝ギレイは、タタール人の叛乱を促すためにエフパトリアを訪れた。地元のタタール人は彼を支持し、英仏軍に馬や馬車を提供した。ついで、エフパトリアからペレコプへと叛乱の波が広がった。英仏軍はムサド＝ギレイの任務は果たされたと判断し、九月初旬にバルカンに送り戻した。

エフパトリア、ペレコプ、ついでフェオドシアといった沿岸部でタタール人の蜂起が広まるなか、クリミア半島の正教会聖職者は、この戦争を「聖戦」として描き出した。半島に暮らす多くのタタール人はこの展開に深い危機感を抱いた。一八五四年十月にタヴリーダ・ムスリム宗務局は、叛乱者をツァーリに対する忠誠の誓いを破った裏切者として非難した。ノガイ人の代表も叛乱者を非難する声明を出した。ニコライ一世はこれらの動きを評価したが、シンフェローポリとタヴリーダの軍事総督で、タタール人の監視をつかさどるアドレルベルグは違った。彼とその部下たちは、タタール人全般に対して不信感を抱き、彼らの内通行為について多くの報告を作成した。それらは噂や密告（タタール人のものからも含む）に基づいていた。その結果、ロシア南部のクルスクに約一〇〇人、エカチェリノスラフ（今日のウクライナ・ドニプロ）に四九人のタタール人が追放された。アドレルベルグはタタール人のスパイ網があると考え、ロシアに対するタタール人の一斉蜂起を恐れていた。治安当局の担当者たちは、自分たちが敵対的なタタール人に包囲されているとの観念に支配されていた。

英仏軍の占領地で、地元のタタール人が英仏軍に協力せざるを得なかったことはたしかであった。アドレルベルグはクリミア半島南岸部に居住するタタール人全体をクルスクに強制移住させる必要があると考え、軍指揮官たちの共感を得た。クリミアの地所の農業生産性を維持するためには、ロシア人農民を入植させるのがよいと彼は考えた。だが、強制移住という彼の意見は採用されなかった。一八五五年二月にメンシコフにかわって軍司令官となったゴルチャコフは、アドレルベルグによるタタール人の根拠薄弱な逮捕や取り調べを停止させるために再三介入した。[31]

クリミア・タタール人の流出

ロシア当局の監視、コサックの襲撃、飢えた英仏軍に挟まれたタタール人は、一八五四年秋から五五年春にかけて、クリミア半島からオスマン帝国に脱出し始めた。当初は個々の動きであったが、一八五五年四月には四千五百人がバラクラヴァからコンスタンチノープルに去った。これを阻止すべきではないかという現地当局の問いに対して、即位したばかりのアレクサンドル二世は、「この有害な住民を半島からなくすことができるのは有利なことであろう」と答えた。クリミア戦争の講和条約であるパリ条約（一八五六年）で、敵の軍事活動に参加した臣民に対する赦免が規定されていたため、ロシア当局は強い追放措置をとることはしなかった。それでも、いったん国外に出た後に帰国を求めたタタール人に対しては、合法的手段で国外に出たもの以外はすべて裏切者とみなすとの判断が下された。[32]

一八六七年までに男性一〇万四二一一人、女性八万八一四九人のタタール人がクリミアを去った。これは半島にいたタタール人の三分の二にあたる。七八四の荒廃した村と四五七の棄てられたモスクが遺された。ロシア政府はキリスト教徒をこれらの村落に入植させた。ロシア人だけではなく、ギリシア人、ブルガリア人、ドイツ人、チェコ人、エストニア人もいた。クリミア戦争でロシアが喪失したベッサラビアからの難民であるブルガリア人もその中にはいた。他方、ブルガリア人が去ったオスマン帝国領土には、クリミアから流出したタタール人が入植した。彼らの境遇は恵まれたものではなく、コレラやマラリアで命を落とすものも多かった。[33]

こうしてクリミア半島の住民構成は、スラヴ系をはじめとするキリスト教徒を中心とするものに大きく変貌した。彼らの入植が進むとともに、目覚ましい経済成長が起こった。その背景には、一八六〇年代に始まる大改革の影響で、ペテルブルグから広がる鉄道網がクリミア半島にも到達したことがあった。一八七五年にセヴァストーポリ、一八九二年にフェオドシア、一九〇〇年にケルチが鉄路によって本土と結合された。港湾インフラも整備されて穀物の販路が拡大し、小麦栽培が半島における主要農業となった[34]。

鉄道や汽船航路の発展に助けられて、クリミア半島はロシア帝国有数の保養地に成長した[35]。ペテルブルグの富裕層にとってクリミアは、エキゾチックなリゾート地であった。婦人たちはタタール人のガイドと密通を楽しむためにクリミアにやってくるのだと地元新聞は風刺した[36]。整備された庭園やダーチャ（別荘）がある旅行者・逗留者向けの区画と、タタール人居住区画とは截然と分かれていた。首都で刊行された保養地案内が叙述するところによれば、ヤルタ近郊のグルズフでは、タタール人の「村の街路は不潔で埃《ほこり》っぽい。上下水道はない。タタールの家や木造家屋はひしめきあい、低く、床は土である」。半島南岸にある「アルシュタの中心は丘で、そこにアルシュタのタタール的な古い部分が広がっている」。「丘の平らな頂部は汚いタタールの市場によって占められている。典型的な平屋根をしたタタールの建物、変わることなき歩廊を擁して、狭く曲がりくねった通りがそこに伸びている[37]」。

ペテルブルグやモスクワの公衆はたしかにクリミアの歴史に敬意を払った。だが、それはまずはハン国の歴史よりも古典古代に対してであった。いずれにせよ、過去はすでに「記念碑」となってしまったのであり、現在を所有する主人である彼らはそれを眺め、賞嘆すればよいのであった。一九一五年にモスクワで刊行された保養地案内には次のように書かれていた。「クリミア、古代タヴリーダの歴史は、幾世紀もの深奥に遡り、地質学者の行なった発掘は、石器時代においてさえこの半島には活気ある生活が見られたことを物語っている。この地方の歴史は非常に興味深く、内容豊かである。様々な世紀の数多くの記念碑がこの比較的小さな半島には散らばっている。古代の諸都市があらたにつくられた都市と入り混じり、クリミアの過去の見事な例示をなしている[38]」。

四、革命と内戦の時代

ロシア革命とクリミア

一九一七年二月の革命によって帝政が倒れると、ロシア帝国各地で諸民族の運動が活溌化した。民族差別の撤廃、民族文化の尊重、さらにはロシアの連邦化が、民族運動の代表者の多くが求めたことであった。連邦体制のもと、各民族は何らかのかたちで自治を得るというのが、彼らの目標であった。

クリミア・タタール人も、帝国的な広がりをもつムスリム運動の一部として、活溌に動き始めた。五月にモスクワで開かれた全ロシア・ムスリム大会では、クリミア・タタール人の代表はアゼルバイジャン、トルケスタン、バシキリア、ステップ（カザフ）諸州の代表とともに、民族領域に基づくロシアの再編を主張した。沿ヴォルガのタタール人と北カフカース代表の一部は民族文化自治を支持した。大会の過半数は前者の意見に同意して、ロシアの連邦化を支持した。ただし、現代ロシアの研究者イスハーコフがいうように、多くのムスリムは領域自治と文化自治のあいだに本質的な差異を見出していなかったので、「連邦主義者」と「統一主義者」の対立を過度に強調するべきではない。[39]

七月にはクリミア・タタール人の若き知識人によって、政党ミッリ＝フィルカが組織された。「国民政党」の意味である。ミッリ＝フィルカのメンバーは、オスマン帝国におけるタタール人慈善団体や非合法組織での経験によって結合されていた。チェレビエフやセイダメトといったその指導者たちは、オスマン帝国やヨーロッパで学び、穏健社会主義的な志向をもつ法学者（ムフティー）であった。彼らを中心として、十月一日（以下、日付は一九一八年二月一日までは露暦）にはシンフェローポリで第二回クリミア・タタール社会団体大会が開かれた。約二〇〇人の代議員中、二〇人は女性であった。大会はクリミアに州自治が必要であると決議した。「クリミアはクリミア人のために」が彼らのスローガンであった。「クリミア人」という表現が意味するように、タタール人以外にも、クリミア半島に暮らす諸民族が自治の創出に参加すべきであると彼らは考えていた。[40]

十月革命でロシアの首都ペトログラード（一九一四年八月にペテルブルグから改称）にソヴィエト政権が成立すると、旧ロシア帝国の解体の勢いが増した。各地方で主導権をとった民族系の政治活動家は、ボリシェヴィキの社会主義路線からは距離をおき、自立化を進めた（ただし、ボリシェヴィキの支配が長持ちするとは考えられていなかったので、将来の民主的・連邦的ロシアから分離するとまでは一九一七年末の段階では言明されなかった）。

クリミアに関することとして、先にウクライナの動きを見よう。ウクライナでは二月革命直後から、ウクライナ民族運動の活動家が地域政治の主導権をとっていた。彼らの創出した権力体である中央ラーダは、一九一七年五月半ばの時点で、領域自治の範囲としてタヴリーダ県を含む九県を想定していた。ただし、「これらの諸県から非ウクライナ的部分を除くこと」も考慮されていた。[41]

おそらくクリミア半島も、この除かれるべき部分として考えられていたと思われる。というのは、十月革命後の十一月七日に中央ラーダは「第三ウニヴェルサル（宣言）」を発して、「ウクライナ人民共和国」を宣言した（独立国家ではなく、刷新されるべきロシアの一部として）。その領域にはウクライナ人が多数を占める地域が入るとされたが、列挙されたそうした地域の最後には、「タヴリア（クリミアを除く）」と記されていた。つまりタヴリーダ県のうち、本土側の三郡（ベルジャンシク、ドニプロウシク、メリトポリ）だけが人民共和国の領土とされた。[42] ラーダの文書である十二月十日付の人民共和国憲法草案でも、「非ウクライナ的部分（クリミアのような）を除く」タヴリーダ県が、領域に入るべき諸県の一つとされた。[43]

ついで一九一八年一月九日、中央ラーダは「第四ウニヴェルサル」を発し、独立を宣言した。これは第一次世界大戦の敵国ドイツ側との講和に先立ち、主権国家の立場を確立するためである。一月二十七日、ドイツ・オーストリア・オスマン・ブルガリアとウクライナは、ブレスト＝リトフスクで講和を締結した（ソヴィエト政府とドイツ側との同名の講和とは別物）。[44] 以後、ドイツはウクライナ人民共和国の領域の一部として、クリミアを除くタヴリーダ県という規定を了承している。[45]

そのクリミアでは、クリミア・タタール人が当初は主導権をとった。ムスリム運動はすでに一九一七年のうちから各地域・民族の運動に分かれる兆しを示していたが、十月革命の後はその傾向がいっそう顕著になった。クリミア・タタール人の活動家たちは、十一月二十六日から十二月十三日までバフチサライのハンの宮殿を議場として、代表会議であるクルルタイを開いた。六二人の代議員からなる会議は、クリミア・タタール基本法を採択した。普通選挙権の導入、タタールの伝統に由来する称号・身分特権の廃止、両性の同権が謳われた。クルルタイは最終日に、クリミア人民共和国の創出を宣言した。彼らは完全独立は目指しておらず、民主的に再編されるべきロシアの一部として人民共和国を構想していた。クルルタイは議会になり、チェレビエフが政府（ディレクトリア）を率いた。[46]

ディレクトリアはムスリム兵士から特別ムスリム歩兵連隊を編成し、クリミア騎兵連隊ももっていたので、軍事力を保有していた。他の部隊は規律が完全に消滅し、兵舎でその日暮らしを送るだけの集団となっていたので、秩序の維持はディレクトリアが担った。シンフェローポリでは騎兵連隊のタタール人が通りを警備し、ときに皮鞭を使った。ディレクトリアは住民から非常税を取り立てることもあった。これらのことがロシア系住民の不満を蓄積させた。[47]

そうした不満に依拠するかたちで、地元のボリシェヴィキはタタール人政権との対立姿勢を強めた。一九一八年一月初頭、彼らはクルルタイに最後通告を行なった。交渉の試みも失敗に終わり、クルルタイ側はボリシェヴィキとの武装闘争に入った。決定的な戦いは一月二日から三日にかけてセヴァストーポリ近郊で展開した。タタール側は敗北し、セヴァストーポリから放逐された。一月十四日にはクルルタイもボリシェヴィキによって解散された。タタール側部隊はなおバフチサライ、シンフェローポリ、ヤルタで抵抗したが、形成は逆転できなかった。二月二十二日から二十四日にかけて、セヴァストーポリの監獄でボリシェヴィキによって六百人が銃殺された。その中にはチェレビエフもいた。[48]

内戦とテロル

ボリシェヴィキは左派エスエルとともに、あらたなクリミア地方政権を樹立した。一九一八年三月七日から十日にかけてシンフェローポリでタヴリーダ県ソヴィエト大会が招集され、「タヴリーダ共和国」が宣言された。この宣言は県全体を対象とするものであったために、北部三郡を自らの領土とするウクライナ人民共和国の認識に抵触した。ソヴィエト政権には三月三日にドイツ側と締結したブレスト＝リトフスク講和によって、ウクライナ人民共和国とドイツ側との同名の講和を承認する義務があった。そのため、あらためて三月十九日から二十一日のあいだにクリミア半島部分だけを含む「タヴリーダ・ソヴィエト社会主義共和国」が宣言された[49]。

このソヴィエト共和国は安定せず、民族的緊張に満ちていた。ドイツ軍接近の報に踊らされたクリミア・タタール人が蜂起を起こした際には、ソヴィエト側がこれを鎮圧し、タタール人を大量に殺害して略奪を行なった。噂では、これは主にソヴィエト側についたギリシア人によるものといわれた。ついで、実際に四月十八日、ドイツ軍がソヴィエト・ロシアとのブレスト＝リトフスク講和を侵犯して、クリミア半島に侵入した。同時にミッリ＝フィルカもアルシュタで蜂起し、月末にはタヴリーダ・ソヴィエト社会主義共和国の幹部陣を銃殺した。タタール人はこのとき先行する殺害への報復としてギリシア人住民を数多く殺害し、略奪を実行した[50]。

ドイツ軍がシンフェローポリを占領した四月二十一日、クルルタイを招集するための臨時ビューローが成立した。五月十日にクルルタイが開かれ、あらたな議会は他の民族代表による補充が必要である、議会の公式言語はタタール語とロシア語とする、といったことが決められた。首相には満場一致でセイダメトが選ばれた。だが、ドイツ軍はこれに従わず、クルルタイが休会となった六月五日、軍人スリケーヴィチを首相とした。彼はリトアニア・タタール人で、十月革命前後に第一ムスリム軍団の創出に尽力したことで、ムスリムのあいだで人気があった。こうして「クリミア地方政府」が成立した[51]。

しかし、第一次世界大戦のドイツ敗戦により一九一八年十一月にスリケーヴィチ政権は倒れ、「クリミア地方政府」はカデット（立憲民主党）のクルィムに委ねられた。クルィムはフェオドシアの裕福なユダヤ人（カライム）家庭に生まれ、農学者となった人で、ロシア帝国の議会下院である第一・第四ドゥーマの議員でもあった。新「クリミア地方政府」は、彼以外にも、司法大臣ナボコフ、対外関係大臣ヴィナヴェルなど、カデット主体の政権となった。クルィム政権は連合国の干渉軍と、デニーキン将軍の率いる反ソヴィエト軍事組織であるロシア義勇軍とに支えられながら、リベラル的体制を敷こうと努めた[52]（第八章参照）。

だが、一九一九年四月にはケルチ半島を除いてソヴィエト権力が再確立し、「クリミア・ソヴィエト社会主義共和国」が宣言された[53]。一九一八年と違い、このときのソヴィエト共和国はテロルを基本的に避け、メンシェヴィキとも協力した。この穏和な体制は、州革命委員会議長のバガトゥリヤンツに負うところが大きかった。地元ギムナジウムの教師であった彼女は、カデットのオボレンスキーの回想によれば、いかなる流血にも反対したのである。クリミア・ソヴィエト共和国の人民委員会議議長であるドミートリー・ウリヤーノフ（レーニンの弟）も、彼女の方針を支持した。ドミートリーはフェオドシアの県ゼムストヴォの衛生医で、飲酒癖があったが善良であった[54]。

しかし、この政権も長続きせず、一九一九年六月末にはロシア南部を拠点とするデニーキンの義勇軍がクリミア半島を占領した。「単一不可分のロシア」を標榜するデニーキンは、反タタール志向が強く、義勇軍への対応をめぐりミッリ＝フィルカは分裂した。左派がボリシェヴィキと組む一方、右派は義勇軍と協力し、文化自治とそのための議会（メジュリス＝メブサン）の必要を訴えた[55]。

その後、デニーキンの勢力は赤軍の攻勢を受けて後退し、彼の後継者となったヴランゲリはクリミアを拠点とした。ヴランゲリのクリミアは、ロシア内戦における白軍最後の拠点となった。一九二〇年十一月に赤軍がヴランゲリの勢力を放逐し、クリミアは最終的にソヴィエト化した。連合国の提供した一二〇の船舶により、七万人の軍人を含む一四万五六九三人がコンスタンチノープルに脱出した（一艘のみ沈没）。クリミアには革命委員会がおかれ、その指導者であるハンガリー人コムニストのクン・ベラと、ゼムリャチカ（彼女も古参ボリシェヴィキである）によって、赤色テロ体制が敷かれた。残留していたヴランゲリ軍の将校・兵士や「ブルジョア」が網羅的に拘束された。十二月初頭にセヴァストーポリでは六千人が拘束され、そのうち二千人が銃殺、七百人が釈放され、残りは収容所に入れられた。クリミアにおいて一九二〇年から二一年の赤色テロルで殺された人数は諸説あるが、控え目なものでも二万人とされる[56]。

赤色テロはタタール人住民にも広く及んだ。当時クリミアに出張していたタタール人コムニストのスルタンガリエフが、ロシア共産党中央委員会に対して、革命委員会のやり方には問題があることを訴えた。「現地非常機関〔……〕による銃殺の被害を受けていない家族はほとんどない」と彼は報告書に記した。クリミア・タタール人からの強制的な土地の接収が不満を呼んでいること、現地の党組織はムスリム住民の生活に無知であることも彼は指摘した。状況を改善するために「クリミア・ソヴィエト社会主義共和国」を創出することをスルタンガリエフは提起した。この訴えが作用して、クンとゼムリャチカは召喚された。また、クリミアへの自治導入も促された[57]。

五、ソ連／ウクライナ／ロシアのもとで

クリミア自治共和国

一九二一年十月、全ロシア中央執行委員会の決定により、シンフェローポリを首都とする「クリミア自治ソヴィエト社会主義共和国」が成立した。翌月には自治共和国憲法が制定され、ロシア語とクリミア・タタール語が国家語と定められた[58]。

一九二二年十二月には、旧ロシア帝国版図のうち、ソヴィエト化された四つの共和国（ロシア連邦、ウクライナ、ベラルーシ、ザカフカース連邦）が同盟を結び、ソヴィエト連邦が成立した。以後、一九二〇年代のソ連は、非ロシア民族の文化を振興し、その登用を強化するコレニザーツィア（土着化）政策をとった。クリミア自治共和国でも一九二三年十二月に「タタール化」が基本路線となった。行政職にいるロシア人を一一・九パーセント、ウクライナ人を一・七パーセント減らし、クリミア・タタール人を一〇・五パーセント、ドイツ人を一・六パーセント増やすとの目標が設定された。当時のクリミア農村部の民族構成を考える手がかりとして、それぞれの民族が優勢な村ソヴ

ィエトの数を見ると、ロシア人五七、タタール人五一、ドイツ人二六、ブルガリア人六、ギリシア人一、エストニア人一、その他一であった。[59]

クリミア・タタール人の文化振興や幹部登用の具体的な状況については、別途検討する必要がある。少なくともミッリ＝フィルカ左派の元メンバーの命運はそれほど恵まれたものとはならなかった。彼らの多くは一九二〇年秋に赤軍がクリミアを解放した際に共産党に入ったが、一九二三年のスルタンガリエフ事件の後に迫害を受けた。[60]

『小ソヴィエト百科事典』第四巻（一九三〇年刊）によれば、自治共和国住民の民族構成は、ロシア人四二・二パーセント、タタール人二五・一パーセント、ウクライナ人一〇・八パーセント、ドイツ人六・一パーセント、ユダヤ人五・六パーセント、ギリシア人二・二パーセント、アルメニア人一・五パーセントであった。あくまでロシア人がクリミア自治共和国の多数派であった。

また、一九二八年十月一日現在の労働組合員の民族別構成を見ると（順番も史料に従う）、一〇万五七三七人中、ロシア人六万九五五八人（六五・七パーセント）、ウクライナ人一万九九三人（一〇・三パーセント）、タタール人六七〇五人（六・三パーセント）、ユダヤ人九〇四六人（八・五パーセント）、ドイツ人一八一二人（一・七パーセント）、その他七六二三人（七・二パーセント）であった。[61] 人口比と比べると、ロシア人とユダヤ人がより組合組織率が高く、ウクライナ人もほぼ同じであったのに対して、クリミア・タタール人はずっと低かった。絶対値でもロシア人、ウクライナ人、ユダヤ人を下回った。つまり、タタール人はより工業化されていなかった。

ソ連時代も保養地開発は進んだ。クリミア全体での逗留者用のベッド数は、一九一三年の一五五〇から一九二八年の七三五九へと増え、さらに一九三四年にはサナトリウムと「休息の家」に四万三五六二床あった。[62]

独ソ戦とクリミア・タタール人の追放

一九四一年に独ソ戦が始まると、タタール人をはじめとするクリミア半島の住民にはあらたな苦難が訪れた。一九四二年から四四年まで、クリミアはドイツ軍に占領された。クリミア半島は、ヘルソン州およびザポロージャ州とともに、マリウポリを中心都市とするタウリア管区に含められた。タウリア管区は、帝国コミッサリアート区「ウクライナ」の一部とされた。[63]これはクリミア半島が行政管区上ウクライナに含められた最初の機会となった。

一九四二年、反ソ連的な亡命クリミア・タタール人の働きかけで、ドイツ人の指揮下に六つのタタール人狙撃兵大隊がつくられた。ただしドイツ人占領当局は、タタール人に自治を与えることは拒否した。ソ連軍がクリミア半島を解放した後、スターリンはタタール人の対敵協力を理由にして、民族全体の強制追放を敢行した。一九四四年五月十一日付国家防衛委員会決定に従い、五月十八日に移送が始まった。ウラル地方や中央アジアなどが移送先であった。三日後にも追加的な追放が決定された。食糧不足や非衛生的な移送条件によって、多くの人が途中で死んだ。およそ二〇万人が追放されたとされる。[64]

タタール人にくわえ、一九四一年八月時点でクリミアからドイツ人も追放されていた。また、タタール人の追放と同時に、一九四四年六月にはドイツ人の手先としてギリシア人、アルメニア人、ブルガリア人も強制移送された[65]。これらの諸民族が追放されたのと入れ替わりに、ソ連のロシア連邦共和国およびウクライナ共和国の諸州から人口の流入があった。一九四四年から六〇年までに一〇万人以上がクリミアに移り住んだ。この過程と並行してタタール語の地名がロシア語に変えられた。一九四四年十二月十四日付ロシア共和国最高会議幹部会令により、クリミア自治共和国の二六地区のうち一一地区が改称された。これは地区中心地の改称に連動したもので、たとえばカラスバザールはベロゴルスクとなった。さらに一九四五年八月と四八年五月の二度、村ソヴィエト・居住拠点の改称の波があり、総計一四〇六地点の名前が変えられた。

この間に、自治共和国そのものが廃止された。それは一九四五年六月三十日付ソ連最高会議幹部会令によるもので、クリミア自治共和国はロシア連邦共和国内のクリミア州に改組された[66]。

一九五四年二月、ソ連最高会議幹部会令により、クリミア州はロシア連邦共和国からウクライナ共和国に移管された。ザポロージェ・コサックがモスクワのツァーリに臣従を誓ったペレヤスラフ協定によって、ウクライナとロシアの「再統合」（воссоединение）がなされてから三〇〇周年であることが、公式の理由とされた[67]。

一九五六年二月に始まるスターリン批判は、クリミア・タタール人の自治復活をもたらさなかった。移住先での監視体制は四月に解除されたが、自治共和国の復活は認められなかった。クリミアへの帰郷も認められなかった。十一月に党中央委員会幹部会は、①旧クリミア自治共和国ではクリミア・タタール人は人口の五分の一に過ぎなかったこと、②ロシア連邦共和国内にタタール自治共和国が存在すること（ここでいうタタール人とクリミア・タタール人とは別民族であるので、本来これは理由にならない)、③現在クリミアはウクライナの州であり入植が進んでいること、の三点を理由にして自治共和国の復活を拒否した。おそらく③の理由が一番本質的であっただろう。ロシア人・ウクライナ人の流入が進むにつれ、工業・農業もより成長し、保養地運営もより活潑になった[68]。

クリミア自治理念の変容

ペレストロイカが始まった後の一九八九年の時点で、クリミア州の人口は二四三万人で、ロシア人が一六三万人(六七パーセント)、ウクライナ人が六三万人(二六パーセント)であった。ウクライナ人でもロシア語を母語とするものが多く、住民全体のうちロシア語を母語とするものは八三パーセントに及んだ。中央アジアなどの追放地からクリミア・タタール人が帰還しつつあったが、その時点では三万八〇〇〇人(一・六パーセント)に留まった。帰還運動を活潑化させながら、クリミア・タタール人は自治共和国の復活を目標に掲げた。

クリミア自治という目標はこの後実現に向かうのだが、その推進者となったのはクリミア・タタール人ではなくてロシア語系住民である。彼らはウクライナ共和国におけるウクライナ・ナショナリズムの高まりに不安を感じていた。具体的には、ウクライナ語での教育を原則とする言語法の成立(一九八九年十月にウクライナ最高会議で採択)、ウクライナ主権宣言の発令(一九九〇年七月)といった事態を前にして、ウクライナ共和国から距離をおくためにクリミア自治を求めたのである。

クリミア州ソヴィエトの決定(一九九〇年十一月)にしたがい一九九一年一月に州でレファレンダム(住民投票)が実施され、投票率八一・三七パーセント、賛成率九三・二六パーセントという結果が出た。翌月、ウクライナ最高会議もこれを受け入れ、クリミアをウクライナ内の自治共和国として復活する法律を採択した。

したがって一九八九年から九一年にかけて、クリミア自治という理念は、あらたな意義を帯びることとなった。それは、ソ連邦内部におけるクリミア・タタール人の民族的振興を念頭においたものではなく、ウクライナ・ナショナリズムに対するロシア語系住民の自己防衛をねらいとするものとなったのである。自分たちの理念を「横領」された格好になったクリミア・タタール人は、自治復活のレファレンダムをボイコットした。一九九一年六月に彼らはクルルタイを招集し、代表機関メジュリスを選出した。その指導者ジェミレフは、一九六〇年代からソ連でクリミア・タタール人の権利回復のために運動し、ペレストロイカ開始まで長く抑圧されてきた人物である[69]。

ソ連消滅によって独立したロシアでは、クリミア半島領有権の見直し論がくすぶり続けた。とくに一九九二年一月二十三日にロシア最高会議は、同会議の国際関係委員会と法制委員会に対して、クリミア半島の領有権について見直しを行なうように求めた。ただしエリツィン大統領はこれに同調しなかった[70]。

ロシア最高会議でのこうした気分にも刺戟されつつ、クリミア自治共和国ではウクライナからの自立性を高める動きが強まった。一九九二年二月二十六日、クリミア自治共和国最高会議は自治共和国から「クリミア共和国」へと名称を変更した。さらに五月五日にクリミア最高会議は、「クリミア共和国の国家的自立性（государственная самостоятельность）を宣言するアクト〔法令〕」を採択した。国家的自立性という語は「独立」（независимость）よりも弱く、自治国家にも適用可能な、上位権力の存在と矛盾しない言葉である。ただしウクライナの大統領および最高会議の激しい反撥を受けて、五月二十一日にこのアクトは撤回された。[71] 結局、一九九六年に採択されたウクライナ憲法で、クリミアをウクライナ内の自治共和国とする規定が採択され、クリミアの立場については一応の決着を見た。[72]

二〇一四年二月、ウクライナのマイダン革命が急進化し、クリミアではキーウ（キエフ）の動向に対する反撥が強まった。これを機に二十七日、ロシアはクリミアを軍事的に制圧した。ロシアの行為はロシア語系住民の多くに肯定的に受け止められた。三月十一日、クリミアは「クリミア共和国」として独立を宣言し、十六日にはロシアへの編入を問うレファレンダムを実施した。投票率八三・一パーセント、賛成率九六・八パーセントであった。これを受けてロシアは二十一日付で、クリミアをロシア連邦内の「クリミア共和国」とする連邦憲法法を成立させた。今日のロシアにおける「共和国」とは、ソ連時代の自治共和国が享受している地位のことである（もっとも今日のロシアにおける「自治」は、ソ連時代と同程度、あるいはそれ以上に、形式面に関わるものとなっている）。「クリミア共和国」の国家語はロシア語、ウクライナ語、クリミア・タタール語とされた。[73]

クリミア・タタール人は帰還が進んだ結果、一九九九年には半島住民の一二パーセントにまで人口が回復した。彼らはインフラ整備の遅れや失業率の高さなどに悩まされてきた。他方で彼らは、クリミアにおいてロシアとの統合の動きが強まることを警戒してきた。二〇一四年に実際にロシアがクリミアを併合すると、メジュリス指導者ジェミレフはこれに反対してクリミアから追放された。二〇一五年九月の時点で、一万七千人のタタール人がクリミアから脱出するか追放された。他方、タタール人住民が決して一枚岩というわけではない。メジュリス元幹部にはロシアによる併合を支持し、クリミア共和国議会副議長の地位に就いたイリヤソフのような人物もいる。[74]

トルコ・メディアとの会見においてイリヤソフは、クリミア・タタール語が国家語とされたこと、タタール人の福利向上のために多額の連邦予算が割かれていることなどを肯定的に紹介した。一方でクリミア・タタール系テレビ局ATRの閉鎖については、政権批判は必要だが法には従わねばならないと説明した。[75] 二〇一八年七月、イリヤソフは任期途中で辞任した。タタール人世論をロシア支持に向けられなかったこと、とくに同年三月のロシア大統領選挙におけるタタール人の大規模ボイコットを防げなかったことが、彼が辞任に追いやられた理由として挙げられている。[76]

おわりに

クリミア半島は長い歴史において、様々な文明が出会う場所であり、様々な集団が活躍する場であった。同時にまた、ビザンツ帝国、キプチャク・ハン国、オスマン帝国、ロシア帝国、ソ連など、一連の上位権力が半島を自らの支配圏とした。宗主権や自治といった枠組みは、前近代に発しつつ、近現代にもクリミア半島の歴史に繰り返し登場した。今日半島を実効支配しているロシア連邦における、「クリミア共和国」という地位も、自治の一種の名残である。

一連の上位権力のうち、とりわけクリミア半島の住民構成に目立った影響を及ぼしたのは、ロシア帝国とソ連であった。前近代において半島との文化的結びつきが最も強かった集団はクリミア・

タタール人であるが、近代から現代にかけてロシア帝国／ソ連政府は、圧力また強制によって彼らを半島から流出させていった。

クリミア・タタール人の減少を促進する上では、中央権力と並んで、現地官僚や中央からのエージェント（代理人）も目立った役割を果たした。さらに、十九世紀には正教会勢力、十九世紀から二十一世紀にかけてはスラヴ系入植者も、中央政権の提携者であった。これら諸勢力の合力によって、クリミア・タタール人の勢力が減少し、スラヴ系住民の勢力が増大するのが、クリミア半島の近現代史上の基本的な趨勢であった。

タタール人を漸次的に放逐し、スラヴ系住民の入植を進めつつ、ロシア帝国／ソ連政府、さらに今日のロシア政府はクリミア半島の経済振興に力を注ぎ、保養地としての整備にも努めた。そのようにして生まれた有数のリゾート地であるクリミア半島には、二〇二三年夏にもロシア各地から数万人の保養客が訪れている。[77]

注

1 *Кислий* О. Є. Крим // Енциклопедія історії України [ЕІУ]. Т. 5 (Київ: Наукова думка, 2008). С. 342.

2 *Доватур А. И. и др.* Народы нашей страны в «Истории» Геродота. Тексты, перевод, комментарий (Москва: Наука, 1982). С. 242, 345.

3 *Кислий.* Крим. С. 342.

4 *Кислий.* Крим. С. 344–345; *Бикова Т. Б.* Крим // ЕІУ. Т. 5. С. 345; *Крапівіна В. В.* Пантікапей // ЕІУ. Т. 8 (Київ: Наукова думка, 2011). С. 51.

5 *Бикова.* Крим. С. 345–346.

6 *Храпунов Н. И.* Как Херсонес стал центром русского православия // Материалы по археологии, истории и этнографии Таврии. Вып. XXI. 2016. С. 318; Jonathan Shepard, The Origins of Rus, (c. 900–1015), in Maureen Perrie, ed., *The Cambridge History of Russia. Vol. 1. From Early Rus' to 1689* (Cambridge: Cambridge University Press, 2006), pp. 65–66.

7 *Бикова.* Крим. С. 346; *Котляр М. Ф.* Тмутороканське князівство // ЕІУ. Т. 10 (Київ: Наукова думка, 2013). С. 102.

8 *Бикова.* Крим. С. 346.

9 *Бикова.* Крим. С. 346. 栗生沢猛夫『タタールのくびき——ロシア史におけるモンゴル支配の研究』（東京大学出版会、二〇〇七年）、四—一四頁。

10 *Галенко О. І.* Кримський ханат // ЕІУ. Т. 5. С. 368.

11 Janet Martin, North-Eastern Russia and the Golden Horde (1246–1359), in Perrie, ed., *The Cambridge History of Russia. Vol. 1*, pp. 132–133.

12 *Бикова.* Крим. С. 346.

13 *Галенко.* Кримський ханат. С. 369; *Галенко О. І.* Хаджи-Ґерей // ЕІУ. Т. 10. С. 342.

14 *Галенко.* Кримський ханат. С. 369.

15 *Галенко.* Кримський ханат. С. 369–370.

16 志田恭子「帝政ロシアにおけるノヴォロシア・ベッサラビアの成立——併合から総督府の設置まで」、『スラヴ研究』四九号、二〇〇二年、二五二—二五三頁。

17 志田「帝政ロシアにおけるノヴォロシア・ベッサラビアの成立」、二五二頁。

18 *Галенко.* Кримський ханат. С. 371.

19 栗生沢猛夫『ボリス・ゴドノフと偽のドミトリー――「動乱」時代のロシア』（山川出版社、一九九七年）、五五頁。A. P. Pavlov, Fedor Ivanovich and Boris Godunov (1584–1605), in Perrie, ed., *The Cambridge History of Russia. Vol.1*, pp. 270–271.

20 中井和夫『ソヴェト民族政策史――ウクライナ　1917－1945』（御茶の水書房、一九八八年）、三一一六頁。

21 *Галенко*. Кримський ханат. С. 373.

22 志田「帝政ロシアにおけるノヴォロシア・ベッサラビアの成立」、二五四－二五六頁。

23 志田「帝政ロシアにおけるノヴォロシア・ベッサラビアの成立」、二五六－二五八頁。

24 *Храпунов*. Как Херсонес стал центром русского православия. С. 329.

25 Альманах путеводитель по отечественным курортам и лечебным местам. 1915–16 гг.（Москва: Типография В. М. Саблина, 1915）. С. 139.

26 *Гриневецкий С. Р. и др.* Черноморская энциклопедия（Москва: Международные отношения, 2006）. С. 393–394, 470.

27 *Панашенко В. В.* Таврійська область // ЕИУ. Т. 10, С. 18.

28 *Шевчук А. Г. и др.* Административно-территориальное устройство Крыма в документах и картографических образах XVIII-XXI вв.（Симферополь: Региональный филиал НИСИ в г. Симферополе, 2006）. С. 10. エカチェリーナ二世はウラジーミル聖公と自身を重ね合わせようとしたが、彼が受洗したヘルソネスを神聖な地として崇める動きはこのときは微弱であった。正教受容の歴史よりも、古典古代との結びつきのほうが、十八世紀終わりのロシア知識人のクリミア半島をめぐる言論においては優勢であった。総じて十五世紀以来、正教の巡礼先としてはキエフこそが最重要の地とみなされてきた。ようやく一八四六年のミハイル・ブルガーコフ（後の府主教マカーリー）の著作において、聖公の受洗がロシア史における枢要な出来事として強調され、ヘルソネスの意義がキエフを上回ると語られるようになった。*Храпунов*. Как Херсонес стал центром русского православия. С. 319, 322, 329, 336.

29 *Шевчук и др*. Административно-территориальное. С. 10–12, 14.

30 Mara Kozelsky, Casualties of Conflict: Crimean Tatars during the Crimean War, *Slavic Review*, Vol. 67, Issue 4, 2008, pp. 872–876.

31 Kozelsky, Casualties of Conflict, pp. 876–884.

32 Kozelsky, Casualties of Conflict, pp. 884–886.

33 Kozelsky, Casualties of Conflict, pp. 888–889.

34 *Шевчук и др*. Административно-территориальное. С. 18.

35 ロシア帝国の保養地の歴史について、池田嘉郎「第一次大戦期ロシア帝国の保養地事業とナショナリズム」、『19世紀学研究』1号、二〇〇八年、参照。

36 George Lywood, *Our Riviera, Coast of Health: Environment, Medicine, and Resort Life in Fin-de-Siècle Crimea* (Dissertation, The Ohio State University, 2012), p. 167.

37 Курортный путеводитель. Курорты, лечебные места, санатории, морские купанья, климатические станции, кумысолечебницы и пр. (Петроград: Книгоиздательство бывш. М. В. Попова, 1915). С. 149, 156.

38 Альманах путеводитель. С. 65.

39 *Исхаков* С. М. Российские мусульмане и революция (весна 1917 г. - лето 1918 г.). 2-е изд., испр. и доп. (Москва: Издательство «Социально-политическая МЫСЛЬ», 2004). С. 168, 174, 176.

40 *Кривенький В.* «Милли Фирка» // Политические партии России. Конец XIX - первая треть XX века. Энциклопедия (Москва: РОССПЭН, 1996). С. 361–362; *Исхаков*. Российские мусульмане. С. 223, 318–319. セイダメトはソルボンヌ大学でフランスの社会党指導者ジョレスの講義に出席していた（Там же. С. 318）。

41 Українська центральна рада. Документи і матеріали у двох томах. Т. 1. 4 березня - 9 грудня 1917 р. (Київ: Наукова думка, 1996). С. 86. 八月初頭、ペトログラードの臨時政府は当面五県のみをウクライナ自治の範囲とした。タヴリーダ県はそこには入っていなかった。Там же. С. 214.

42 Українська центральна рада. Т. 1. С. 398, 400.

43 Українська центральна рада. Т. 2. 10 грудня 1917 р. - 29 квітня 1918 р. (Київ: Наукова думка, 1997). С. 5.

44 Українська центральна рада. Т. 2. С. 102–104, 137–142. この時期の国際関係におけるウクライナについて、村田優樹「１９１８年のウクライナにおける国制構想と外交路線の相互関係——独立と連邦制」、『ロシア・東欧研究』四七号、二〇一八年、参照。

45 Документы внешней политики СССР. Т. 1. 7 ноября 1917 г. - 31 декабря 1918 г. (Москва: Госполитиздат, 1959). С. 217.

46 *Исхаков.* Российские мусульмане. С. 411–413.

47 *Оболенский В. А.* Моя жизнь и мои современники. 1869–1920. Т. 2 (Москва: Кучково поле, 2017). С. 249–250.

48 *Исхаков.* Российские мусульмане. С. 454–455.

49 Гражданская война и военная интервенция в СССР. Энциклопедия (Москва: Советская энциклопедия, 1983). С. 575; *Шевчук и др.* Административно-территориальное. С. 22–23.

50 Гражданская война и военная интервенция в СССР. Энциклопедия. С. 350–351; *Оболенский.* Моя жизнь. Т. 2. С. 263, 267.

51 *Исхаков.* Российские мусульмане. С. 343, 470–471; *Залесский К. А.* Кто был кто в Первой мировой войне. Биографический энциклопедический словарь (Москва: Астрель, АСТ, 2003). С. 576.

52 *Грузін Д. В., Бикова Т. Б.* Крим Соломон Самійлович // ЕІУ. Т. 5. С. 349–350; *Шелохаев В. В.*

Конституционно-демократическая партия в России и эмиграции (Москва: РОССПЭН, 2015). С. 668.

53 *Шевчук и др.* Административно-территориальное. С. 23.

54 *Оболенский.* Моя жизнь. Т. 2. С. 349–350.

55 *Кривенький.* «Милли Фирка». С. 362.

56 *Бикова Тетяна.* Масовий терор у період утвердження радянської влади в Криму (1918–1921 рр.) // 3 архівів ВЧК-ОГПУ-НКВД-КГБ. № 2(17), 2001. С. 15–17, 19, 21–22.

57 *Бикова.* Масовий терор. С. 20–21. 山内昌之『スルタンガリエフの夢——イスラム世界とロシア革命（新しい世界史②）』（東京大学出版会、一九八六年）、三〇三－三〇四頁。

58 *Бикова Т. Б.* Кримська Автономна Соціалістична Радянська Республіка // ЕІУ. Т. 5. С. 350–351.

59 *Шевчук и др.* Административно-территориальное. С. 27.

60 スルタンガリエフはムスリム・コムニストの自立性を追求したことで失脚した。ミッリ＝フィルカ左派の残りのメンバーも一九三〇年代から四〇年代にかけて弾圧された。山内昌之『イスラムとロシア——その後のスルタンガリエフ（中東イスラム世界①）』（東京大学出版会、一九九五年）、三－一二頁。*Кривенький.* «Милли Фирка». С. 362.

61 Крымская АССР // Малая Советская Энциклопедия. Т. 4 (Москва: Советская энциклопедия, 1930). Стол6. 398, 401. 奥付によれば一九二九年九月十五日に編集作業が完了しているので、住民の民族構成もそれ以前の数字である。

62 Курорты СССР. Справочник (Москва-Ленинград: Государственное Издательство Биологической и Медицинской Литературы, 1936). С. 165.

63 *Шевчук и др.* Административно-территориальное. С. 33.

64 *Овчаренко П. Д.* Депортація кримськотатарського народу 1944 // ЕІУ. Т. 2. (Київ: Наукова думка, 2004).

С. 339; *Дашкевич Я. Р.* Кримські Татари // ЕІУ. Т. 5. С. 383.
65 *Бажан О. Г.* Депортації народів Криму в роки Другої світової війні // ЕІУ. Т. 2. С. 337.
66 *Шевчук и др.* Административно-территориальное. С. 36–37.
67 *Шевчук и др.* Административно-территориальное. С. 38.
68 半谷史郎「フルシチョフ秘密報告と民族強制移住――クリミア・タタール人、ドイツ人、朝鮮人の問題積み残し」、『ロシア史研究』七五号、二〇〇四年、八七―八八頁。*Шевчук и др.* Административно-территориальное. С. 38–39.
69 塩川伸明『国家の解体――ペレストロイカとソ連の最期』(東京大学出版会、二〇二一年)、第一巻、六四五―六五〇頁、第三巻、一七〇七―一七二八頁。塩川伸明『民族と言語(多民族国家ソ連の興亡Ⅰ)』(岩波書店、二〇〇四年)、二一七―二二〇頁。末澤恵美「旧ソ連における民族の強制移住と帰還問題――クリミア・タタール人の事例」、『平成12年度外務省委託研究「旧ソ連圏における紛争地域と体制変容」』(日本国際問題研究所、二〇〇一年)、三頁。
70 『朝日新聞』一九九二年一月二十四日夕刊、二面。二月八日夕刊、二面。
71 『朝日新聞』一九九二年二月二十八日、一面。五月二十二日、七面。
72 塩川伸明「総論――背景と展開」、塩川伸明編『ロシア・ウクライナ戦争――歴史・民族・政治から考える』(東京堂出版、二〇二三年)、四九―五〇頁。
73 塩川伸明「総論」、五八―六〇頁。末澤恵美「民族の独立とレファレンダム――クリミアの事例」、『選挙研究』三二巻二号、二〇一六年、三九頁。当該の連邦憲法法は以下のサイトで見ることができる。http://publication.pravo.gov.ru/Document/View/0001201403210014?index=1
74 末澤「旧ソ連における民族の強制移住と帰還問題」、一、四―五、七―八頁。末澤「民族の独立とレファレンダム」、四〇―四一頁。

75　Ремзи Ильясов: Двадцать миллионов мусульман, проживающих на территории Российской Федерации, едины в вопросах поддержки крымско-татарского народа // Государственный Совет Республики Крым. 24 апреля 2015. http://crimea.gov.ru/news/24_04_15_1

76　*Стельмах Сергей.* Судьба перебежчика: Ильясова «ушли» с должности вице-спикера // Крым. Реалии. 25 июля 2018. https://ru.krymr.com/a/29387906.html

77　七月十七日に少なくとも五万人のツーリストがクリミアに滞在していた。ロシア中央部、沿ヴォルガ、北カフカースから乗用車で来る人が多い。二〇一八年に開通したクリミア大橋がウクライナ側の攻撃により使えなくなったために、タガンローグーノヴォアゾフシクーマリウポリーベルジャンシクーメリトポリというアゾフ海北岸沿いのルートが使われている。*Бормотова Екатерина.* Бездумие и отвага: почему туристы едут в Крым, несмотря на теракты // NGS.RU. 19 июля 2023. https://ngs.ru/text/world/2023/07/19/72509111/

Ⅱ　ロシア革命からソ連へ

全連邦農業博覧会（1939年）のパヴィリオン。上はウズベキスタン館、下はベラルーシ館の内部。この２つのパヴィリオンは1954年に再建された。筆者撮影

第二部「ロシア革命からソ連へ」では、一九一七年の革命がロシアにとってもった意味について、そして革命を経て登場するソ連体制の特徴について、検討したい。自由主義者にとって一九一七年の革命は、ロシアに西ヨーロッパ的な政治的自由を確立するための、挫折に終わった試みとなった。エスエルやメンシェヴィキといった社会主義者にとっては、一九一七年のロシアは階級政治を追求するための広範なアリーナと映った。だが、恐らく彼らは、一九一七年の政治アクターの中で一番、自分たちが何を目指しているのかをよく把握していなかった。そのため社会主義者の行動は、政治的・社会的混乱を深めることに帰着したのであった。これに対して社会主義者最左派のボリシェヴィキだけは、権力を奪取するという一つの明確な目標をもっていた。それゆえ彼らは、政治的・社会的分裂が進むロシアにおいてイニシャティヴをとることができた。十月に権力をとったボリシェヴィキは、自由主義者の理想とは異なる集団主義的な体制をロシアに築いていく。

第五章「実現したユートピアの歴史」は、ロシア革命をめぐる各国歴史家の議論を紹介するとともに、帝政と臨時政府の瓦礫の中から浮上するソヴィエト体制の歴史的位置について考察する。社会制度だけではなく、個々の人間のありようについても触れている。

第六章「マリヤ・ココシキナの手記」は、自由主義政党カデットの指導者ココシキンの妻の目から見た一九一七年革命である。個人の経験から革命という大きな事件を照らし出すだけではなく、革命という変動のプリズムを通して、一人の女性の人生について考えてみたかったのである。

第七章「V・D・ナボコフとロシア革命」では、ココシキンの同僚であるナボコフ――著名な作家の父親――の足跡から、ロシア革命のダイナミズムを追った。第五章・第六章は初出からあまり手をくわえていないが、このナボコフ小伝は若干の書き込みをくわえた。

第八章「クリミア地方政府とカデット」は書下ろしで、第七章の後日談である。第四章で扱ったクリミアの歴史のうち、一九一八年から一九年の内戦期について、ナボコフたちカデットの活動に焦点を当てて掘り下げてみた。解体が進む旧帝国において、「単一不可分のロシア」にこだわったことが、カデットの大きな弱点であったというのが本章の結論である。

ではカデットと違ってボリシェヴィキは、解体した帝国をどのようにして再統合したのであろうか。これが第九章「ソヴィエト帝国論の新しい地平」の主題である。ボリシェヴィキが彫琢した自治と連邦制は、多民族国家ロシアの歴史にあらたなページを開いただけではなく、二十世紀世界全体の中でもユニークな企図であった。いかなる世界観がソヴィエト連邦制を支えていたのかを見てみたい。この章の趣旨も現在の自分の考えと変わってはいないので、初出の文章にほぼ手をつけていない。■

第五章　実現したユートピアの歴史

はじめに——プレハーノフの葬儀

ニコライ二世の皇太子時代の愛人であるマチルダ・クシェシンスカヤは、ペテルブルグの邸宅街に瀟洒な屋敷をもっていた。一九一七年の春にこの家はボリシェヴィキの手に移った。今日、そこにはロシア国立政治史博物館が入っている。二階に上がれば閉じられた窓越しにバルコニーが見える。兵士たちが叛乱直前までいった七月事件の際、レーニンはこのバルコニーから短い演説を行なったのだった。

一九一七年の革命と、それに続く内戦（一九一八―二一年）にあてられた部屋では、諸勢力の展示品や、事跡についてのパネルが、特定の勢力に肩入れすることなく並んでいる。国を分断した悲劇というのが展示の基本線である。ホールではボリシェヴィキ政権初期の様々なスローガンが貼り出されている。頻出する語を自分で組み合わせて、スローガンをつくろうという企画もある。一〇〇周年のイベントの一環で、十月革命の日に向けてこうした催しや講演が続くようである。[1]

今年（二〇一七年）の夏に私が訪れたときには、プレハーノフの企画展示を見ることができた。生誕一六〇周年を記念して、昨年暮れから今年の八月までやっていたのである。プレハーノフは、ロシア初の本格的なマルクス主義者であり、レーニンの師匠格であったが、第一次世界大戦では熱心な戦争支持派となり、十月革命にも反対した。彼のデスマスクや珍しい写真が並ぶなかで、とくに印象的であったのがプレハーノフの葬儀の記録映像であった。

プレハーノフは一九一八年五月末にフィンランドで病没し、六月に葬儀が執り行なわれた。中心になったのは、彼の党派である右派社会主義者の「エジンストヴォ」（統一）である。ボリシェヴィキは葬儀には不参加を決めたが、かわりに追悼集会を開き、ジノヴィエフやルナチャルスキーが旧師を懐かしむ演説を行なった。[2]

だが、同じ日にペトログラードで執り行なわれた葬儀の映像は、ジノヴィエフたちの言葉を霞ませるほどの迫力をもっていた。撮影にあたった教育人民委員部のスタッフは、満遍なく記録を残すことに決めたようである。葬列には、十月革命に反対する全ての勢力、つまりエスエルとメンシェヴィキ、自由主義者カデット、さらには君主主義者までもがくわわっていた。労働者も大勢見られた。棺に続いて各種団体の旗がネフスキー大通りを進んでいく様は、十月革命以前の光景のようであった。学生と思われる若い人たちが、手をつないで人間の鎖をつくって、葬列を歩道の野次馬から守っていた。

葬儀の参列者たちはその後どうなったであろうか。亡命、戦死、病死、餓死、投獄、処刑が待っていたであろうか。新政権の側についたものも少なからずいたであろう。あるいは公民権剥奪者として年金ももらえず、細々と暮らしたものも。いずれにせよ、彼らはみな、じきに「過去の人々」となった。民衆の時代がくるのである。

プレハーノフの葬儀は、ロシア革命の歴史を、それにゆくてに登場するソ連をも想起させるものであった。ロシア革命からソ連へ。その総体はどのように考えればよいのだろう。このことについて、研究の現状に触れつつ、記してみたい。

一、ロシア革命をめぐる歴史家の議論

革命一〇〇周年を迎えて、各国の歴史家はあらためてロシア革命とソ連について議論をかわしている。アメリカの研究者が中心になって組織したプロジェクトRussia's Great War and Revolutionは、二〇一四年以降、同名の論集シリーズを刊行中である。[3] 第一次世界大戦とロシア革命について、多様な側面から検討するのが趣旨であり、私も「銃後」の巻に、大戦期の保養地振興とナショナリズムについて書いた。[4]

日本でも『ロシア革命とソ連の世紀』が全五巻で刊行された。第一巻が革命とその前後、第二巻がスターリン時代、第三巻が冷戦からポスト・ソ連までと、歴史を時系列に沿って扱う。第四巻が文化、第五巻が帝国の再編である。[5] ロシア革命とソ連という巨大な事象にどこまで光を当てられたかは読者の批判に委ねるしかないが、私を含む六人の編集委員は、できる限り多面的に、最新の研

究動向を反映させて各巻をつくるように努力した。

ロシア革命の研究は、以前は民衆運動が十月革命に向けて盛り上がっていく過程を跡付けるのが主要な関心事であった。ソ連に限らずアメリカや日本でもそうであった。「史上初の社会主義国家」はどのようにして実現されたのかという問いのもと、ユートピア、あるいは資本主義のオルタナティヴが探求されていたのだと思う。だが、一九八〇年代までに、資本主義がより多くの社会層に豊かさを与えられるようになると、そうした探求の動機は弱まった。一九一七年の民衆運動への関心が低まるのと並行して、内戦期における新国家の形成のほうに焦点が移っていった。[6]

近年、第一次世界大戦とロシア革命の一〇〇周年を機に、再度一九一七年への関心が高まってきた。いつ、何を研究するのかは「〇周年」とは関係ないのだが、過去を集中的に振り返る機会が与えられるのはよいことである。くわえて、現代の問題意識に照らしても、ロシアで議会主義は根づきにくいのかどうか、社会秩序の崩壊はどのようにして起こるのかなど、一九一七年の出来事はあらたなアクチュアリティを増しているといえる。

今日の研究者にとっては、十月革命に向けて民衆運動が盛り上がるという構図は過去のものである。第一次世界大戦で帝政の統治が不安定化し（「公衆」と呼ばれる在野エリートと政府の対立、民族問題の深刻化など）、二月革命でできた体制もロシア社会が様々な対立線に沿ってバラバラになっていくのを抑えることができなかった。これらの観点から見た、崩壊としてのロシア革命という捉え方が優勢である。私もこうした観点に立って、『ロシア革命――破局の8か月』を世に問うた。[7]

ペテルブルグの歴史家が各国の研究者に行なったアンケートでも、「二月革命はあまりに突然に、ロシアで伝統的であった専制を倒し、同じくらい突然にそこに民主制をすえつけた。だがこの突然性は、長年にわたる権威主義の根と原理を廃絶することはできなかった」（ゲンリフ・ヨッフェ、ロシア・カナダ）、専制打倒のために多様な政治勢力が一時的に団結していただけであったので、「新しい政治体制は暴力の助けがなければ創出されえなかったのだが、臨時政府はそのようにはしなかった」（フョードル・ガイダ、ロシア）、「右翼独裁かボリシェヴィキしか選択肢はなかった」（ピーター・ケネス、アメリカ）など、二月革命後のロシアでは秩序の崩壊と何らかの独裁体制しか可能性はなかったのだとの回答が散見される。[8]

一方、崩壊だけが語られているわけではない。臨時政府期のうちに、十月革命後に通じるような現象が始まっていたという指摘も出されている。つまり、臨時政府期は議会主義や言論の自由など、ともかくも「民主主義」的な価値が目指されていたのに対して、十月革命で独裁的な体制に暗転した、というほど単純な話ではないということである。たとえば十月革命後に、ボリシェヴィキ政権は「権力の分立」という考え方を否定し、執行権と立法権が互いを抑制し合う仕組みをつくらなかった。「労農権力」は大多数の人民の利害を代表するのだから、暴走することはないという発想であった。ところが臨時政府のもとでも、「権力の分立」は将来の目標としては掲げられたものの、当面の制度としては自由主義者も、戦争完遂のために執行権と立法権の一元化を支持していたのである。[9]また、政治文化史の研究者ボリス・コロニツキーは、ケレンスキー崇拝についての研究書を書いて話題になった。十月革命以降に見られる指導者崇拝のレトリックや権力の人格化は、一九一七年夏までに形成されていたという。街頭に溢れ出した民衆も、教養あるエリート層＝「公衆」も、非人格化された制度としての権力ではなく、カリスマ的な「領袖」を求めたことが、ロシア革命の政治文化における重要な特徴なのであった[10]。

総じて十月革命は、それを境にして全てががらりと変わるような「ゼロ地点」ではないということである。それは第一次世界大戦と二月革命で始まった崩壊過程の、重要ではあるが一つの通過点なのであった。プレハーノフの葬儀の様子からも、そのことは窺えるであろう。

二、実現したユートピア・ソ連

崩壊から新秩序の形成への転換局面は、内戦期にあった。ロシアに徐々に「国家」と呼びうるまとまりが回復し始めたのである。石井規衛によれば、その過程は一九一七年に大量に出現した末端活動家集団の再編成という独特な内実をもっていた。首都の共産党（一八年三月にボリシェヴィキから改称）指導部が、彼らを中央集権的に編成していったのである[11]。

この党は、近代ヨーロッパの「ブルジョア社会」の産物である万人の法的平等、市場経済、私的所有権などを否定した。企業家から工場を、地主から土地を奪うことで、共産党は近代ヨーロッパがつくった政治的平等よりも先に進み、社会的平等を実現しているのだと自負した。だが、実態において、ロシア革命から生まれた秩序は、近代ヨーロッパの先を行くよりは、そこから後退する、ないしそれを迂回していた。

無論、この秩序、すなわちソ連が、異常な世界であった、あるいは存在意義をもたなかったということではない。市場原理を排した行政＝指令システムと呼ばれる経済体制は、諸理念の束である「近代」そのものの導入には向いていないが、工業化や都市化といった「近代化」のためにはある程度の効力を発揮した。ただし、「近代」自体が導入されないと、創造性を発揮するための環境整備は不十分となり、そこでの「近代化」もどこかで頭打ちとなるか（ソ連）、ルールなき資本主義に変貌していくか（中国）である。

資本主義が自己改革を遂げる上で、ソ連社会主義がインパクトを与えたという説が伝統的にあった。これに対して近年では、私的所有権と計画経済を組み合わせたナチス・ドイツのほうが、ソ連よりも大きな影響を各国に与えたという議論が提起されている。[12]「近代」が根を下ろしていたヨーロッパとアメリカではそうだったかもしれない。だが、アフリカ、それにアジアではそうではないだろう。一九一九年につくられたコミンテルンは、後進地域も革命という跳躍台を使うことで、先進地域に追いつき、追い越すことができるという魅力的な世界観を発信し、中国、朝鮮、インドシナの知識人の心をとらえた。日本の知識人も戦前、それに大体一九六〇年代までソ連に輝きを見ていた。満洲国の計画経済と、戦後日本へのその継承も、ソ連の影響という観点からあらためて考えられてよい。

経済面に限らず、ソ連では私的領域の自律が否定された。一九一七年革命にその源の一つがあった。強力な専制国家によって抑圧されてきた「社会」が、いまや声をあげねばならないと、臨時政府を支えたカデットや社会主義者は考えた。だが、普通選挙制に基づく議会を開設するには、準備を必要とした。それゆえ、まずは諸々の団体をつくることで、自分たちの意見を発する回路とすることが促された[13]。数多くの職業団体、政治団体、民族団体がつくられ、それらを選出母体として一種の諮問議会が度々招集された（モスクワ国家会議、民主主義会議、予備議会）。十月革命後にボリシェヴィキは、団体を単位とするこの政治秩序を引き継ぎ、一九三〇年代の終わりまでに恒常的な国制にまとめあげた[14]。

それゆえ、住民一人ひとりが相互の絆を断ち切られて「アトム化」し、政治動員の対象になったという全体主義論的な見方は、ソ連の実態をあまり説明していない。実際に出現したのは、人々を工場やコルホーズなどの職場単位、あるいは作家や建築家などの職業単位で「団体」にまとめるという秩序であった。ソヴィエト選挙から住居の提供にいたるまで、生活はこれらの団体単位で組織された。生産の場に組み込まれることで、利己心が克服され、集団主義的な新しい人間が生まれるという発想がそこにはあった。

全住民が、法制度上も社会生活上も、何らかの団体に強制的に組み込まれる。ソ連のこの秩序は、奇妙なことに、革命以前の身分制秩序によく似ていた。私的所有権と市場経済、各人の利害の対立、それを調整する議会、これらの要素が不在ないし脆弱なところでは、団体単位での住民の編成が、統治のパターンとして適合性が高くなるのである。

三、新しい人間と「幸福なモスクワ」

利己心を否定し、集団の一部として生きる人間は、理想であり類型である。だが、そうした人間の創出を、ボリシェヴィキは本気で目指していた。「社会主義建設」が猛然と進む一九三〇年代には、多くの芸術家も、新しい社会と人間を描くという課題に真剣に取り組んだ。

そうした取り組みの中でも異彩を放つのが、アンドレイ・プラトーノフの未完の長編小説『幸福なモスクワ』である。一九三三年から三六年にかけて書かれたこの作品は、内戦期に孤児となり、モスクワという名を与えられた少女が主人公である。プラトーノフが描くモスクワは、変わりゆくソ連、そして首都モスクワの象徴である。小説の前半は、新しく生まれつつある社会と人間への希望に満ちている。

モスクワははじめ、航空学校の初級訓練士となり、新型パラシュート実験に挑戦する。パラシュート炎上の危機を乗り越えて実験をやり遂げたことで、彼女は全国的な有名人となる。新築の建物の五階に二部屋もある住居をもらい、同じ建物に暮らす飛行士や設計士、技師や哲学者、経済理論家たちと交流するようになる。彼らはみな、ユートピア創出の希望に燃える、若きソヴィエト・エリートである。そのうちの一人である成層圏航空機設計者は思う。「さっさと地上の重苦しい厄介ごとにけりをつけることだ、そしてあの老スターリンに、人類史の速度と圧力を地球の引力圏の外に向けてもらおう」。

だが、小説が進むにつれ、作家の筆致は暗くなる。眼前に出現しつつある社会主義ユートピアへの、作家の思いが反映していたのかもしれない。主人公モスクワは、エリートの暮らしと栄誉では自らを満足させることができない。他者とつながりたいという気持ちから恋愛遍歴を重ねるが、空虚さは埋まらない。それは相手の男も同じである。彼女はいう。「あたしはいまになって思いついた、どうして人々は互いに生活がうまくいかないのか。どうしてかっていえば、愛では結びつくことができないからよ、あたしは何度も結びついたけど、同じこと——全然だめ、ただ快楽みたいなものがあるだけ……あんたはいまこうしてあたしと生きたけれど、それであんた——驚くようなこと、それとも、素晴らしいことになったかしら！　変わらないでしょう……」[15]。

モスクワは小説中の人物であるが、理想と現実のはざまに挟まれて圧し潰されんばかりに苦悩する人物像をプラトーノフが描いたことは現実である。モスクワの呻《うめ》きはプラトーノフの呻きでもあろう。検閲によって作品の発表をたびたび禁じられながら、プラトーノフはその後も、現出するユートピアと、その中での人間の希望と苦悩を書き続け、一九五一年に寂しく死んだ。彼の苦しみも、それにもかかわらず彼が書き続けたことも、どちらもロシア革命の行き着いた先であった。

おわりに

ロシア革命とソ連は、人類の未来にとってのモデルという輝きを、とうの昔に失った。だが、それがかつて、なぜそのような輝きをもって多くの人に受けとめられたのかということは、今後も問われるべき問題である。また、経済的な成果や、外界への影響とは異なる次元で、ロシア革命とソ連は、その個性それ自体によって、今後も関心の対象であり続けるであろう。その個性とは、ヨーロッパ近代の超克を目指しながら、身分制秩序に類似した国制をつくりあげるといった逆説から発せられるものである。それにまた、ユートピアの探求と挫折を、ともに自らに引き受けるような営みから発せられるものである。

注

1 この文章は元々二〇一七年に書かれた。

2 Северная коммуна. 11 июня 1918. С. 2; 12 июня 1918. С. 3.

3 二〇二三年までに、文化（二冊）、帝国、銃後（四冊）、極東、軍事（三冊）、対外波及（三冊）、中央同盟、国際関係（二冊）、伝記、ジェンダー、科学・医療が刊行された。

4 Yoshiro Ikeda, The Homeland's Bountiful Nature Heals Wounded Soldiers: Nation Building and Russian Health Resorts during the First World War, in Adele Lindenmeyr et al., eds., *Russia's Home Front in War and Revolution, 1914–22. Book 2. The Experience of War and Revolution* (Bloomington: Slavica Publishers, 2016).

5 松戸清裕・浅岡善治・池田嘉郎・宇山智彦・中嶋毅・松井康浩編『ロシア革命とソ連の世紀』全五巻（岩波書店、二〇一七年）。

6 Diane P. Koenker et al., eds., *Party, State, and Society in the Russian Civil War: Explorations in Social History* (Bloomington: Indiana University Press, 1989).

7 池田嘉郎『ロシア革命――破局の8か月』（岩波新書、二〇一七年）。

8 Международная научная конференция. Февральская Революция 1917 года: проблемы истории и историографии. Сборник докладов. 3 марта 2017 года (Санкт-Петербург: Изд-во СПбГЭТУ «ЛЭТИ», 2017). С. 18–19, 46, 56.

9 *Икэда Ёсиро*. О разделении власти и единении власти в дискурсах российской революции 1917 г. // *Колоницкий Б. И. и др. (ред.)*. Эпоха войн и революций. 1914–1922 (Санкт-Петербург: Нестор-История,

2017).

10　*Колоницкий Б. И.* «Товарищ Керенский»: антимонархическая революция и формирование культа «вождя народа» (март-июнь 1917 года) (Москва: Новое Литературное обозрение, 2017).

11　石井規衛『文明としてのソ連――初期現代の終焉』(山川出版社、一九九五年)。

12　Seva Gunitsky, *Aftershocks: Great Powers and Domestic Reforms in the Twentieth Century* (Princeton: Princeton University Press, 2017), pp. 101–151.

13　Peter Holquist, *Making War, Forging Revolution: Russia's Continuum of Crisis, 1914–1921* (Cambridge: Harvard University Press, 2002).

14　池田嘉郎『革命ロシアの共和国とネイション』(山川出版社、二〇〇七年)。

15　この小説はソ連最後の年である一九九一年に初めて公表された。二〇二三年に邦訳が出た。アンドレイ・プラトーノフ(池田嘉郎訳)『幸福なモスクワ』(白水社、二〇二三年)。引用箇所は五四、八二―八三頁。

第六章　マリヤ・ココシキナの手記

1

五冊のノートが、モスクワのロシア連邦国家アーカイヴに保管されている。中を見るとブロック体を崩した文字で、二十世紀初頭から革命にかけてのモスクワとペトログラードの思い出が綴られている。[1] 書いたのはマリヤ・フィリッポヴナ・ココシキナという。彼女は一八七八年に生まれ、一九四八年に死んだ。[2]

彼女の夫はフョードル・フョードロヴィチ・ココシキン（一八七一―一九一八年）といって、優れた国法学者であり、カデット（立憲民主党）の指導者の一人であった。二人は一九〇三年に結婚した。[3] 一九一七年に二月革命が起こるとココシキンは臨時政府の法制審議会の議長となり、諸改革の方向づけに大きな役割を果たした。憲法制定会議の選挙規程を準備した責任者も彼である。七月末から八月末までは、会計監査院長として入閣した。ココシキンはカデットのうちでも、エスエルやメンシェヴィキといった社会主義者との妥協に最も批判的な一人であり、強権的な手法による秩序回復という最高総司令官コルニーロフの要望に共感を隠さなかった。コルニーロフの挙兵が挫折したのちは、臨時政府の職務から離れた。十月革命後は憲法制定会議の選挙戦に熱心に関わり、数少ないカデットからの議員の一人に選ばれた。十一月二十八日、ココシキンは仲間とともに逮捕され、ペテロパウロ要塞に収監された。一九一八年一月六日、彼はシンガリョフ（カデット、臨時政府で農業大臣や財務大臣を務めた）とともに、マリヤ監獄病院に移送された。病気を理由にした、身内の請願によるものであった。その晩、兵士と水兵がそれぞれの病室に押し入り、ココシキンとシンガリョフを殺害した。[4]

　マリヤの手記に日付はない。ただし、五冊目のノートの表紙に「児童図書博物館」と記され、「職場の電話番号」や勤務時間などが書かれている。恐らく彼女はそこに勤め先を得ていたのである。モスクワのこの博物館は一九三四年に創設されたが、三八年には館長が逮捕され、博物館自体も間もなくして閉鎖された。[5] 手記の少なくとも終わりの部分は、この数年のあいだに書かれたと推測できる。ノートは粗末な紙でつくられ、二冊目の表紙には「課題は学ぶことにある　レーニン」といったスローガンが記されている（17a, 67）。スターリンのもとでソ連が変貌を遂げつつある時期に、カデット幹部である夫を殺害された妻は、ひとり回想をつづっていたのである。

　一冊目の表紙には「ココシキナ」という名前があるほか、「詩人たちと芸術家たち」という題が付されている。夫妻がめぐりあったベールイ、ブローク、ヴャチェスラフ・イヴァーノフ、ブリューソフ、バルトルシャイティスといった、ロシア芸術の「銀の時代」の綺羅星《きらぼし》たちの思い出である。

この夫妻は文学が好きであった。マリヤによれば、ココシキンにとって「最も近しく、親しきものは」政治でも、評論でも、法学でもなく、詩なのであった。彼自身、こういっていたという。「僕はあらゆる面で純然たるいかさま師だけれどさ、詩の朗読だけは別だよ。それは僕が唯一できるものさ！」（1-1a）。

手記の話題は芸術家との交流から、徐々に政治に移る。とくに五冊目では一九一七年について、そして夫の最期について書かれている。表紙には「エム・エフ・ココシキナの回想。おわり」とあり、ついで先述の通り「児童図書博物館」のことが記されている（67）。ソヴィエト国家の一人となって、マリヤは何を書き、何を思っていたのであろうか。この小稿で見てみたいと思う。本文中でマリヤは夫のことを頭文字で「エフ・エフ」と呼んでいる。ペテルブルグ、ペトログラード（一九一四―二四年）、レニングラード（一九二四―九一年）の名称は、時期を区別することなく使われている。

2

一九一七年二月、ココシキンは気管支炎にかかって、モスクワの自宅でずっと寝ていた。それが治りかけの三月二日夕方、ベッドの上にかかっていた電話機が鳴った。元モスクワ大学学長のマヌイロフからで、すぐにペトログラードに来てくれというのであった。駅の通行証をもらうために、マリヤが市議会に出向いた。「いたるところ武装したパトロール隊。床に横たわり、あるいは立ったままで休んでいる。行軍のときと全く同じだ。いたるところに紙……吸い殻……」（78-78ob）。

二人は無事、ペトログラードに到着した（これは恐らく三日のことであろう）。臨時政府の首相になったばかりのリヴォフ公と、文部大臣となったマヌイロフが出迎えた。ココシキンは早速彼らに連れていかれて「朝まで」働かされ、マリヤもソファーで寝るようにいわれた。彼女が最初に目にしたのは外務大臣となったカデット党首のミリュコーフであったが、あいつぐ演説で喉が全く嗄れていた。ミリュコーフ夫人で女権運動家のカデット党員アンナが「霧吹きをもって彼のあとをついて回り、時折彼の喉を湿らしてやっていた」。「次の日」、ココシキンは法制審議会議長として仕事にかかり、[6]「そこで私は、私たちが簡単にはレニングラードから抜けられなくなってしまったことを悟ったのだった！」（78ob-79）。

こうして慌ただしくペトログラードの日々が始まった。手記ではついで、彼女が一人でギッピウスを訪ねたときのことが書かれている。マリヤは戯曲『緑の指輪』の感動を、作者に直接伝えたかったのである。ところがマリヤを長く待たせたあげくに出てきた彼女は、政治のことで頭が一杯であった。マリヤが芝居の感想を述べても上の空で、どの演説者がどうということばかり話すのであった（79-79ob）。

総じてペトログラードは、マリヤによい印象を与えなかった。「私にとって一七年のペテルブルグとは、何か陰鬱で、不安定なものの思い出である」。モスクワに残してきた息子が病気になったことも、そうした暗い印象の一因であった。彼女はモスクワに戻ったが、「これは私にとって最初の、そして唯一の、エフ・エフと離れて暮らした経験であった」。息子の病気が一番ひどくなったときに、ココシキンが電話をかけてきた。「エフ・エフが悲しそうに、自分にかけられた圧力の結果、会計監査院長となることに同意したと私に知らせてきたのだった」。これは七月二十四日に成立した第二次連立政府のことである。ココシキンは社会主義大臣との連立に展望を見出せなかったが、カデット党中央委員会は連立を維持せんとして、彼に閣内で同党の政策を主導するよう委任したのである。[7] ココシキンは妻に、入閣はしないといっていたのであろう。「彼は私に、いったことを破ってしまってすまないと謝った」。息子の病気は治り、マリヤはペトログラードに戻ったが、陰鬱な印象は増すばかりであった(80)。

会計監査院長に割り当てられた邸宅も、暗い印象を促した。マリヤの頭にはベールイの『ペテルブルグ』に出てくるいかめしい内務省高官の名前が浮かんだ。邸宅の「出口のない陰鬱さ」「狭い続き部屋」は、「そこに生き物が住まうなどと考えることすら許さない。おそらくはアポロン・アポロノヴィチ・アブレウーホフの影を別とすれば」。そこでココシキン夫婦はマヌイロフ一家といっしょに引っ越した。すぐにシャホフスコイ公(カデットで、第一次連立政府の国家後見大臣)もくわわった。ある日、「おかしな情景が繰り広げられたが、それは悲劇的なものになりかねなかった」。ココシキンとシャホフスコイのどちらも、それぞれ一足しかない靴の底が剝がれてしまったのだった。「あやうく投票に影響を与えるところだった――二人欠席として」(80-80ob)。シャホフスコイはこのとき閣内にはいなかったので、これはマリヤの記憶違いであろう。「悲劇的」というのも大げさに見える。だが、社会主義者大臣とカデット大臣の関係は、それくらい緊張に満ちていた。「実際は、私がレニングラードに戻ってくるまでに、事態はすでに終わりに近づいていた」。ココシキンは、ミリュコーフが五月初頭に戦争遂行路線を批判されて、外相を辞して臨時政府を去らざるをえなかったことを、「終わりの始まり」とみなしていた。ココシキン自身も閣内で農業大臣チェルノフに「我慢がならない」でいた。エスエル党首チェルノフはミリュコーフを辞任に追いやった一人であり[8]、地主地への農民の攻撃に対して融和的であることでカデットの憤慨を買っていた。ココシキンはチェルノフについて、「彼が臨時政府にいるという一事だけでも、それが無事結末を迎えるとは信じられない」と考えていた。ココシキンはまた、ケレンスキー首相にも不信感を抱くようになり、とくにその「ぐらつきやすさ」に耐えられないでいた。これらのことを考えれば、とマリヤは記す、「どうして私がなるべく早くエフ・エフをモスクワに連れて帰りたいと絶えず思っていたか、分かろうというものだ。そのことで私はペ・エヌ・ミリュコーフから一度ならず文句をいわれたが」(81)。

ココシキンが閣内にいたのはひと月だけであった。八月末に最高総司令官コルニーロフとケレンスキー首相が衝突するにいたったとき、ココシキンは後者に全権を委ねることを拒んで閣外に抜けたからである。この「コルニーロフ叛乱」の最中に、マリヤは臨時政府のおかれている冬宮に居合わせた。ミリュコーフがコルニーロフとの仲裁のために、ケレンスキーを訪ねるところであった。元最高総司令官アレクセーエフと陸軍省次官サヴィンコフもいっしょであった。エスエルの元テロリストであるサヴィンコフは、筆名をロープシンという作家でもあった。「私は『蒼ざめた馬』の作者を見なけりゃということで頭が一杯で、アレクセーエフをちゃんと見ることはできなかった」(81ob)。

カデット研究者ローゼンバーグは、「コルニーロフ叛乱」が頓挫したのち、ココシキンはミリュコーフといっしょにクリミアに発ったと記している。[9] しかし、この記述には十分な典拠がない。マリヤの手記には、ココシキンは全ての義務から解放された、「どれだけの満足をもって私たちはモスクワに駆け戻ったか」と書かれている（82）。恐らく夫妻はクリミアには行かず、ペトログラードからまっすぐモスクワに戻ったのである。

3

手記には十月革命の話は出てこない。すでに憲法制定会議の開会が近づいていた。ペトログラード滞在中にココシキンは体をだいぶ悪くした。彼はカデットから選ばれたごく一握りの議員（総数七一五人中の一七人）であったが、友人たちは危険だからペトログラードに行かぬようにいった。[10] ココシキンはそれでも出発した。憲法制定会議の当初の開会予定日は十一月二十八日であった。エスエルが第一党となり、ボリシェヴィキが議事を掌握できないことははっきりしていた。レーニンの政府は十一月二十六日に開会の事実上の延期を決めたが、[11] 二十七日にカデット党中央委員会はパーニナ女伯爵（臨時政府の国家後見省次官）邸で会議を開き、対応を検討した。首都に集った議員はまだ定足数を満たしていないが、臨時議長を選出し、毎日非公式の会議を開き、定足数に達したらば政府の意向にかかわらず憲法制定会議を開会するという方針が決められた。ココシキン夫妻とシンガリョフはこの夜はパーニナ邸に泊まった。二十八日、政府はカデットを「人民の敵の党」と宣言し、パーニナ邸に兵士と赤衛隊員を差し向け、パーニナ、シンガリョフ、ココシキン夫妻を逮捕した。彼らはペテロパウロ要塞に収監された（マリヤは恐らく収監されなかったか、すぐに釈放された。パーニナはひと月後に釈放された）[12]。

マリヤの手記には次のようにある。「おかしなことかもしれないが、レニングラードに着いてすぐに入れられたペテロパウロ要塞にいるあいだずっと、彼は全く穏やかな心持であった」。「私たちは二人とも、なぜか分からないが、全てのことに静かな気持ちで向き合っていた。私たちはどちらもイーゴリ・グラバーリの『ロシア芸術史』を手元においていた、そして同じときに同じものをそれぞれ自分のところで読み、手紙でや面会の際に読んだところについて議論を続けた。なので近くにいるような完全な錯覚が生じたのである」（82-82ob）。

ココシキンの収監中、二人は政治については決して話さなかった。「覚えているのだが、最初の面会のときに、私は彼に何かについて聞いてくるように委任された。私が話し出すやいなや、彼は私をさえぎって叫んだ。「せめてここでだけは静かに過ごさせてくれ！」」。そこで二人は政治については話さないと取り決めたのだった。

マリヤは、ココシキンを要塞から病院に移す請願は、自分が望んで行なったものではないということを細かに記している。この移送が致命的なものとなったのであるから、彼女のこだわりは当然である。マリヤは事態に穏やかに接しており、ココシキンの健康ですら普段ほど彼女を心配させなかった。だが、彼の友人みなが、病院への移送を請願するように彼女にいった。請願には当初返事がなく、彼女も焦りはしなかった。だが、セルゲイ・ウルーソフ公が彼女の熱意のなさをひどく罵り、マリヤは請願を再開した。これに対してココシキンは、今いる場所で十分だといったので、マリヤはそれに従ったが、今度は彼のほうが、どこにいても同じなので請願を続けるようにと書いてきた。「いつも私たちがそうであるように「君がいいようにすればいいよ！」「いや、あなたがいいように！」」（82ob-83）。

マリヤと、それにシンガリョフの妹が請願を続けた結果、あとは最後の署名をもらえばいいだけになった。このとき、対応に出た相手が次のようにいった。「覚えておいて下さいよ！　私はあなたたちを思いとどまらせるためにあらゆることをしたのですから！」

マリヤはこの言葉も、その「深い同情の調子」も、決して忘れることがなかった。この人物が誰であったのかは、そのときは分からなかった。「ごく最近になって」彼女はそれが、レーニン政府の官房長ウラジーミル・ボンチ＝ブルエーヴィチであったことを知った。「前日」に彼は、シンガリョフの妹に「病人を動かさぬよう長いこと、執拗に説得した」のだという[13]（83-83ob）。

一九一八年一月六日、ココシキンとシンガリョフは病院に移された。前日に開会された憲法制定会議は、この日政府の手で閉鎖されていた。明るい病室でココシキンはマリヤと並んで腰掛けると、彼女の努力に礼をいい、すぐにアフマートヴァの詩集の話を始めた。それから彼は、監獄にいるあいだにどれだけ多くのことを理解したか、「これからは私たちの生活は以前よりもいっそう幸せなものになる」と語った。「誓っていうが、一滴の涙も生涯君に流させはしないよ。君はいつも大きな声で笑ってばかりいるんだ。君は大きな声で笑っていなけりゃいけない。僕に必要なのはそれだけだ。それなしでは僕は生きていられないよ」。「彼は熱中して、立ち上がり、そのまま自分の運命を讃え出し、フェートの詩で締め括った。「愛には言葉がある、その言葉は死なない！／僕らを待つのは特別な法廷だ／たちまち僕らを群集の中に引き離すような／でも僕らはいっしょに行く――僕らを分かつことはできない！」」(「Alter ego」一八七八年)。

これらはみな、大変に強い印象をマリヤに与えた。夫と別れて帰路につく途中、マリヤは「この美しさ以上のものは、どこにもないだろう！」と思った(83ob-84)。

＊

私は自分の部屋に戻り、すぐに服を脱いで、床につき、朝まで眠った。私を起こしたのはエス・ヴェ・パーニナだった。彼女の顔を見るだけで、何が起こったのかを理解するには十分だった。

「フョードル・フョードロヴィチが？」私は聞いた。

「そう！」

「全く？」「そう！」

そして彼女は私に彼の結婚指輪を渡してくれた。

そのとき私はすぐにエフ・エフの言葉を思い出した。

「死ぬことを怖いとは思わないんだ。唯一怖いのは、僕のために君が流す涙だけだ。思うに耐えられないよ。墓の中でひっくり返っちまう！」彼はいつも微笑みながらこう言い終えるのだった。

私はこの言葉を思い出し、そして微笑んだ。——そのときから私の顔から微笑みが去ったことはない。そのとき以来、彼のことで一粒の涙もこぼしたことはない。そういうとき私は途方もなく美しい何かの思い出を追想しているのだ（84-84ob）。

＊

マリヤは夫を静かに葬りたかった。「ところがそこであれほどもめることになったのだ！」。恐らくカデットの僚友たちとマリヤの希望が一致しなかったのである。「私は身を引き、やりたいように葬儀をさせることにして、自分は葬儀に行かず、家に残った。私が唯一つ懸念したことは、彼の死について誰一人咎《とが》められることがないようにすることだ」。「私はよりいっそう静かに、穏やかになっていった」。

暮らしの不安についてはどうだっただろうか。マリヤは以前を回想して書いている。「私たちはいつも大変つましく暮らしていた。お金を注ぎ込んだものといえば本だけだった。私たちは二人とも本当に本が好きだった」。夫妻の子どもの乳母は、「どれだけおなかをすかせていようと、本を買い込んでいるのだから！」といつもこぼしていた。「死んじゃったら、本しか残らないじゃないですか」という乳母に、ココシキンは「全てうまくいきますよ……見てごらんなさい……彼女が見放されはしませんから……！　全ていいようになりますよ！」と安心させるのだった。そして、「実際そうだった！」……マリヤがモスクワの自分の家に戻るや否や、家賃も子どもたちの教育費も、同じ建物に住む住人たちが面倒をみてくれたと聞かされた。さらに、数か月にわたって国中からお金が送られてきた。「教員や……医者や……農学者や、その他……、その他」。乳母はココシキンの「全てうまくいきますよ」という言葉を思い出すほかなかった。

それに、「政府もまた、出来ることは何でもやるように骨を折ってくれた」という。「私の家賃はただになった。何がしかの税からも免除された。それから私は生涯年金が支給されることになり、今日までそれを受けとっている」(84ob-85ob)。

このように書いたのち、彼女は次のように手記を締めくくっている(85o6-86)。

> しかし、大事なことは、私がいつも夢見ていたことが実現したことだ! 追い立てられた社会の下層の人々が、自分たちの街路でも祭日を目にするようになる、そういう日を見るまで生きながらえたいと私はいってきた。エフ・エフが述べていた考えは、ヴィボルグ裁判〔一九〇六年の第一ドゥーマ解散に抗議した議員たちに対する裁判〕での彼の演説にある、次のような私の好きな言葉だ。
>
> 「われわれは国を幸福で繁栄したものにしたいと願った。そのためには道は一つしかないとわれわれは知っていた――住民の下層勤労階級の福利を向上させることである!」
>
> 一日一日と私は、より多く、そしてよりいっそう、自分の夢に近づいていることを感じる。皆といっしょに通り過ぎてきた建設の全階梯を、それは困難なものだと普通考えられているものだが、私は微笑みをもって経験してきたことを覚えている。その中に私が常に夢みてきたプログラムの実現に向かっての道を見ながら。それはジャン・ジャック・ルソーを読んだ日から

のことだ。あのとき私は十五歳だった。

エム・ココシキナ

4

手記を締めくくるにあたって、マリヤはどのような思いだったのであろうか。もしかしたら彼女は、当局の目を恐れていたのかもしれない。あるいは、自分たちの夢とソ連の現実とを重ね合わせることで、自分を納得させようとしていたのかもしれない。

しかし、工業化に沸くソ連の変貌が、実際に彼女に強い印象を与えていたということも十分にありうることである。革命から十数年の月日を経て、ロシアには新しい文明が誕生しつつあった。それは反市場原理と集団主義の、それまで誰も見たことのない秩序であった。

いかなる胸中であったにせよ、彼女はいつも笑っていてくれという夫の言葉に応えていたのであろう。一九四八年に七十歳で亡くなるまで、彼女がどのような運命をたどったのか筆者は知らない。ただ、辛い人生をたしかに受けとめた、一人の人間に深い敬意を覚えるのみである。

注

1 Государственный архив Российской Федерации (ГАРФ). Ф. 1190 (Кокошкин Ф. Ф.). О. 1. Д. 21. このノートはフョードル・ココシキンの史料群（フォンド）に整理されており、何枚目かを示すリスト番号は五冊通しでふられている。以下、この史料のリスト番号を参照する際には、本文中に（1）のように示す。

2 *Томсинов В. А.* Российские правоведы XVIII-XX веков. Очерки жизни и творчества. Т. 2. (Москва: Зерцало-М., 2007). С. 361.

3 *Кузьмина Ольга.* Судьба Федора Кокошкина // Новые округа. №. 43 (163). 24 ноября 2015. С. 11.

4 *Голостенов М. Е.* Кокошкин Федор Федорович // Политические деятели России. 1917. Биографический словарь (Москва: Большая Российская энциклопедия, 1993). С. 155–157.

5 *Ганкина Элла.* Энтузиасты и просветители - ретроспективные заметки о людях и книгах // Зеркало. №. 47. 2016 (http://zerkalo-litart.com/?p=10637).

6 法制審議会の前身の初会合は三月八日で、ココシキンも出席している。彼が議長となるのは十八日である。しかし、すでに三月二日には臨時政府が同機関の設置とココシキンのそこへの招聘を決めており、マリヤが「次の日」といっているのは恐らく三月四日であろう。Записи хода заседаний Юридического совещания Временного правительства. Т. 1. Март-июнь 1917 года (Москва: РОССПЭН, 2018). С. 37, 63; Журналы заседаний Временного правительства. Т. 1. Март-апрель 1917 года (Москва: РОССПЭН, 2001). С.385

7 *Кизеветтер А.* Федор Федорович Кокошкин // Памяти погибших (Paris: s. n., 1929). С. 23.

8 *Милюков П. Н.* История второй русской революции (Москва: РОССПЭН, 2001). С. 90.

9 William G. Rosenberg, *Liberals in the Russian Revolution: The Constitutional Democratic Party, 1917–1921* (Princeton: Princeton University Press, 1974), p. 236.

10 *Кизеветтер.* Федор Федорович Кокошкин. С. 24. 議員数は、Политические деятели России. С.403.

11 Декреты Советской власти. Т. 1. (Москва: Государственное издательство политической литературы, 1957). С. 159.

12 シンガリョフの獄中日記による。Как это было. Дневник А. И. Шингарева. Петропавловсая крепость.

27. XI. 17-5. I. 18 (Харьков: Изд. т-ва "Новое слово", 1918). С. 1–3. パーニナの釈放は、*Голостенов М. Е.* Панина Софья Владимировна // Политические деятели России. С.247.

13　シンガリョフの妹アレクサンドラが、シンガリョフたちの殺害のすぐあとに書いた手記にはボンチ＝ブルエーヴィチに関するこれらの出来事は出てこない。Как это было. С .59–61.

第七章　V・D・ナボコフとロシア革命

はじめに

ウラジーミル・ドミートリエヴィチ・ナボコフは、革命期のロシアを代表する自由主義者である。帝政期には彼の活動は、国家の権力を規制することに向けられていた。対照的に二月革命ののちには、国家の解体を押しとどめ、国家権力（государственность）の回復を図ることに心血を注いだ。ナボコフの軌跡をたどることは、一九一七年の革命がロシア史にもたらした変動の深さを理解することを助けてくれる。

著名な作家となった彼の息子ウラジーミルについては、ブライアン・ボイドによる伝記があり、その中で父親についても多くのページが割かれている。[1] 本稿はボイドが使っていない史料も用いて、ロシア革命研究の観点からナボコフの活動を追いたい。ロシア自由主義者がもっていた能力の豊かさも、彼らがぶつからざるを得なかった障壁の巨大さも、ナボコフの足取りをたどることで照らし出せるであろう。

一、帝政国家の批判者

ナボコフは一八六九年七月八日に、皇帝の離宮があるペテルブルグ近郊のツァールスコエ・セローで生まれた。貴族の家系で、父親はアレクサンドル二世と三世の司法大臣を務めた。ナボコフはペテルブルグ大学法学部を卒業したのち刑法学者となり、一八九七年からはペテルブルグ法学院の刑法学科長であった。[2]専制体制には極めて批判的であり、一九〇三年にキシニョフでユダヤ人ポグロムが起こると論説「キシニョフの大量殺戮」を発表した。ナボコフはポグロムを阻止できなかった現地の行政・警察・軍を批判したばかりでなく、「抑圧と無権利の体制」こそがユダヤ人差別を生み出しているとして、専制体制を正面から非難した。[3]

一九〇五年一月、民衆層による皇帝への請願行進に軍隊が発砲するという「血の日曜日」事件が起こると、ナボコフはペテルブルグ市議会で事件を弾劾し、法学院を追われた。[4]この事件をきっかけとして、ロシア中が専制への異議申し立てを行なう、一九〇五年革命と呼ばれる状況が現出した。十月、ナボコフは自由主義政党カデット（立憲民主党）の創設者の一人となった（創立大会の途中で、言論・結社の自由や議会開設などを謳う「十月詔書」がニコライ二世により発せられた）。一九〇六年には第一ドゥーマ（下院）の議員に選出され、諸法案の起草にくわわった。[5]

ドゥーマでナボコフは、死刑廃止法案に深く関与した。ナボコフは死刑により秩序回復を進める帝政を厳しく非難した。他方で彼は、法的手順を無視して死刑廃止を即刻実現せよと主張する左派議員（第一ドゥーマ選挙では、エスエルなどの有力な社会主義政党はボイコット戦術をとった。そのためもあり、カデットと、農民を支持基盤とする左派政党トルドヴィキとが主要政党となった。この二党は協力して政府批判を行なったが、トルドヴィキの急進性はカデットを悩ませた）とも論争しなければならなかった。憲法では、国家評議会（上院）とドゥーマ（下院）、それに皇帝が合意したときのみ法案は成立した。それに対して、左派はドゥーマだけで自立的に行動せよとしばしば主張した。ナボコフは、そのような独自行動に走るならば、「われわれはドゥーマではなく、何か違うものである」と審議で述べた。ナボコフをはじめとするカデットはみな、皇帝権力を憲法によって規制することを目指していたのであり、ドゥーマが超憲法的な革命権力となることを目指していたわけではなかった。一九〇六年六月、議員たちはナボコフ報告に基づいて全員一致で死刑廃止法案を可決した。だが、政府が議会に対して責任をもつ（議会で不信任案が通れば内閣が辞任する）ような、責任内閣制を実現せよと迫るカデットとトルドヴィキに対して、帝政政府は正面から応じようとはしなかった。七月八日、政府はドゥーマを解散した。[6]

これは憲法違反ではなかったが、議会政治を蹂躙《じゅうりん》するものとして、カデットたちは憤慨した。議会解散に抗議するために、ナボコフたちドゥーマ議員は納税・徴兵拒否を呼びかける「ヴィボルグの呼びかけ」を発したが、法への不服従を扇動した罪に問われた。一九〇七年十二月十二日から十八日まで開かれた裁判で、最初に被告人の意見陳述を行なったのはペトルンケーヴィチ、ココシキン、ナボコフという三人のカデットであった。十二月十三日、ナボコフはこう述べた。「個々人の、まして一国家の生涯には、最高善によって、われわれの各人にとり最高の法（suprema lex）であるあの公共の壮健（salus publica）によって、認められるような行動をとることを命じられる瞬間がある」[7]。「ヴィボルグの呼びかけ」とその後の裁判闘争は、ナボコフにとっても他のカデット議員にとっても、法を超えたもののために活動するという意味で、革命的に振る舞った一瞬であった。彼らは法を物心崇拝していたわけではなく、国家のあるべき姿として、法に基づく国家を求めていた。その、国家のあるべき姿を測る高次の理念が、ナボコフが引き合いに出した「公共」であったともいえる。自分たち「公衆」（общественность）こそが、公共の理念を体現しているとナボコフたちは考えていたであろう[8]。結局ナボコフは三か月の収監刑を言い渡され、首都のクレスティ監獄で服役した。以後のドゥーマ、それにゼムストヴォの選挙権・被選挙権も剝奪された[9]。

その後もナボコフは、カデット党幹部として政治活動を続けた。法学者として専門的な論文や評論も数多く執筆した。とくに、彼自身も編集陣にくわわっていた法学雑誌『プラーヴォ（法）』がそのための媒体となった。同誌に発表されたナボコフの文章のうちでもユニークなものに、一九一二年第四号（一月二十九日）に掲載された「犯罪学者としてのチャールズ・ディケンズ」がある。文豪生誕一〇〇周年に寄せられたこの評論においてナボコフは、「ディケンズよりも頻繁に犯罪の内的・外的側面を自分の芸術創造の対象とした作家を見つけるのは難しい」と書く。死刑と独房の非人道性を、ディケンズ作品に照らして訴えることがナボコフの目的であった。ディケンズもナボコフも、これらの刑罰に人道的観点から反対した。とくに死刑についてナボコフは、ドストエフスキーも援用しつつ、「間違いのない死を待ち受けるよう、人の魂を運命づける」ことはあらゆる犯罪よりも恐ろしい、「人間の魂に対する虐待」だと言い切っている。このことを裏付けるために、彼はディケンズの一連の作品を参照する。初期作品におけるニューゲート監獄で死刑を待つ囚人の姿、『オリバー・ツイスト』での死刑囚フェイギンの最後の夜、『バーナビー・ラッジ』での死刑を待つ元刑吏の悲痛な言葉が引用される。結論部ではナボコフは、人道的なモチーフを再度強調している。「不可避だが耐えうる悪としての刑罰と、身体を破壊し魂を苛む過酷な拷問とを分かつ境界」はいまだ見出されていない。「どの分野にもまして、転落した人々に対する愛という教え、斥けられた人々に対する同情という教えが、われわれには必要なのだ――人間を愛した偉大な作家の作品から汲むことのできる、偉大な教えが！」[10]。慇懃《いんぎん》また冷淡といったイメージもあるナボコフだが、論理だけの人ではなかったことがこの評論からは明らかである[11]。

一九一一年、キエフ郊外で少年の遺体が見つかり、ユダヤ教の祭儀殺人によるものだと右翼団体が騒ぎ立てた結果、ユダヤ人ベイリスが冤罪《えんざい》逮捕された。一九一三年の裁判に際してナボコフは、反ユダヤ主義的な冤罪を生まんとする法廷と政府を糾弾した。一八六〇年代に始まる「大改革」で司法改革にたずさわった人たちは、「五〇年後にこの〔かつて振り捨てた〕不正〔クリウダ〕が新しい外見のもとで甦ると想像できただろうか」と彼は書いた[12]。ユダヤ人活動家として知られるカデットのパスマニクは、ナボコフについて次のようにコメントしている。「教育の点で彼は反ユダヤ主義者であったが、彼の文化性が無権利なユダヤ人に人道的態度をとるように彼に命じたのだ。ベイリスへの愛ではなく、シチェグロヴィートフ〔司法大臣〕やザムイスロフスキー〔右翼活動家〕といった面々の非文化的なやり方に対する嫌悪が、祭儀殺人裁判を精査するための、キエフから発せられる彼の精気に満ちた記事を書かせたのだ」。[13]
一九一四年に第一次世界大戦が始まり、予備軍将校として召集されると、ナボコフは政治や執筆からは距離をおいた。一九一五年九月には参謀本部のアジア局に配属された。[14] こうしてナボコフはペテルブルグで二月革命を迎えることとなった。

二、臨時政府の官房長

一九一七年三月三日、ナボコフは皇弟ミハイル大公の宣言を起草することで、革命の政治に身を投じた。この宣言においてミハイルは、兄ニコライ二世が退位した後、彼から直ちに帝位を継承することはせず、憲法制定会議が招集されるまで、カデット主体の臨時政府に全権力を委ねることを表明していた。[15] 一九〇六年にドゥーマが超憲法的な革命権力となることを望まなかったナボコフは、この度はそうした権力の創出を自ら助けることとなった。いまや「公共」「公衆」と国家は一体化した。そうである以上、臨時政府に全権力を集中させ、国家を守り、何とかして新しい秩序をつくりださねばならなかった。

ナボコフは、フィンランド総督に就任できるかというミリュコーフ（カデット党首、臨時政府の外務大臣）の打診に拒否で応え、臨時政府官房長（Управляющий делами Временного Правительства）に就くと申し出た。「表面的には二次的であるかのような」この職務が、国家体制の機能が曖昧である状況下では「特別な意義をもつ」との判断であった。[16] 三月七日、臨時政府は、旧政府の大臣会議官房長を解任し、ナボコフを大臣会議官房長とすることを決めた（この時点ではまだ「臨時政府」ではなく「大臣会議」という語が使われていた）[17]。

官房長ナボコフは臨時政府の活動に統一を与えることを目指した。三月八日の閣議では彼の提案により、「臨時政府の意思は統一的でなければならず、それが担う責任は集合的なものであるから、少数派の見解も、個々人の見解も、議事録には記録されず、案件にも残されない」という原則が確立された。十三日には、他省庁の管轄に関わる法案は相互に事前に調整することが、彼の提案によって確認された[18]。

官房長は、臨時政府と法制審議会をつなぐ役割も担った。カデット法学者が結集した法制審議会は、法案の法的整合性を事前に検討したほか、国制に関わる広範な問題を討議する、臨時政府の頭脳のような機関であった。ナボコフは三月十日にその会議に初めて顔を出している。十八日には彼の盟友ココシキンが法制審議会の議長となった。二十二日に臨時政府は法制審議会の設置を公式に確認するとともに、官房長ナボコフが法制審議会メンバーの権限をもって、同審議会の構成員となると定めた[19]。

臨時政府はまた、三月十二日にカフカース太守代理を解任し、ナボコフを在ペトログラード・カフカース太守代理管理担当コミッサールに任命した[20]。これは民主化されたカフカース現地機構に対する、帝国首都における監督役のようなポストであっただろう。

官房長を間近に見ていたボリス・ノリデ男爵によれば、「臨時政府を自称しているが、実際には別々のほうを見ており、革命の荒波によって一つに結び付けられているような人々の極度に偶然的な集まりを真の権力に変えるために、ナボコフはできる限り全てのことをしようとしていた」。ノリデ男爵によればナボコフは、カデットの大臣たちは最後まで臨時政府に留まるべきだと考えていた（実際、何ものに対しても責任を負わず、集合的に絶対権力を担っている臨時政府の大臣たちが、「辞任」という行為を行なえるのかどうか、誰にも分からなかった）。[21]

戦争遂行は臨時政府、またカデットの主要な目的であった。ナボコフは三月ないし四月の時点で、厭戦気分が二月革命の基本原因の一つだと考えていた。だが、戦争終結に向けてこの時点で彼が行動を起こしたわけではない。「ロシアにとって甚大な損害――道徳的・物質的な――なしで、それ〔戦争〕を終わらせる方法は、一人の賢人たりとて、当時も、後にも、見出さなかっただろう」と彼は振り返っている。[22]

四月末、帝国主義的なミリューコーフの外交路線に抗議運動が起こり、最初の臨時政府が崩壊する「四月危機」が起こった。このときナボコフは、カデットの大臣は臨時政府に留まるべきだという立場を堅持して、混乱の収拾に寄与した。五月四日から五日にかけての夜、組閣交渉の過程で、新設の食糧大臣のポストをめぐって議論が紛糾《ふんきゅう》した。[23] 妥協がならず、全大臣の辞任が展望に上った。辞任の方法について、大臣たちの見解は三つに分かれた。ドゥーマ臨時委員会（二月革命に際して成立したこの委員会が、労働者・兵士組織であるペトログラード・ソヴィエトと合意することで、臨時政府が誕生した）に対して、臨時政府は集合的に辞表を出し、同臨時委議長であるロジャンコに組閣を委ねるべきであるという意見、個々の大臣が首相ゲオルギー・リヴォフ公（無党派自由主義者）に職を返上し、リヴォフ公が新内閣の構成を決めるべきであるという意見、臨時政府は全権力を担っている以上、集合的に辞任するとともに、新内閣の編成は自己の権限において誰か特定の人物に一任し、組閣がなされるまで元大臣は各省庁の業務を管理し続けるべきであるという意見である。見解の相違に鑑みて、深夜の一時にココシキン、ラザレフスキー、ナボコフの三人だけで法制審議会が開かれた。彼らは以下の結論に達した。臨時政府が全体として全権を返上するならば、新政府をつくる義務はドゥーマ臨時委員会に属するが、構成の個別的な変更であれば臨時政府は自己の権力によってそれを行なえる、ただしドゥーマ臨時委員会も自分の見解を述べることができる。これは、臨時政府が全権力をもつことを確認した点で意味があったといえる。ナボコフは紛糾の元になった食糧大臣のポストをめぐっても解決に貢献した。シンガリョフが財務大臣となり、かつ五月いっぱいは食糧省も指導するという妥協案をナボコフが出し、受け入れられたのである。[24]

ナボコフの努力もあり、カデット大臣で辞任したのは、四月危機の原因となったミリュコーフだけであった。だが、ナボコフ自身もこのとき臨時政府官房長を辞任している。カデット党機関紙『レーチ（言論）』が伝えた彼の見解によれば、臨時政府の事務を組織化するという課題は既に果たされた、ましてこのポストが「部分的に持ち得た政治的意義は、今、臨時政府の構成が変わったもとでは全く、彼の見解では失われている」。このため彼は一か月前に提案されていた、セナート（元老院。最上級裁判所である）破毀《はき》部の仕事につくことにしたという。[25] 臨時政府は五月五日付けで彼をセナート議員に任命した。[26]

カデット党中央委員会は、新設の国家後見（社会保障）省の大臣候補としてナボコフを満場一致で選んだ。臨時政府内でも彼が候補となることは支持された。だが、「例外的な組織的能力と実務経験」を必要とするこのポストを引き受けることはできないとして、ナボコフは国家後見大臣への就任を固辞した[27]。

三、剝き出しの国家権力の防衛

官房長を辞めたあとも、新国家を支えるというナボコフの考えは変わらなかった。臨時政府も彼に重要な役職を委ね続けた。五月十五日にナボコフは法制審議会のメンバーに任命された。二十一日からは憲法制定会議選挙規約案策定準備特別審議会のメンバーとなって、活潑に発言した[28]。たとえば六月九日の会議では、社会主義者がペトログラード市とモスクワ市をペトログラード県およびモスクワ県の一部として扱うように主張したのに対して、ナボコフは両市をそれぞれ独自の選挙区とすることを支持した。「それらは個別の県の、ではなく、国家全体の鼓動が脈打っている中心なのである」と彼は述べた。県と市を一体にすれば、エスエルを支持する農民票によって都市部のカデットは埋没するであろうから、これは党派的な発言でもあった[29]。六月二十七日には、ナボコフは在ペトログラード・カフカース問題コミッサールとなり、カフカースの監督役を続けることとなった。彼は刑法典改正委員会の委員でもあった[30]。

七月初頭、社会主義者大臣が自治問題をめぐりウクライナに対して独断で譲歩し過ぎているとの理由から、カデット大臣たちが辞表を出し、第一次連立政府は解体した[31]。同時期に首都では兵士の叛乱未遂も起こった。この「七月危機」を経て首相となったケレンスキーは、カデットとの組閣交渉においてナボコフにも入閣を求めた。七月十八日、入閣要請に対してアストロフ、キシキン、ナボコフは連名で書簡を公表し、各大臣は自分の良心のみに責任を負うということをはじめ、臨時政府に対するソヴィエトからの圧力を斥ける趣旨に基づく条件を列挙した。結局三人は第二次連立政府に入らなかった（カデットからの入閣自体は実現した）[32]。

ナボコフは法制審議会に出席し続けた[33]。八月一日にはナボコフを含む憲法制定会議選挙規約案策定準備特別審議会のメンバーは、憲法制定会議選挙全ロシア委員会のメンバーに横滑りした。ナボコフはこの委員会の副議長を務めた[34]。

その一方でナボコフは、ソヴィエトや労働運動に強硬な措置を取るよう求める最高総司令官コルニーロフに期待をかけるようになっていった。コルニーロフのいる大本営がケレンスキーに対してクーデタを準備しているという、元宗務院総監ウラジーミル・リヴォフの曖昧な知らせを聞いたナボコフは、ココシキン（会計監査院長）他三人のカデット大臣にその内容を伝えた。ナボコフがリヴォフの訪問について伝えた相手はごく限られていたようである（ミリュコーフにも伝えていただろう）[35]。カデットのマクラコフは、「挙兵自体の前日」に「V・N・リヴォフの来訪と関連してカデット内部で生じた会話について」初めてナボコフから聞いたと振り返っている[36]。コルニーロフ周辺でつくられていた新閣僚リストにはナボコフの名が挙がっていたが、本人は関知していなかったと考えられる[37]。全体としてナボコフたちカデットは、コルニーロフの「叛乱」前後、彼に共感しつつもケレンスキーとの仲裁にも力を割いた[38]。

ソヴィエトの支援を得たケレンスキーによるコルニーロフの鎮圧は、ナボコフたちにとって国家秩序のさらなる解体を意味した。革命前のナボコフには、国家を相対化する基準として「公共」「公衆」があった。二月革命によってその基準は国家と一体化した。ここにナボコフとカデットの悲劇があった。彼らにはもはや国家を相対化する高次の基準はなかった。剝き出しの国家権力自体を、何としてでも防衛しなければならなかった。カデットの理想としては、政府機関を支える都市と農村の有産層が、「公衆」として法と秩序の維持を支援してくれるべきであった。だが、労働運動と農民運動が高揚するなかで、有産層の発言力は低下し、アパシー（無関心）も広がった。都市守備隊の兵士も、戦争の早期終結を目指すソヴィエト運動の推進力として存在感を高める一方であった。さらに、有産層の足場であった地方自治体（農村部のゼムストヴォと、都市部の市議会）も、臨時政府が選挙法を民主化した結果、改選によって社会主義者の手に移った。[39]

死刑の問題は、ナボコフの苦境を集約的に示した。ナボコフが求めてきた死刑の廃止は二月革命で実現した。[40] その後コルニーロフが軍人の死刑を復活させた。[41] 九月四日、ペトログラード市議会で市長シレイデル（エスエル）は、死刑の完全廃止を臨時政府に訴えることを提案した。左翼議員はみな賛同したが、ナボコフを含むカデット議員は反対した。[42] 登壇したナボコフはまず、死刑廃止を訴えてきた自分の足取りを振り返った。「諸社会主義政党の席に座っている人々のあいだで、死刑に反対する戦いに彼自身ほど多くの力を実際に費やしたものが、果たして多く見つかるだろうか」。『プラーヴォ』紙で一連の論説を発表し、第一ドゥーマでも死刑廃止を求めた。これら全てのことは、「この場合、『ブルジュイ』〔ブルジョア野郎〕の反革命的な表明としてではなく、一定の、深い、痛切ですらある確信として、私の言葉に接してくれるよう期待する権利を私に与える」。

ナボコフがいう痛切な確信とは、現況にあっての死刑の必要性に他ならなかった。「道徳の、そして国家道徳でさえもの最も強力な要請が、国家の自己保存の考慮を前にして、後景に退かねばならない、そうした状況があると私は考える」。正当防衛としての殺人が許されるように、「国家の生涯には例外的な状況がある。働きかけのための他のいかなる手段もなく、一時的に、可能な限り最小限に、裁判と司法の可能な限り最大限の保障を遵守した上で、死刑に頼る必要性が生じるような状況が」。自分は死刑の廃止と復活のいずれに賛成ともいわないが、市長提案には反対するとナボコフは述べた。もとより社会主義者が多数を占める市議会は市長提案を可決した[43]。

四、講和の探究と崩壊

コルニーロフの挙兵を機に、第二次連立政府は解体した。権力の混乱の中で、ナボコフは九月二十一日付『人民自由党報知』(人民自由党はカデットの別名)一九号に論説「革命の六か月」を発表した。「現在権力は惰性の力によって持ちこたえており、何らかの無意識的な自己保存本能のおかげでなお保たれている」。だが展望は暗くなる一方である。「『大ロシア革命』の第二の半年目に入り、われわれは国の全てとともに、ただぞっとする、重苦しい不安を覚えるのみである[44]」。

ナボコフは必死で出口を探っていた。ミリュコーフが一時首都を離れていたこともあり、彼はカデットの顔として奔走した。ケレンスキーとの交渉においてカデットを代表し、第三次連立政府の形成に貢献した[45]。他方、彼は臨時政府の外交路線にも影響を与えようとした。表向きは彼は講和を口にすることはなかった。九月十八日、党のクラブで彼は「われわれの主要な課題は、攻勢を行なうというのではないにせよ、いずれにせよ、せめて春までもちこたえ、連合国に対する自らの義務を誠実に耐え忍ぶことである」と述べた[46]。だが舞台裏ではナボコフは、臨時政府を全面講和路線に向けて動かそうと努力した（ドイツとの単独講和はあり得なかった）。外相テレシチェンコ（無党派）に自分の考えを伝え、九月下旬にはノリデ男爵とアジェーモフとともにカデット党中央委員会で講和路線を訴えたが、同志の支持は得られなかった。トルベツコイ公邸でも、主だったカデットおよび右派の政治家が会議を開き、全面講和路線の是非を議論した。コノヴァーロフ（副首相兼商工大臣、カデット）、ノリデ男爵、ナボコフが全面講和を支持したが、連合国がそうした意向を受け入れないだろうという見解が支配的であった。十月半ばには陸軍大臣ヴェルホフスキー（無党派）が戦争終結に向けてカデット指導部と密かに会談をもったが、彼は振舞いに不安定なところがあり、ナボコフはその提案を支持することができなかった。戦争継続の立場のミリュコーフとシンガリョフに強く反対することもナボコフはしなかった[47]。

十月七日に開会された疑似議会たる「予備議会」での党の戦術をめぐっては、カデットの純粋性を維持することを主張するミリュコーフに対抗して、ナボコフはアジェーモフとともに、社会主義者（ボリシェヴィキは除く）とのブロックを組んで多数派を形成し、臨時政府を支えるよう主張した。コルニーロフ叛乱に対するソヴィエト側の反撃をきっかけにして、各地ソヴィエトではボリシェヴィキが多数となり、臨時政府打倒の声を日に日に強めていたのである。ペトログラードで開かれた党中央委員会ではナボコフたちの立場が優位であったが、モスクワで開催された第一〇回党大会（十月十四日―十六日）では逆になった。[48] 実際、予備議会で社会主義者とカデットの溝は埋まらず、どの党派・ブロックも堅固な多数派を形成できなかった（ボリシェヴィキは予備議会をボイコットした）。[49] ナボコフは予備議会の副議長であったが、エスエルやメンシェヴィキにボリシェヴィキ打倒の明確な意志がなかったと振り返っている。なお、ナボコフは予備議会の長老会議（各会派の実力者会議）について、「あえてシネドリオン〔ユダヤの長老会議〕と呼ぶことができた」、「その構成の圧倒的多数はユダヤ人であった。ロシア人はアヴクセンチェフ、私、ペシェホーノフ、チャイコフスキーの四人だけであった」と反ユダヤ的な調子の記述を残している。[50]

理由は不明だが十月中旬までにナボコフは、在ペトログラード・カフカース問題コミッサールの辞意をケレンスキーに伝えている。[51] 他方、憲法制定会議の準備には力を傾け続けた。十月十九日開催予定の法制審議会に関する史料からは、「憲法制定会議の安全の保障、その建物内での秩序の保全に関する規約」第一四項についてナボコフが修正案を出したことが分かる。その内容は「憲法制定会議あるいは同会議の個々の成員の自由な活動を」妨害したり抑止したりする目的で暴力や威嚇を行なったものは、無期ないし有期の流刑で処罰するというものである。ナボコフは原案にない「個々の成員」という言葉を加えている。[52] 憲法制定会議でカデットが少数派になることは確実であったから、ナボコフにはそれだけ個々の議員の自由と安全を保障すべく努力する理由があった。

十月二十五日から二十六日にかけての深夜に臨時政府の大臣たちはボリシェヴィキに逮捕された。この十月革命ののち、ナボコフは憲法制定会議選挙全ロシア委員会（全ロシア委員会）の仕事を続け、憲法制定会議の議員にも選出された。全ロシア委員会では議長アヴィロフがしばしば出張したので、副議長ナボコフの役割が大きかった。会議の内容を教えよというソヴィエト政府の官房長ボンチ＝ブルエーヴィチの要請もナボコフがさばいた（ベイリス事件の際に二人は会ったことがあった）。十一月二十三日、レーニン署名の命令によってナボコフは同僚たちとともに突然逮捕され、ソヴィエト政府のあるスモーリヌイ学院に五日間拘禁されたのち、二十七日に釈放された。翌二十八日には憲法制定会議の開会が予定されていた（実際には延期）。二十八日、ナボコフはシンガリョフやココシキンが逮捕されたことを知った。彼自身はタヴリーダ宮で全ロシア委員会の仕事にあたった。ボリシェヴィキのウリツキーがやってきて解散を求めたが、ナボコフは断った。翌日、カデット指導者の逮捕令が出たことを知ったナボコフは、そのまま帰宅せず、クリミアを目指してペトログラードを去った。[53] クリミアでの活動を経て、ナボコフは一九一九年四月に亡命してイギリスに去り、二一年八月にはドイツに移った。[54]

一九二二年三月二十八日、ベルリンで開かれたミリュコーフの公開講演会に、君主主義者であるロシア人将校二名が忍び込んだ。彼らは、ニコライ二世の退位と一九一八年に起こった皇帝一家の殺害の原因をつくったのはミリュコーフだと思い込んでいた。休憩時間に一人目が後列から駆け出してミリュコーフを撃ったが、聴衆のあいだにいたナボコフが飛び出して下手人を押し倒したため弾は当たらなかった。ナボコフは彼から拳銃を奪った。そのとき二人目の下手人が現れて、ナボコフの背中に三発の銃弾を浴びせた。そのまま彼は還らぬ人となった。[55] 彼のことを冷たく尊大な印象の人だと記したオボレンスキー公爵は、次のようにも書いている。「その生き方と同じくらい、ナボコフは死に方も美しかった」。[56]

注

1　ブライアン・ボイド（諫早勇一訳）『ナボコフ伝　ロシア時代』上（みすず書房、二〇〇三年）。筆者も、池田嘉郎『ロシア革命――破局の8か月』（岩波新書、二〇一七年）の要所でナボコフの言動を紹介した。亡命後のベルリン時代については、諫早勇一『ロシア人たちのベルリン――革命と大量亡命の時代』（東洋書店、二〇一四年）を見よ。著作集も出た。*Набоков В. Д.* До и после Временного правительства. Избранные произведения (Санкт-Петербург: Симпозиум, 2015). 本章でナボコフという場合、作家のV・V・ナボコフではなく、その父親を指す。日付は露暦である。

2　*Канищева Н. И.* Набоков Владимир Дмитриевич // Государственная дума Российской империи. 1906–1917. Энциклопедия (Москва: РОССПЭН, 2008). С. 390.

3　*Набоков Влад.* Кишиневская кровавая баня // Право. №. 18. 27 апреля 1903. Стб. 1281–1285. とくに Стб. 1282, 1284.

4　ボイド『ナボコフ伝　ロシア時代』上、五九－六二頁。

5　*Канищева.* Набоков. С. 390; Съезды и конференции конституционно-демократической партии. Т.1. 1905–1907 гг. (Москва: РОССПЭН, 1997). С. 681.

6　*Набоков В.* Законопроект об отмене смертной казни // Право. №. 51. 23 декабря 1906. Стб. 4015–4028. 引用は Стб. 4022.

7　Дело о выборгском воззвании. Стенографический отчет о заседаниях особого присутствия С.-Петербургской судебной палаты 12-18 декабря 1907 г. (Санкт-Петербург: Типография т-ва „Общественная польза“, 1908). С. 32–54. ナボコフの陳述は С. 47–54. 引用は С. 52.

8 カデットの法治国家理念については、*Кокошкин Ф.* Лекции по общему государственному праву. Издание второе (Москва: Издание Бр. Башмаковых, 1912). С. 261–262. 社会上層の教養層である「公衆」については、Yoshiro Ikeda, The Notion of Obshchestvennost' during the First World War, in Yasuhiro Matsui, ed., *Obshchestvennost' and Civic Agency in Late Imperial and Soviet Russia: Interface between State and Society* (Basingstoke: Palgrave Macmillan, 2015), pp. 61–81.

9 *Канищева.* Набоков. С. 390.

10 *Набоков Влад.* Чарльз Диккенс, как криминалист // Право. №. 4. 29 января 1912. Стб. 188–195. 引用は Стб. 188, 195.

11 「自己満足的な礼儀正しさとエゴイスティックな酷薄さの象徴とも言える人物」というのが、政敵であるトロツキーのナボコフ評である。トロツキー（藤井一行訳）『ロシア革命史』第一巻（岩波文庫、二〇〇〇年）、三四二頁。「端正で、美しく、常に優雅な着こなしの人物で、ローマ貴族の冷たく尊大な表情をもち、ペテルブルグ宮廷人の特徴的な話し方をする」というのが、党の同志であるオボレンスキー公爵のナボコフ評である。*Оболенский Владимир.* Моя жизнь и мои современники. 1869–1920. Т. 1 (Москва: Кучково поле, 2017). С. 459.

12 *Набоков Влад.* "Мировой" процесс // Вестник Европы. 1913. Кн. 12. С. 353–360. 引用は С. 353. ナボコフたちの努力や、進歩派世論の盛り上がりにより、ベイリスは無罪をかちえた。

13 *Пасманик Д.* С. Революционные годы в Крыму (Paris: Société anonyme imprimerie de Navarre, 1926). С. 93–94.

14 *Набоков В.* Временное Правительство // Архив русской революции. Т. 1 (Berlin: Слово, 1921). С. 11.

15 *Набоков.* Временное Правительство. С. 16–22.

16 *Набоков.* Временное Правительство. С. 16–24. 引用は С. 23–24. ボイド『ナボコフ伝 ロシア時代』上、

一四三頁は「官房長官補佐」と訳しているが、「補佐」を付したのは誤訳。原文は head of chancellery。Brian Boyd, *Vladimir Nabokov: The Russian Years* (New Jersey: Princeton University Press, 1990), p. 125.

17 Журналы заседаний Временного Правительства［以下、ЖЗВП と略記］. Т. 1. Март-апрель 1917 года (Москва: РОССПЭН, 2001). С. 44. 三月十四日にこの任命がもう一度確認された。Там же. С. 97.

18 ЖЗВП. Т. 1. С. 52, 89.

19 ЖЗВП. Т. 1. С.160; Записи хода заседаний Юридического совещания при Временном правительстве. Т. 1. Март-июнь 1917 года (Москва: РОССПЭН, 2018). С. 42, 63.

20 ЖЗВП. Т. 1. С. 82.

21 *Нольде Б. Е.* В. Д. Набоков в 1917 г. // *Нольде Б. Е.* Далекое и близкое. Исторические очерки (Paris: Современные записки, 1930). С. 145–146.

22 *Набоков.* Временное Правительство. С. 41.

23 ペトログラード・ソヴィエト執行委員会はチェルノフ（エスエル）を農業大臣、ペシェホーノフ（人民社会主義者）を食糧大臣に推した。それまで食糧問題を担当してきた農業大臣シンガリョフ（カデット）には財務大臣のポストが提案された。シンガリョフは農業大臣のポストを譲ることは同意したが、改善の兆しが見えてきた食糧問題をいま手放せば混乱が生じるという理由で、自分が食糧大臣になることを求めた。ソヴィエト執行委員会は折れず、シンガリョフが辞任を口にすると文部大臣マヌイロフ（カデット）も同調し、残りの大臣たち（カデットだけではなく）も自分の辞任をやむなしと考えるにいたった。Новое министерство // Русские ведомости. 6 мая 1917. С. 4.

24 Новое министерство // Русские ведомости. 6 мая 1917. С. 4.

25 Обновленный состав Временного правительства // Речь. 6 мая 1917. С. 4. 別の記事によれば、臨時政府が発足した頃、司法大臣ケレンスキー（エスエル）がナボコフにこのポストを提案していた。そのときは官房長との兼任は不可能という理由で彼は断った。だが、今回の政府危機の過程で（明らかにナボコフが官房長の辞意を表明したのち）ケレンスキーは再度この提案を行ない、ナボコフが受け入れたのである。Новое министерство // Русские ведомости. 6 мая 1917. С. 4.

26　*Мурзанов. Н. А.* Словарь русских сенаторов. 1711–1917 гг. Материалы для биографий (Санкт-Петербург: Дмитрий Буланин, 2011). С. 297.

27　Обновленный состав Временного правительства // Речь. 6 мая 1917. С. 4.

28　ЖЗВП. Т. 2. Май-июнь 1917 года (Москва: РОССПЭН, 2002). С. 74, 91.

29　Стенографический отчет Особого Совещания для изготовления проекта положения о выборах в Учредительное Собрание. Заседание девятое. Пятница, 9 Июня 1917 г. (Петроград: s. n., 1917). Стб. 578. ナボコフ側の見解が可決された。Там же. Стб. 601.

30　ЖЗВП. Т. 2. С. 368; *Набоков.* Временное Правительство. С. 77.

31　ボイドは「ナボコフらCD〔カデット〕党員は、みな臨時政府を辞した」と記すが、ナボコフはこの時点ではすでに官房長ではなく、かつ後述するように法制審議会は辞めていないので、不正確である。ボイド『ナボコフ伝　ロシア時代』上、一四九頁。

32　Последние известия // Речь. 18 июля 1917. С. 3. 細かいことだが、署名の順番は公表された版では本文の通りだが、タイプ打ち原本ではナボコフ、キシキン、アストロフの順。Государственный архив Российской Федерации (ГАРФ). Ф. 1807 (Керенский А. Ф.). О. 1. Д. 495. Л. 1-1об.

33　十月一日が最後に出席した会議のようだが、その後も委員であり続けた。Записи хода заседаний Юридического совещания при Временном правительстве. Т. 2. Июль-октябрь 1917 года (Москва: РОССПЭН, 2019). С. 267, 327.

34　ЖЗВП. Т. 3. Июль-август 1917 года (Москва: РОССПЭН, 2004). С. 221; Набоков Владимир Дмитриевич

// Всероссийское учредительное собрание. Энциклопедия (Москва: РОССПЭН, 2014). С. 262.

35 *Набоков*. Временное Правительство. С. 43–45.

36 Maklakov V. A. to Miliukov P. N. 24 January 1923. Columbia University, Rare Book & Manuscript Library, Pavel Nikolaevich Miliukov Papers, 1879–1970. Box 1.

37 Дело генерала Л. Г. Корнилова. Материалы Чрезвычайной комиссии по расследованию дела о бывшем Верховном главнокомандующем генерале Л. Г. Корнилове и его соучастниках. Август 1917 г. - июнь 1918 г. Т. 2 (Москва: Международный Фонд "Демократия", 2004). С. 353, 431,546.

38 *Милюков П. Н.* История второй русской революции (Москва: РОССПЭН, 2001). С. 381–406.

39 ペトログラード市議会について、*Кручковская В. М.* Центральная городская дума Петрограда в 1917 г. (Ленинград: Наука. Ленинградское отделение, 1986). С. 46.

40 三月十八日付『レーチ』紙上でナボコフは、一九〇六年を振り返りながら臨時政府による死刑廃止について、「丸々一一年が過ぎ、そして今、革命の強力な一振りによって高みに運び上げられた新権力は、あのとき始められた事業を完成させている」と記した。*Набоков Влад.* Отмена смертной казни // Речь. 18 марта 1917. С. 3.

41 *Милюков.* История второй русской революции. С. 247–251.

42 各党の獲得票数および当選者一覧は、Выборы в городскую думу // Речь. 24 августа 1917. С. 4.

43 Городская дума о смертной казне // Речь. 5 сентября 1917. С. 4.

44 *Набоков Влад.* Шесть месяцев революции // Вестник Партии народной свободы. №. 19. 21 сентября 1917. С. 1–3. 引用はС. 3.

45 Совещание о реконструкции власти // Речь. 23 сентября 1917. С. 3–4. *Набоков.* Временное Правительство. С. 81.

46 Митинги и собрания // Вестник Партии народной свободы. №. 20. 28 сентября 1917. С. 24.

47 *Набоков.* Временное Правительство. С. 47–48, 81–83.

48 Московские съезды // Русские ведомости. 17 октября 1917. С. 3.

49 Разброд в предпарламенте // Русские ведомости. 20 октября 1917. С. 3.

50 *Набоков.* Временное Правительство. С. 80. アヴクセンチェフはエスエル、ペシェホーノフとチャイコフスキーは右派社会主義政党であるトルドヴィキ＝人民社会主義者。この党は一九一七年六月に、名称にある二つの党が合同して成立した。ナボコフは態度をはっきりさせないメンシェヴィキのダンの返答も「タルムード的議論」と呼んでいる（Там же）。メンシェヴィキのステクロフがユダヤ人であり、筆名であることも、否定的な調子で記している（Там же. С. 65）。

51 これに先立って、セナート議員職は兼任ができないが、ナボコフのコミッサール職は臨時なので問題ないとセナートは判断していた。Первый департамент Сената // Русские ведомости. 4 октября 1917. С. 4. 辞任表明は、Последние известия // Русские ведомости. 18 октября 1917. С. 4. ナボコフはこのコミッサールとして、九月十一日から十月二日まで四回閣議に出席した。官房長辞任以降、ナボコフが閣議に出たのはこれが全てである。ЖЗВП. Т. 4. Сентябрь-октябрь 1917 года (Москва: РОССПЭН, 2004). С. 72, 145, 225, 237.

52 ГАРФ. Ф. 1792 (Юридическое совещание при Временном правительстве). О. 1. Д. 5. Л. 136, 149, 154. 十月十九日に会議はあったが、議事録は残っていないようである。Записи хода заседаний Юридического совещания. Т. 2. С. 401.

53 *Набоков.* Временное Правительство. С. 93–96. ナボコフはウリツキーのことも「厚かましいユダヤ人の顔つき」と記し、反ユダヤ主義的な気分を露わにしている。Там же. С. 95. Набоков Владимир Дмитриевич // Всероссийское учредительное собрание. Энциклопедия. С. 262.

54 *Пономарева Т. О.* Предисловие // *Набоков В. Д.* До и после Временного правительства. С. 26–27.

55 シャベリスキー＝ボルクとタボリツキーというこの下手人二人は逮捕されたが、数年後に恩赦を受けて釈放された。両名とものちにナチス党員となり、ヒトラー政権のもとでロシア人亡命者を管理する部局の高官となった。*Пономарева.* Предисловие. С. 28–29. 諫早『ロシア人たちのベルリン』、二四二―二四四頁。

56 *Оболенский.* Моя жизнь. Т. 1. С. 461.

＊初出の際にはこのあと付録として、ナボコフが一九二〇年に書いた三通の手紙の原文・翻訳を紹介した。関心のある方は、東京大学学術機関リポジトリに収められている「V．D．ナボコフとロシア革命」をご覧いただきたい。オンラインで読むことができる（https://repository.dl.itc.u-tokyo.ac.jp/records/54897）。

第八章　クリミア地方政府とカデット

はじめに

十月革命によって臨時政府は倒れたが、ロシア革命はその後も途切れなしに内戦に入っていく。臨時政府の一翼を担った自由主義者のカデットも、ロシア各地に散らばった。ドンやヴォルガやシベリアなど、各地で反ボリシェヴィキ政権が成立するが、カデットはその多くに参画した。デニーキン将軍が統治する南部やコルチャーク提督が統治するシベリアなど、一連の地方政権は軍事独裁となり、カデットはそれを支えた。だが、クリミア半島では異なる状況が生じた。一九一八年半ばから一九一九年春にかけて、ドイツ軍、ついで英仏軍の後ろ盾を得て、「クリミア地方政府」と呼ばれる政体が生じた。その全期間を通してクリミアの統治は議会政治の側面を部分的に残し、諸政党が活動を繰り広げた。とりわけ一九一八年秋に成立したソロモン・クルィム首班の第二次クリミア地方政府では、カデットは与党的地位を占め、市民的自由を可能な限り維持することに努めた。ロシア革命・内戦史の特異な一ページとしてのクリミア地方政府について、カデットの活動に焦点を当てて振り返ることが本章の目的である。[1]

一、スリケーヴィチの第一次クリミア地方政府

十月革命後のクリミア

十月革命でペトログラードやモスクワがボリシェヴィキの手に落ちた後、多くのカデットがクリミア半島に逃れた。彼らのうちにはペトルンケーヴィチとパーニナ女伯爵の親子のように、クリミアに別邸をもっているものが少なくなかった。ナボコフとその一家も、ガスプラにあるペトルンケーヴィチ親子の所領に避難場を得た。[2]党中央委員であり、クリミア半島のあるタヴリーダ県を地元とするオボレンスキー公爵も、半島南岸にあるビユク＝ランバート村近くのおばの所領にたどりつき、ワイン造りで食いつないだ。[3]

一九一八年一月半ばまでにボリシェヴィキが、黒海艦隊の水兵の支持を得てクリミア半島を掌握した。ナボコフによれば水兵は、脱走兵と叛乱者からなる陸軍部隊とともに、地元のごろつきの助けを得つつ一連の都市を暴力的に支配した。とりわけ将校と知識人が暴力の対象になった。大ブルジョアは財産を収奪された。エフパトリアでは暴力は極めて凄惨で、生きたままの人間が蒸気船の窯で焼かれ、手足を切り裂かれ、半殺しの状態で生き埋めにされた。[4]

ボリシェヴィキのクリミア半島支配は徹底的なものとはならなかった。ナボコフは偽名も使わず

に医者のふりをして過ごした。オボレンスキーの場合、セヴァストーポリの水兵たちは自動車か馬車でなければ移動しようとせず、徒歩でなければ行けないビユク＝ランバートには入ってこなかった。オボレンスキーと顔なじみであった地元のクリミア・タタール人も庇護を与えてくれた。タタール人たちは独自の革命委員会をつくり、ボリシェヴィキとは敵対関係にあった。[5]

ドイツ軍の支配

ボリシェヴィキの支配は三か月しか続かなかった。一九一八年四月十八日にドイツ軍がシンフェローポリに入り、五月一日にはセヴァストーポリも一週間に及ぶ赤衛隊・水兵との戦闘の末に掌握された。オボレンスキーにとって、敵国ドイツに救われたのは自身の民族的感情を傷つけたが、身体的に救われた安堵のほうが大きかった。シンフェローポリのドイツ軍司令部は、タタール自治議会であり、ボリシェヴィキが解散したクルルタイを再開して（五月八日）、タタール人勢力を中心にして政権をつくらせようと考えた。タタール人勢力はカデットも政権に引き入れようとした。[6]

ドイツと協力するかをめぐり、カデットの意見は割れた。ガスプラのナボコフを訪ねたユダヤ人カデットのパスマニクは、彼が親ドイツ的な真情を吐露するのを聞いた。「われわれが、われわれのなれる範囲において、文化的ヨーロッパ人になったのは、ただドイツ人のおかげである。われわれの学問、技術、哲学は、ドイツ文化の影響の成果だ」[7]。ついでペトルンケーヴィチ、ナボコフ、パスマニクたちを中心として、会議がもたれた。ペトルンケーヴィチは明確な反ドイツ派であったが、ナボコフが疑念を呈した。「連合国のエゴイズムとドイツ勝利の可能性」を彼は念頭においていた。もっともナボコフも明確な結論は口に出さなかった。パスマニクは、ロシアをボリシェヴィキから解放するためには誰とでも組むべきである、ドイツがブレスト＝リトフスク講和、つまりロシアの解体を否定するのであれば、彼らと組むべきだ、と述べた。ドイツとの協力を断固拒否するというペトルンケーヴィチの意見に比べて、パスマニクの意見が若干多くの支持を集めた。[8]

数日後、オボレンスキーもくわえて、あらためて会議が開かれた（場所はヤルタ）。この会議のさなかにタタール人指導者セイダメトが彼らのもとを訪ねた。セイダメトは政権への参加を要請しにきたのである。彼の言葉は自己過信と臆病さに満ちていたとパスマニクは感想を記している。セイダメトとは夕食をともにすることにして、カデットは自分たちだけで議論を続けた。パスマニクの回想では、カデットは次のように考えていた。クリミアの文化生活の創造主はロシア人、ドイツ人、アルメニア人、カライム人（ユダヤ人）であってもタタール人ではない、「クルルタイは議会のパロディ」に過ぎない。他方、タタール人だけに権力編成を任せれば、彼らはドイツ人ないしオスマン帝国のスルタンの道具になってしまうであろう。したがって、セイダメトとの交渉をやめるという意見は少数にとどまり、権力参加の条件を検討することとなった。新政権が、タタール人だけを代表するクルルタイに責任を負うことを、彼らは拒否した。新政権に個人として入ることも、ドイツ司令部に対して責任を負うことを意味するので、あり得なかった。唯一、クリミア半島の五郡の地方自治体代表大会が彼らの政権参加を承認するという方法のみが、容認し得た。この場合、新政権はあくまで地方権力であり、クリミア個別の権力とはならない、と彼らは考えた。クリミアのロシアからの分離・自立は原則として否定されるべきであった。また、敵軍占領下の臨時地方政権である以上、独自の軍をもつことや外交を行なうこともできないとカデットは考えた。[9]

会議の後、彼らはセイダメトが夕食を手配したレストランに向かった。前菜とワインがずらりと並ぶレストランの食卓を前に、カデットはムスリム自治機関宗務局が管理するワクフ（寄進財産）、ドイツ人、あるいはオスマン帝国のスルタンのどこから金が出たのかと訝《いぶか》った。「われわれの大半は、こんな夕食に支払うためには女房子どもを質に入れねばならなかっただろう」とオボレンスキーは回想している。フランスの高価なコニャックが出ると、ナボコフは病身の妻のためにどこで入手できるのかを知りたがった。翌日、彼の妻のところにタタール人から贈り物のボトルが届いた。オボレンスキーたちはナボコフを長いこと、「トルコのスルタンに買収された」とからかった。[10]

タタール人勢力、カデットにくわえ、ドイツ軍司令部はドイツ人入植者（十八世紀末以来、ロシア皇帝の入植政策によりドイツから到来した農民）にも期待をかけた。彼らの指導者はナルバンドフといい、半分アルメニア人であるが、二月革命後に成立した「クリミア・ドイツ人県委員会」の代表を務め、地元ドイツ人の信頼が厚かった。ドイツ人入植者とタタール人は、外務大臣をおかないというカデットの条件に難色を示したが、六月初頭までに折衝を重ね、妥結の可能性が見えてきた。カデットからはクルィム（フェオドシア郡の地主）とケレル（ヤルタ郡の地主）という地元の名士二名、それにナボコフないしオボレンスキーが入閣の見込みであった。[11] クルィムについては後に詳述する。

だが、最後の段階で交渉は振り出しに戻った。その原因はシンフェローポリで開かれたタヴリーダ県ゼムストヴォ総会にあった。当時タヴリーダ県は、北部三郡はウクライナ、半島部五郡はクリミアに分断されていたが、ゼムストヴォは県のまとまりを保持していた。執行機関である県参事会議長はオボレンスキーが務めていたが、代議員の多くはエスエルである。この県ゼムストヴォ総会が、ケレルの言葉によればあたかも労兵代表ソヴィエトのごとく振る舞って、カデットではなく総会自身に五閣僚を与えるよう求めたのである。総会は外務大臣をおくことにも断固反対した[12]。

スリケーヴィチ政権の成立

痺れを切らしたドイツ軍司令部は、スリケーヴィチ将軍に組閣を委ねた。リトアニア・タタール人で、一九一七年革命期にタタール人軍団の編成を主導したスリケーヴィチは、クリミア・タタール人のあいだで人気があった。また、外務大臣と陸軍大臣をおくことはドイツ軍司令部自体が強く求めるところであり、カデットは最終的に入閣を断った。ドイツ人入植者グループはためらったが（内閣がクリミア・タタール人のほうを向き過ぎることを心配したのではないだろうか）、ドイツ軍司令部は組閣ができなければクリミアはウクライナに統合されるだろうと圧力をかけた。ドイツ軍がクリミア半島を制圧したのと同じ頃（四月二十九日）にキーウ（キエフ）で政変が起こり、中央ラーダ政権（ウクライナ人民共和国）が倒れて軍人スコロパツキーを首班とするウクライナ国が成立していた。スコロパツキー政権は公共機関におけるウクライナ語優遇政策に積極的で、学校や行政機関にその趣旨で指令を送っていた。そのためナルバンドフたちクリミア・ドイツ人は、ウクライナとの統合を恐れていた。ナルバンドフは入閣し、最も有能な大臣として、内政の中心人物となる。

六月二十五日に政府声明が出て、スリケーヴィチ政権が発足した。ナルバンドフをはじめ大臣はみな、なるべく早く地方議会（セイム）を招集すべきと考えていたが、ドイツ軍指導部は時期尚早と判断した。そのため政府声明では責任内閣制をめぐる問題は、秩序が戻った後にドイツ軍司令部の合意を得て解決すると語られていた。独立政権か否かについては明示されなかったが、クリミア半島の国際的地位が明確になるまで「半島の自立性（самостоятельность）を保持すること」が政府の課題であると記された。「国家語」はロシア語で、公共機関との連絡においてはロシア語・タタール語・ドイツ語が認められた。市民の権利の保護が述べられたが、とりわけ所有権の回復が強調された。出版には臨時検閲が課され、集会も事前に申請が必要で、当局者が立ち会うとされた。もっともオボレンスキーによれば、検閲は軽微であった。

新政権が最も大きな制約を課したのは地方自治体である。一九一七年の民主化された地方自治体を、ナルバンドフをはじめとする大臣たちは忌避した。政府声明によって、ゼムストヴォと市自治体のいずれにおいても、執行機関である参事会は残されたが、代議機関である県・郡・郷のゼムストヴォ総会と市議会は解散させられた。ただしオボレンスキーは、クリミアとウクライナに跨《また》がるタヴリーダ県ゼムストヴォを、クリミア政府だけの指令によって解散することはできないと主張し、県ゼムストヴォ総会は活動を続けた。

スリケーヴィチは首相にくわえ、内務・陸軍・海軍大臣を兼任した。セイダメトは外務大臣として入閣した。ドイツ人入植者からはナルバンドフが監査院長と総務を兼ね、さらに信仰・国民教育省臨時担当となった。同じくフェオドシア郡の大地主のラップも農業・地方財産・供給大臣となった。ロシア人からもタチーシチェフ伯爵が財務・工業・商業・労働大臣を兼ね、さらに司法省臨時担当ともなった。彼は帝政期の官吏・社会活動家で、オクチャブリストである。[13]

クリミアとウクライナ

独立が明言されたわけではないが、ロシアからクリミアが切り離されていることは、政府の活動の前提であった。「タヴリーダ」「県」という語は使われなくなり、「クリミア」「地方」に置き換えられた。オボレンスキーによれば、スリケーヴィチ政権はロシア人にとって「反ナショナル」というよりは「非ナショナル（ананциональный）」であった。それでも政権の否定しようもないドイツ志向は、現地ロシア人の反撥を買った。[14]

現地ロシア人との関係よりも深刻なものとなったのは、ウクライナとの関係であった。スコロパツキーは、自立的なクリミア政権の誕生を当初から拒絶した。じきにスコロパツキー政権は、郵便・電信の停止、穀物・商品の輸出入の禁止によって、クリミアに圧力をかけ始めた。豊かな北部三郡の小麦が供給されないことは、クリミアにとって打撃であった。クリミア政権はキーウとの交渉の可能性を探ったが、うまくいかなかった。半島のドイツ軍司令部も、キーウないしベルリンと十分な仲介を行なわなかった。[15]

オボレンスキーは県参事会議長として、クリミア・ウクライナ両政権と関わりをもった。ゼムストヴォ財政を支えるために両政府からの拠出が必要であった。クリミア側はすぐに応じたが、ウクライナ側はそうではなかった。キーウで彼を迎え入れた内務大臣の法学者キスチャコフスキー（革命前は首都のカデットとつきあいが深かった）は、高圧的な態度を示した。「クリミアはウクライナに併合されるだろう」、君たちが平和裡に服従しないならわれわれは君たちを征服し、なお抵抗するなら絞首刑に処する、とキスチャコフスキーは言った。オボレンスキーは「君たちのウクライナに残された日はわずかだ」、どっちがどっちを吊るすか見てやろうじゃないかと応じた。のちにこのやりとりを振り返ってオボレンスキーは、われわれは二人とも間違っていた、二年後どちらも吊るされることなく亡命地におり、「クリミアとウクライナは現在まで一つにされず、ソ連邦の構成に入り、はなはだ実体のない自治体制を保持している」と自嘲気味に記した[16]。ソ連邦というアイディアに対する敗北感がどこかに滲み出ていると見るのは穿《うが》ち過ぎであろうか。

スリケーヴィチ政権の危機と第一次世界大戦の終わり

九月初頭には県ゼムストヴォ総会は自ら地方権力の組織化に取り組む意思を示し、スリケーヴィチを辞任させるべく政府非難決議を採択した。それに続き政府危機が起こったことも、クリミア政権を不安定化させた。この政府危機は以下のように生じた。七月末、ドイツ＝クリミアの経済関係の調整などを目的として、財務大臣タチーシチェフと外務大臣セイダメトがベルリンに出張した。このときセイダメトは、クリミア・タタール人執政府（クルルタイの執行機関）の名で、ドイツ政府に密かにメモを提出し、ドイツとオスマン帝国の庇護下に「クリミア・ハン国」を創出するように訴えた。これを知ったナルバンドフは九月十一日に辞任した。同月末にはタチーシチェフも、セイダメトの動きをスリケーヴィチが知っていたとの疑念を抱き（この疑念は正当だったようである）、辞任した[17]。

十月、第一次世界大戦の帰趨が見えかけたことも、カデットに行動を促した。十月十五日に彼らはガスプラで中央委員の会合をもった。ナボコフ、ペトルンケーヴィチ、ヴィナヴェルなどにくわえ、普段はデニーキン将軍の義勇軍の拠点エカチェリノダールにいるアストロフも参加した。ヨーロッパで始まりつつある講和交渉への姿勢を決めることが会議の目的であり、単一不可分のロシアという路線が確認された。[18]

この会議にはカデット党内でパスマニクとともにユダヤ人活動家として知られるヴィナヴェルも出席した。彼はこのときまではモスクワ、ついでキーウで、ミリュコーフが主唱する「ドイツ・オリエンテーション」を批判し、親協商国路線を堅持せよとの論陣を張ってきた。ドイツが倒れつつある状況で、ヴィナヴェルの権威は上がった。一か月後に成立する第二次クリミア地方政府において、ペトルンケーヴィチの働きかけもあり、ヴィナヴェルは対外連絡大臣（министр внешних сношений）に就くことになる。[19]これはドイツ傀儡国家の外務大臣と違い、協商国と提携してロシア統一を目指すためのポストと考えるべきであろう。

新政権の組織を目指すカデットと県ゼムストヴォ総会は、地元のカデットであるクルィムを首相候補とした。彼は温和な自由主義者としてゼムストヴォ活動家に受け入れられる一方、大土地所有者として保守派のあいだでも信頼されていた。スリケーヴィチを引き下ろしてロシア人主導の政府に替える場合、タタール人の反応にとくに注意する必要があったが、クルィムはこの点でも適任と考えられた。彼はクリミア・ユダヤ人であるがタタール語を話し、タタール人と深く交流していた。過去四回の全てのドゥーマ選挙で、タタール人選出枠から選挙人に選ばれていた。[20]

十月半ばにクルィムはドイツ軍司令部の責任者と面会し、スリケーヴィチの辞任、「大ロシア・オリエンテーション」、クリミアのウクライナからの独立といった、新政権の条件を提示した。スリケーヴィチが不人気であると分かっていたドイツ側はこれを受け入れた。いずれにせよドイツの敗色自体が濃厚となっていた。

ナボコフのためらいと反ユダヤ主義

十月十六日、午前中はヤルタ、夕方からはシンフェローポリでカデットは権力問題を討議した。ドイツ軍が撤兵した場合、新政権はいかなる軍事力に頼れるかが問題となった。デニーキンの義勇軍に支援を求めるという案が有力であった。昼食時にナボコフはヴィナヴェルと二人で、新政権の性格と構成について話し合った。ナボコフは、自分たちのような有力な政治家が入閣すれば、「状況にも領域的権能にも似つかわしくない軍事的・政治的性格」を新政権に与えてしまうことになる、それゆえ中央政界と関係のない地元の人間だけから実務的な政権をつくるのがよいと考えていた。彼と反対にヴィナヴェルは、ロシアの統合を組織するセンターとして、クリミア政権は「巨大な政治的役割」を担うことになり得ると述べ、入閣の意欲を隠さなかった。[21]

翌日ナボコフは、シンフェローポリでクルィムと話した。ナボコフはユダヤ人ヴィナヴェルを入閣させ、しかも外務大臣という重職につけることに「若干の疑念」を抱いていたのである。「われらの不幸な革命の過程で生じた一連の状況の結果として」、義勇軍をはじめとする軍人、また広範な社会層において、「反セム主義の感情が極度に激化した」とナボコフは言った。ここからは、反セム（ユダヤ）主義が単なる偏見の結果ではなく、実際のユダヤ人の振舞いのゆえに激化したという認識が垣間見える。こうした状況下ではヴィナヴェルを候補にすることは「若干の不適切な面」をもってはいないだろうかと、ナボコフはクルィムに伝えた。念のためにこの問題はヴィナヴェル自身とも討議することになった。ヴィナヴェルは自分のユダヤ人という出自を持ち出す根拠はないと述べ、侮辱された気持ちを抱え続けた[22]。

二、クルィムの第二次クリミア地方政府

新政権の成立

カデットは社会主義者といっしょに新政権をつくるつもりであった。県ゼムストヴォ総会が意見調整の場となった。タヴリーダ県全体で見れば代議員に占めるエスエルの割合が圧倒的だったが、クリミア半島部五郡だけを見ると、住民の半数が都市民であることから、カデットと社会主義者が拮抗していた。両者の交渉においては、セイム（地方議会）に対する責任内閣制とするかどうかが重要な争点となった。社会主義者はセイムを求めたが、カデットはクリミア政権があくまで臨時的な性格をもつという理由から、セイムをおくことに反対した。オボレンスキーはこの点に関して、自分たちは「単一のロシア」という理念に拘泥していたと自己批判的に振り返っている。

結局、政権成立から「二か月以内に」単一ロシア権力が形成されない場合、セイムの招集に着手することで合意がなされた。大戦における協商国の勝利とともにボリシェヴィキ政権も打倒され、

ロシアが統一を回復するに違いないという幻想がこの合意の背後にはあった。スリケーヴィチはなかなか政権を手放さなかったが、ドイツ革命の報が届き状況が一変した。クリミアのドイツ軍も規律を失い、撤兵準備を始めた[23]。

十一月十四日、クルィムを首班とする新しいクリミア地方政府が発足した。この日出た政府声明では、「世界戦争の終わりが到来しているが、単一の偉大なロシアはない〔……〕全てに優先するナショナルな課題は単一ロシア復活を目指すことである」として、単一不可分のロシアという理念が強調された。他方、ロシアの解体は無政府状態がもたらしたものだとして、法・権利・秩序・自由を確立すべく努めるとも宣言された。

メンシェヴィキは責任を負うことを恐れて内閣に代表を送らなかったが、エスエルはセヴァストーポリの医者ニコーノフを推薦した。彼は国民教育・信仰・労働大臣になった。社会主義者はもう一人、プレハーノフ派（最右派）のエジンストヴォの県ゼムストヴォ参事会メンバーであるボブロフスキーが監査院長兼総務となった。カデットからは大臣会議議長クルィムにくわえ、対外関係大臣ヴィナヴェル、司法大臣ナボコフ、内務大臣ボグダーノフが入閣した。ボグダーノフは一九一七年にタヴリーダ県コミッサールを務め、同年十一月にタタール人との関係が悪化して辞任した経歴をもつ。この六人が内閣の核をなした。党派対立はなく、共同の活動によって彼らのあいだには友情が育まれたとナボコフは回想している。これとは別に実務担当者として食糧・商工大臣ステヴェンと財務大臣バルトが入った。食糧・商工大臣ステヴェンはカデットに近い無党派である。ナボコフによれば財務大臣バルトは地方財務官で、献身的な働き手であったが、大臣となるほどの政治的・技術的準備は備えていなかった。

少し後に、兵站《へいたん》と動員を担当するために、ブトチク将軍が陸軍大臣、カーニン提督が海軍大臣となった。ブトチクは政府への敵意を軍人たちのあいだで隠さず、セヴァストーポリ在住のカーニンは閣議に顔を出さなかった。[24] クルィム政権と義勇軍などの軍人集団とのぎくしゃくした関係については後述する。

クルィムはタタール人も内閣に引き入れたかったが、うまくいかなかった。先述の通り、彼はタタール人との関係がよいはずだという判断で首相に推挙された。ところがオボレンスキーによれば、スリケーヴィチ政権のもとで出世したナショナリスティックなタタール人活動家はクルィムを裏切り者として描き出した。この影響で、タタール人大衆はクルィムを嫌うようになった。[25]

期待と幻滅

それでも新クリミア政権は滑り出した。ドイツ軍の撤兵に際しても混乱は起こらず、住民はおとなしく新政権に従った。軍事力については月一五〇万ルーブリの助成金と引き換えに、デニーキンが義勇軍から人員を割いた。ひとまずヤルタに小規模部隊を送り、別の部隊がケルチも占領するという取り決めであった。三〇〇から四〇〇名程度の将校が派遣された。後にクリミア半島での動員によって将校・兵士を補うことが想定されていた。義勇軍はクリミア内政に介入せず、クリミア地方政府は軍事に介入しないとの取り決めがなされた。カデット側は義勇軍がこの取り決めを守ってくれるだろうと期待していたが、それは見込み違いであった。[26]

組閣から約二週間後、協商国の艦船戦隊がセヴァストーポリを訪れた。元来の目的はドイツ軍との実務的交渉であったが、カデットはこれをロシア統一の救済者の到来のようにとらえた。政府とゼムストヴォ代表団はみなでシンフェローポリから汽車でセヴァストーポリに向かった。暖房のないホテルの一室で、オボレンスキーとクルィムは寒さに歯をうち鳴らしながら、艦上で行なわれる華々しい祝賀式の光景を思い描き、挨拶のためのフランス語の演説を一所懸命暗記した。

翌日、戦隊司令官は政府一同を艦内で三時間以上待たせたあげく、政権の性格が分からないので交渉には入れないと伝えた。オボレンスキーは別途、ゼムストヴォ代表団として司令官に会えた。フランス語をよく知らぬ司令官と、フランス語を全く知らぬ農民代議員二人だけを聞き手にして、彼はできるだけ速やかにこの茶番から逃れたいと切望しつつ、暗記したフランス語の挨拶を早口に述べ立てた。

それでもじきにクリミア政権と、イスタンブル、オデッサ、セヴァストーポリにいる協商国代表との連絡が確立した。クリミア半島は当初はイギリス、ついでフランスの管轄下に入った。クリミア政権の要請を受けて、十二月初頭にはイギリス人部隊五〇〇人がセヴァストーポリに上陸し、ついでフランス人部隊一六〇〇人も上陸した（後に三〇〇〇人まで増強）。彼らはセヴァストーポリの秩序維持にあたった[27]。

クリミア政権と義勇軍

しかし、協商国は当面はこれ以上の軍事力は提供してくれず、義勇軍がクリミア政権の頼みの綱となった。そしてまさに義勇軍との関係が、政権にとっての一番の難題となった。派遣されてきた将校たちは内政に介入しないはずであった。だが実際には彼らは到着するやいなや、ボリシェヴィキがクリミア半島に大量に入り込んでいる、ドイツ人入植者が武装しているといった理由から、戒厳令を敷くように求めた。彼らの懸念は基本的に疑心暗鬼ないし誤解に基づいていた。彼らの不安はまた、ウクライナ方面からアナーキーが伝染するのではないかという懸念によって増幅された。というのも、ドイツ敗北によってウクライナではスコロパツキー政権が倒れてペトリューラ率いる人民共和国が復活し、タヴリーダ地方北部ではマフノの農民パルチザンも活動していたからである。クリミア政府は、そもそも三〇〇名の将校だけでは戒厳令は敷けないと反論したが、派遣された将校も、彼らの報告を受けたデニーキンも、執拗に戒厳令の布告を要請し続けた[28]。

義勇軍とクリミア地方政府の関係を悪化させたのは、防諜将校たちによる「行き過ぎ」である。とくにヤルタにおいて顕著であったが、彼らは諸都市において違法な捜索や逮捕、さらには強盗殺人も行なった。殺されるのはユダヤ人が多かった。司法大臣ナボコフはこうした「行き過ぎ」を捜査し、犯人に関する資料を軍当局に提出したが、殺害者は処罰されることなく蛮行を続けた。エカチェリノダールの義勇軍幹部も、戒厳令さえ敷かれれば「行き過ぎ」はなくなる、現状では将校たちは周囲に潜んでいる敵に対して自己防衛せざるを得ないのだと論じた。

義勇軍の高圧的な態度にクリミア政府は苦しめられた。だが、義勇軍に対する彼らの態度は、その根底において否定的なものにはならなかった。カデットと義勇軍は、単一不可分のロシアという理念を共有していた。カデットにとって義勇軍は、この理念を唯一実現し得る現実的な力といってよかった[29]。

それでも両者の溝は埋まらなかった。デニーキン自身もクリミア政府への不信を強めていった。義勇軍がタヴリーダ県北部諸郡を制圧して、半島側との合同が日程に上ったときにもこの不信が作用した。北部に戒厳令を敷くとの義勇軍の要請をクリミア政府は受け入れたが、文民総督を自分たちの代表として派遣することを条件とした。デニーキンはこれを拒み、タヴリーダ県の合同は紙の上だけに留まった。約束から二か月遅れてセイム選挙の準備を政権が始めたことも、デニーキンはクリミア分離主義の表れと解した[30]。

総じて義勇軍から見れば、クリミア政府は社会主義者にあまりに譲歩していた。エカチェリノダールで義勇軍と行動をともにしていたアストロフにもそのように見えた。彼は一九一八年末頃、義勇軍とクリミア政府の関係を明らかにするためにクリミアに来た。党の同志であるユレーネフへの手紙の中で、アストロフは次のように書いた。クリミア政府が「長続きすることを自分は特段に信じてはいない。それを創出した、社会主義的な〔県ゼムストヴォ〕総会との「協定」によって縛られている政府は、果断な措置が求められているところで無為となり、過度にデリケートになることを強いられている。これはボリシェヴィキとの闘争の問題においてとくにはっきりと現れている。この理由によって、政府と義勇軍との鋭い紛争が不可避となっている。義勇軍は自身の後方にボリシェヴィキがいるのを許すわけにはいかないのだ。果断な措置を控えている結果として、醜悪な私刑や、ボリシェヴィキに劣らぬ恣意的闘争手段がもたらされることになろう[31]」。

三、クリミア地方政府の終わり

苦難のユートピア島

第二次クリミア地方政府とカデットは、政治的自由を維持しようと努力した。一九一七年の二月革命が彼らの指針とすべき価値であり、三月十二日（旧暦二月二十七日。この日に兵士が叛乱を起こした）は政府により祝日とされた[32]。司法大臣ナボコフは各級裁判所を立て直し、諸官庁に法的手続きを侵犯せぬよう警告し、義勇軍が逮捕したものを軍事法廷から通常の法廷に移した[33]。一九一八年十一月末にシンフェローポリで「南部ロシア」ゼムストヴォ・市自治体代表大会が開かれた際に、ウクライナから来た代議員たちは、スコロパツキー政権と比べてのクリミアの自由に感銘を受けた。一九一七年夏にアストロフの後を襲ってモスクワ市長を務めたエスエルのルドネフは、「何か幸福な「ユートピア」島」にいるようだと述べた[34]。

しかし、第二次クリミア地方政府は広範な支持を欠いていた。メンシェヴィキは熱心に政権批判を繰り広げた。セヴァストーポリのモギリョフスキーはとくに活潑に新聞紙上で内戦を非難する論陣を張り、義勇軍と「ブルジョア」クリミア政権の両方を叩いた。タタール人世論も先述の通りクルィム政権に協力しなかった。義勇軍を補充すべく政権が動員令を出すと、ロシア人住民からも若干の反応があっただけであったが、タタール人はほとんど誰も出頭しなかった。実はクルルタイが、動員に応じぬよう秘密に呼びかけを発していた。ナボコフはクルルタイ議場の捜索命令を発し、タタール人指導者一名に対する逮捕令を出した[35]。

恐らく諸住民集団中、最もクルィム政権、あるいは義勇軍に忠実であったのはドイツ人入植者である。土地所有者である彼らは、義勇軍に財産と秩序の守り手を見ていた。彼らはまた、ペトリューラやマフノの軍勢に対しては、積極的に武器をとり自警に努めた。その目的で義勇軍に武器を求めもした。当初はドイツ人入植者の武装を恐れていた義勇軍も、じきに態度をあらためた[36]。だが、ドイツ人入植者の能動性は、あくまで例外的なものであった。

一九一九年二月初頭にキーウに赤軍が入り、ボリシェヴィキ勢力の影響が徐々にクリミア半島でも強まっていった。とくにセヴァストーポリの労働者のあいだでは、政治ストに向けた動きが見られた。三月十二日の革命記念日には、義勇軍が警備を強化したため何も起こらなかった。だが、翌十三日に労働組合協議会は、義勇軍の放逐、地方政府の退陣、ソヴィエト権力の確立を掲げてゼネストに入るべきであると決議した。十六日夕方、港湾労働者はその日にスト入りした。十四日には鉄道員も続き、ゼネストが宣言された。集会・デモを禁止する内務大臣決定が公示された。ついで大臣会議は内務大臣に対して、法の不履行を呼び掛ける定期刊行物の発行を停止し、義勇軍に対する武装襲撃の審理を軍事法廷の管轄に移す権限を与えた[37]。

司法大臣ナボコフは、自分と内相、義勇軍代表からなる特別全権委員会を設置し、行政手続きだけで逮捕ができるようにした。メンシェヴィキはこれに対して政府批判を強めた。政府は活動報告のためにクリミア半島のゼムストヴォ・市自治体の代表大会を毎月開いていたが、そこが政府批判の場となった。三月十八日から二十日に開かれた大会で、モギリョフスキーが義勇軍の反革命的性格とその暴力を非難すると、ナボコフはこらえきれずに「一体あなたは何を望んでるんだ！　前線から部隊を引っ込めたいのか？」と叫んだ。モギリョフスキーは「それでもかまわんでしょう。われわれは内戦の停止を欲しているんだ」と応じた。エスエルも政府の強権措置に態度を硬化させた。ようやく三月二十日にセヴァストーポリのゼネストは終息した。[38]

赤軍の接近

強権措置に頼ること自体はやむを得ない面もあった。一九一七年にはそうした措置が不十分だったために、ボリシェヴィキに権力奪取を許したという反省もあっただろう。だがいずれにせよ第二次クリミア地方政府の命運は尽きかけていた。

三月半ばに赤軍はタヴリーダ県北部を占領した。北部が遮断された影響で半島では物価が高騰し、いくつかの食物は市場から消えた。この時点までに半島部の義勇軍はデニーキンから増派を受けていたが、十分ではなかった。クリミア政権の要請を受けて協商国も二十三日にギリシア人二個部隊（総計二〇〇〇人）を上陸させたが、赤軍に対抗できる規模ではなかった。フランス高等弁務官アメーによれば、協商国がさらなる部隊を送ることにはデニーキンが反対していた。一度ヴィナヴェルが独断で協商国に支援要請を行なったことをきっかけにして、デニーキンはクリミア政権と協商国が自分の頭越しにやりとりすることに憤慨していた。本土との連絡路の防備を強化するためにクリミア政権は義勇軍に多額の支出を行なったが、その金はどこかに消えてしまった。政権は独自に技師を派遣して、腐海と呼ばれる干潟に面した東岸部の防禦を進めたが、ペレコプ地峡のほうは間に合わなかった[39]。

四月三日に赤軍はペレコプ地峡の第一戦線を突破した。この知らせをもってオボレンスキーは大臣たちが暮らす旧県知事公邸に向かった。ナボコフが住んでいた大きな執務室に入ると、エスエルが訪問中で、司法大臣は彼らとの議論に疲れきっていた。エスエルは審議中の農地法案の修正を求めていた。第二次クリミア地方政府は全ロシア規模でなされるべき社会改革には手を付けなかったが、部分的改革として労災保険・職業紹介法の制定と並び、農地法案も準備した。政府案は地代の固定（インフレ下では無償に近づく）、六年間での永久借地権・相続権の発生など、借地農の権利にかなり配慮していた。だが、エスエルは地代上限の一ルーブリ分の引き下げと、永久借地権が発生する期間の三年への短縮にこだわり、大臣を引き上げるとの最後通牒を持ってきたところであった。ナボコフは陰鬱な面持ちでソファにぐったりと寝そべっていた。「われわれは最後の陣地の突破についての知らせを待っているところなんだが、彼らはこういうことに取り組んでいるというわけだ」とナボコフは「あざけるような薄笑いを美しい顔に浮かべて」静かに言った[40]。

そして船は行く

四月六日にはペレコプ地峡の第二戦線も突破された。セヴァストーポリの協商国司令官であるフランス人のトルソンは、義勇軍がギリシア人部隊を前面に出したために多くの犠牲が出たとして、これ以上の軍事支援を拒んだ。シンフェローポリの義勇軍司令部は疎開準備を始め、政府も内務大臣ボグダーノフだけを民政代表として残し、八日までにセヴァストーポリに移った。この後、政府の実権は急速に消滅していった。疎開準備はセヴァストーポリ要塞司令官スボーチンを議長とし、フランス軍・ロシア軍（義勇軍をその構成要素とする、デニーキン麾下のロシア南部軍）が参加するフランス＝ロシア委員会が掌握した。十日までに協商国司令官トルソンは、クリミア政府に連絡することなくセヴァストーポリに戒厳令を敷き、自身が軍事総督となった。クリミア政府は政府吏員について何とか一〇〇〇人分の席を船に確保し、三か月分の臨時手当の支給を行なった。さらに、フランス＝ロシア委員会のロシア軍人から寄せられる、疎開と防衛のための巨額の支出要求に応え続けた。脱出のために十日から大臣たちは家族とともに、ギリシア人司令官指揮下の蒸気船トラペゾンド号に乗り込んでいた。

ところが翌日彼らは協商国司令官トルソンにより出頭を命じられた。トルソンは疎開準備による政府資金の激減を問題としており、その金を返却しない限り大臣たちの出航を認めないと言うのである。クルィム、ナボコフ、ヴィナヴェル、それに財務大臣バルトは必死にトルソンの説得に努めるとともに、支出の点検と会計報告の作成に忙殺された。十二日にはトラペゾンド号が出航するため、彼らは「ナジェージダ（希望）」号に移された。十五日夕方、セヴァストーポリを取り巻く高地から、赤軍の砲声や銃声が届き始めた。午後一〇時、ようやく彼らの出航が許可された。[41]

ヴィナヴェルと行動をともにしていた妻のローザの回想によれば、「ナジェージダ」号は未完成の蒸気船であった。船は慎重にゆっくりと一〇日をかけて、セヴァストーポリからアテネに向かった。ギリシアの蒸気船で、ロシア人は七〇人ほど乗っていたが、司令官はギリシア人避難民のことしか気にかけなかった。ローザたちの食べ物はほとんどなく、ギリシア人避難民から施しが得られるだけであった。ローザの周囲の人々は、一時的な脱出に過ぎないと確信していたが、この時の出航がナボコフやヴィナヴェルなど多くのカデットにとって、ロシアとの最後の別れになった。[42]

おわりに

カデットは第一次クリミア地方政府には入閣しなかったが、他党派との交渉を怠らず、かつゼムストヴォを足場にすることで、議会政治的手続きを維持することを心掛けた。第二次クリミア地方政府では与党的立場を担い、政治的・経済的・軍事的な困難が重なるなかで、可能な限り政治的自由や法的秩序の実現に腐心した。クリミアのカデットは他地域の同僚たちと違い、最後まで説得という武器に頼ろうとしたというローゼンバーグの評価には同意できる。[43]

ドイツ軍また協商国軍の庇護があればこそ、クリミア半島の政治は「民主的」側面を保持できたと考えられるかもしれない。だが、第二次クリミア地方政府に関する限り、協商国軍が与えた庇護はかなり限定的であった。結局協商国軍が赤軍を阻止できなかったこと、司令官トルソンが非協力的かつ強圧的であったことを考えれば、第二次クリミア地方政府が「民主性」を保持する上での協商国軍の貢献を過大評価すべきではなかろう。

しかし、クリミア半島におけるカデットの活動、とりわけ第二次クリミア地方政府における彼らの政治運営が、一連の弱さを抱えていたことをもまた否定できない。とりわけ彼らは、遵法精神に乏しい義勇軍に頼らざるを得なかったが、そのことはつまり、徴兵制を実現して自前の軍事力を組織することが困難なほどに、クリミア社会とカデットのつながりが弱いということであった。クルィムをはじめ、タヴリーダ県において大土地所有者として知られ、帝政期に議会やゼムストヴォで活躍した名士はカデットのあいだに少なくなかった。しかし、一九一七年の社会的高揚を経たロシア政治においては、カデットの名士たちの声はエスエルの声にまぎれて聞こえにくくなった。もとよりここには、エスエルやメンシェヴィキの側が、交渉や妥協による議会政治のスタイルを身に付けていなかったという別個の問題もあった。

カデットが義勇軍に依拠したのは、そうせざるを得なかったからだけではなく、単一不可分のロシアという理念を共有していたからでもあった。この理念へのこだわりは、カデットとクリミア・タタール人の関係を悪化させた直接の理由ではないにせよ、両者の溝を深める一因となった。さらに、第二次クリミア地方政府はあくまでロシア統一がなされるまでの臨時権力であるというカデットの前提は、セイム開催の遅れや大規模な社会改革の棚上げにつながった。この点では彼らは、いつ開催されるか分からない憲法制定会議まで社会改革を延期するという、一九一七年の臨時政府と同じ轍を踏んでいた。協商国の勝利によってロシア統一は間近になったという彼らの見通しを割り引いて考えても、カデットは単一不可分のロシアという理念に執着し過ぎであった。

旧ロシア帝国が地域ごとに分裂した内戦期の現実を考えるならば、彼らはより分権的な構想に譲歩してもよいはずであった。この点でのカデットのかたくなさは、オボレンスキーが回想の中で一度ならず自省的に述べている通りであった。ナボコフの反ユダヤ主義的な見解もまた、カデットの中では例外的なものであったとはいえ、単一不可分のロシアという理念とどこかで親近性を有していたことは否めない。

ロシア帝国の解体という現実を受け入れ、より柔軟な路線を打ち出すことができなかった点において、内戦期のカデットは政治的な弱さを抱えていた。自立傾向をはらんだクリミア半島において、その傾向に真っ向から逆らったことは、彼らの弱さをとくにくっきりと際立たせた。カデットと比べたときボリシェヴィキは、自治と連邦制によって分権化の問題を手際よく処理することで、より高度の政治的能力を発揮することができたのである。

注

1　William G. Rosenberg, *Liberals in the Russian Revolution: The Constitutional Democratic Party, 1917–1921* (Princeton: Princeton University Press, 1974) が一章を第二次クリミア地方政府にあて、市民的自由の実現に向けた努力を高く評価している。筆者はナボコフの回想（注4参照）など、若干のあらたな史料をつけくわえてクリミア地方政府とカデットについて概観した上で、最後に彼らの活動に対する評価を与えることにしたい。本章の中心的人物の一人であるヴィナヴェルの回想『われらの政府』（一九二八年、パリ刊）は利用できなかった。この稀覯書を文学研究の視点から分析した論文に、林由貴「『われらの政府』、ロシア亡命政治家マクシム・ヴィナヴェルのクリミア政府回想録」、『れにくさ』八号、二〇一八年、がある。

2　ブライアン・ボイド（諫早勇一訳）『ナボコフ伝　ロシア時代』上（みすず書房、二〇〇三年）、一五六、一六〇頁。ペトルンケーヴィチはカデットの長老で、離婚した後パーニナの母親と再婚していた。*Петрункевич Ив. Ил.* Из записок общественного деятеля. Воспоминания // Архив русской революции. Т. 21 (Berlin: Слово, 1934). С. 102, 160.

3 オボレンスキーは一九〇三年にヤルタ郡ゼムストヴォ議員、タヴリーダ県ゼムストヴォ議員、県参事会員に選ばれている。一九〇五年秋にカデットが創設されるとタヴリーダ県党委員会議長になった。彼は一九一九年四月に第二次クリミア地方政府が崩壊した後も現地に留まり、一九二〇年秋にロシアを去った。*Оболенский Владимир.* Моя жизнь и мои современники. 1869–1920. Т. 1 (Москва: Кучково поле, 2017). С. 264–265, 398; Т. 2 (2017). С. 250, 489.

4 *Пученков А. С.* Набоков В. Д. Крым в 1918/19 г.г. // Новейшая история России. 2015. № 1 (15). С. 224. これはナボコフによるクリミア時代の回想で、二〇一五年に初めてロシアの研究者プチェンコフによって公刊された。

5 ボイド『ナボコフ伝 ロシア時代』上、一六二頁。*Оболенский.* Моя жизнь. Т. 2. С. 257–258.

6 Записки В. С. Налбандова // Крымское краевое правительство в 1918/19 г. г. // Красный архив. Т. 22. 1927. С. 97–99, 148. ここでの注の付け方について一言記しておきたい。ソ連の『赤色アーカイヴ』誌二二号（一九二七年）における特集「一九一八年–一九年のクリミア地方政府（Крымское краевое правительство в 1918/19 г. г.）」に、①「ナルバンドフの手記（Записки В. С. Налбандова）」、②「ヴィナヴェルの報告書（«Справка» М. М. Винавера）」を中心とする、一連の関連史料が収録された。①②を参照するときにはタイトルを明記する。それ以外の史料については特集名を記す。また、①②と合わせて別史料ないしその注を参照する場合、煩雑であるので別個に特集名を記すことはしない。

7 *Пасманик Д. С.* Революционные годы в Крыму (Paris: Société anonyme imprimerie de Navarre, 1926). С. 93–94.

8 *Пасманик.* Революционные годы. С. 94, 96–97.

9 *Пасмник.* Революционные годы. С. 96–100; *Оболенский.* Моя жизнь. Т. 2. С. 266–268.

10 *Оболенский.* Моя жизнь. Т. 2. С. 266–269. この時期のヴィナヴェルについて、*Юренев П. П.* В 1918 году //

М. М. Винавер и русская общественность начала XX века (Paris: s. n., 1937). С. 133.

11 Записки В. С. Налбандова. С. 99–100; *Оболенский.* Моя жизнь. Т. 2. С. 275.

12 Записки В. С. Налбандова. С. 100–101; *Пученков.* Набоков В. Д. Крым в 1918/19 г.г. С. 224; *Оболенский.* Моя жизнь. Т. 2. С. 270–272.

13 *Оболенский.* Моя жизнь. Т. 2. С. 272, 278–279; Записки В. С. Налбандова. С. 101–102, 117–122, 148–149. 詳細な大臣一覧は Там же. С. 150.

14 *Оболенский.* Моя жизнь. Т. 2. С. 277.

15 Записки В. С. Налбандова. С. 104–110; *Пученков.* Набоков В. Д. Крым в 1918/19 г.г. С. 225.

16 *Оболенский.* Моя жизнь. Т. 2. С. 285, 290–293. オボレンスキーは七月半ばにキーウに出張した際にカデット党首ミリュコーフと会った。ミリュコーフはこのときまでに、ロシア統一を回復するためにドイツと組むべきだと考えるようになっていた。協商国との提携という従来の路線を彼が見限った大きな理由は、協商国の一員である日本がシベリア出兵によって東シベリアを占領したことであった。モスクワとペトログラードを占領して、全ロシア国民政府の創設を支援するようドイツを説得する、そうした全ロシア政府であれば極東での日本の進出を阻むことができる、というのがミリュコーフの考えであった。ミリュコーフのこの「ドイツ・オリエンテーション」は、党内に大きな混乱をもたらした。キーウのカデットはミリュコーフを支持した。オボレンスキーは「ドイツ・オリエンテーション」に反対し続けたが、「慎重なナボコフですら親協商国という旧路線の正しさに対して疑念を表明した」。Там же. С. 268, 285–289.

17 *Оболенский.* Моя жизнь. Т. 2. С. 295; Записки В. С. Налбандова. С. 150–151.

18 Протоколы Центрального Комитета конституционно-демократической партии. Т. 3. 1915–1920 гг. (Москва: РОССПЭН, 1998). С. 462–468. アストロフは一九一七年二月革命の後、夏の地方自治体選挙でエスエルが大勝するまでのあいだ、モスクワ市長を務めた。彼はパーニナと事実婚の関係にあった。彼については以下を参照。*Икэда Ёсиро.* Воспоминания Н. И. Астрова о смерти братьев в Гражданской войне // Эпоха Революции и Гражданской войны в России. Проблемы истории и историографии (Санкт-Петербург: СПбГЭТУ, 2019).

19 *Милюков. П. Н.* М. М. Винавер, как политик // М. М. Винавер и русская общественность. С. 32–33.

20 *Оболенский.* Моя жизнь. Т. 2. С. 296–297.

21 *Пученков.* Набоков В. Д. Крым в 1918/19 г.г. С. 226–227.

22 *Пученков.* Набоков В. Д. Крым в 1918/19 г.г. С. 228.

23 «Справка» М. М. Винавера. Крымское краевое правительство в 1918/19 г. // Красный архив. Т. 22. 1927. С. 132, 151; *Оболенский.* Моя жизнь. Т. 2. С. 297–299, 303–306, 325.

24 Крымское краевое правительство в 1918/19 г. С. 128–129; *Пученков.* Набоков В. Д. Крым в 1918/19 г.г. С. 231–232; *Оболенский.* Моя жизнь. Т. 2. С. 308.

25 *Оболенский.* Моя жизнь. Т. 2. С. 308.

26 *Пученков.* Набоков В. Д. Крым в 1918/19 г.г. С. 233; *Оболенский.* Моя жизнь. Т. 2. С. 308–309, 314, 318.

27 *Оболенский.* Моя жизнь. Т. 2. С. 312–313; «Справка» М. М. Винавера. С. 136.

28 *Оболенский.* Моя жизнь. Т. 2. С. 314–318.

29 *Пученков.* Набоков В. Д. Крым в 1918/19 г.г. С. 236–237; Крым в 1918–1919 гг. // Красный архив. Т. 28. 1928. С. 173.

30 *Оболенский.* Моя жизнь. Т. 2. С. 319–325.

31 Astrov N. I. to Iurenev P. P. 27 December 1918 (Old Style). Gaspra. Columbia University, Rare Book & Manuscript Library, Sofiia Vladimirovna Panina Papers, 1900–1956, Series I, Box 1 (Astrov N. I.).

32 Крым в 1918–1919 гг. // Красный архив. Т. 29. 1928. С. 77.

33 Rosenberg, *Liberals*, p. 372.

34 *Оболенский*. Моя жизнь. Т. 2. С. 332–333. ルドネフの発言を紹介したオボレンスキーは、正確には島ではなく半島だがと書き添えている。

35 *Оболенский*. Моя жизнь. Т. 2. С. 326.

36 Крым в 1918–1919 гг. // Красный архив. Т. 28. 1928. С. 148, 162.

37 Крым в 1918–1919 гг. // Красный архив. Т. 29. 1928. С. 77–79.

38 *Оболенский*. Моя жизнь. Т. 2. С. 327–328; Крым в 1918–1919 гг. // Красный архив. Т. 29. 1928. С. 66, 79–80.

39 Крым в 1918–1919 гг. // Красный архив. Т. 29. 1928. С. 67; *Оболенский*. Моя жизнь. Т. 2. С. 325–326, 337–342; «Справка» М. М. Винавера. С. 136–137.

40 Rosenberg, *Liberals*, p. 377; *Оболенский*. Моя жизнь. Т. 2. С. 342–344; «Справка» М. М. Винавера. С. 130.

41 四月十六日に船上で大臣会議が開かれ、この経緯が記録にまとめられた。署名はクルィム、ナボコフ、ヴィナヴェル、ニコーノフ、ステヴェン、バルト、ボブロフスキーである。Журнал Заседания Совета Министров Крымского Краевого Правительства // Архив русской революции. Т. 2 (Berlin: Слово, 1921). С. 135–141.

42 *Винавер Р. Г.* Вожди кадетской партии (Из воспоминаний) // Новый журнал. Т. 10. 1945. С. 250–251.

43 Rosenberg, *Liberals*, p. 380.

第九章　ソヴィエト帝国論の新しい地平

一、ソヴィエト帝国論の隆盛

近年のソ連史研究においては、帝国論が高い関心を集めている。帝国といっても、冷戦時代の政治的な悪罵である「悪の帝国」のようなものが想定されているわけではない。近現代世界史における「国民」、「民族」、それに「ナショナリズム」といった概念の見直しが進むなかで、ソ連のもつ多民族国家としての側面にあらたな光を当てるために、「ソヴィエト帝国」という見方のもつ有効性に関心が寄せられるようになったのである。

もちろん、ソ連の国制は帝政ではなかったから、ここで問題になっているのはカッコつきの帝国である。多民族性、それに共産党権力の強権性が、帝国という言葉でまずは含意されているといってよいであろう。だが、そのような性格を論じるためだけであれば、あえて帝国という言葉を用いる必要はあまりないように思われる。実際には、ソ連を帝国と呼ぶことには、あらたな分析の視角を得る上での少なからぬ利点があるのである。

第一に、ロシア帝国とソ連との多民族国家としての連続性を強調できるという点が挙げられる。近年のロシア帝国研究は、「諸民族の牢獄」とは全く異なる歴史像を次々と打ち出している。[1] ソヴィエト帝国論は、そうした成果を摂取するとともに、近現代ロシア史を長期的な文脈の中でとらえるために有効だといえるのである。

第二に、ロシア帝国に限らず、歴史上存在した様々な帝国とソ連とを比較する上で、ソヴィエト帝国論は大変便利なのである。ハプスブルク帝国、オスマン帝国、清朝といった大陸帝国ばかりでなく、イギリス帝国やフランス帝国のような海洋帝国とも比較することによって、多民族国家としてのソ連がもつ一般的な面と個性的な面のそれぞれを浮き彫りにすることができるのである。[2]

歴史上の様々な帝国や多民族国家との比較を行なうことで、ソヴィエト帝国論の彫琢が精力的に進められている。その際、一連の研究者は「××の帝国」という形容を付することによって、ソヴィエト帝国がもっていたあれこれの側面を強調している。特徴的なことは、そうした形容がおしなべて、帝国というものが通常もっている傾向とは矛盾するようなものだということである。このことは、ソ連が古い要素と新しい要素との矛盾に満ちた、二十世紀のカッコつきの帝国であったことを物語っている。

具体的に見るならば、まず、ソヴィエト帝国論の可能性を広く知らしめたマーチンの二〇〇一年の著作は、『アファーマティヴ・アクションの帝国』と題されていた。[3] ついで二〇〇五年にはハーシュが『諸国民の帝国』を刊行した。[4] 日本でも熊倉潤が二〇一二年の論文において、ソ連を「民族自決の帝国」と呼んでいる。[5]同年に私も「共和制の帝国」という概念を提唱した。[6]

これらの研究が物語っているのは、ユニークな多民族国家であったソ連についての私たちの理解を深め、さらにはそのソ連が強い存在感を誇っていた二十世紀についての認識を深める上で、ソヴィエト帝国論が大きな展望をもっているということである。本稿では、ソヴィエト帝国論の成果を踏まえつつ、一九二〇年代から三〇年代における多民族国家ソ連について考えてみたい。[7]

二、一九二〇年代――アファーマティヴ・アクションの帝国か？

ボリシェヴィキ（一九一八年からは共産党）が政権をとったのち、旧ロシア帝国にはロシア・ソヴィエト連邦社会主義共和国（RSFSR――以下ではロシア連邦共和国と表記する）という新しい名前が与えられた。だが、旧帝国版図の周縁部は、各地の民族エリートのもとでモスクワから分離独立を遂げていった。共産党は内戦の過程で一連の民族政権を打倒することに成功したが（ポーランド、フィンランド、バルト三国では失敗した）、征服した周縁部をロシア連邦共和国に組み込むことはせず、現地の民族感情に配慮して「ウクライナ・ソヴィエト共和国」のように独立共和国の形式を与えた。また、主にロシア連邦共和国内部の非ロシア人地域には、「バシキリア自治ソヴィエト共和国」のように自治共和国、さらには自治州をつくった。

一九二二年十二月、ロシア連邦共和国、ウクライナ、ベラルーシ、ザカフカース連邦共和国（ジョージア、アルメニア、アゼルバイジャンからなる）の四共和国は同盟条約を締結し、ソヴィエト社会主義共和国連邦（ソ連）を結成した。各共和国はソ連成立後も主権を保持したが、それぞれの国家を統治する共産党は、モスクワに服属する単一組織であった。

一九二〇年代のソ連民族政策をめぐる議論の焦点の一つは、「現地化政策」（コレニザーツィア）の評価である。共産党政権は、ソ連結成後も非ロシア人地域において共和国や自治共和国の創設をすすめ、民族文化や民族言語の発展を奨励し、現地出身の幹部育成にも積極的であった。この現地化政策については、日本でも従来から中井和夫の先駆的な研究によって知られていた。[8] だが、それをアファーマティヴ・アクションという一般化された文脈でとらえ、ソ連を「アファーマティヴ・アクションの帝国」として理解したことは、先述のマーチンの著作に独特の力強さを与えた。

しかしながら、現地化政策にアファーマティヴ・アクション的な要素があるのはたしかだとしても、一九二〇年代のソ連民族政策と、二十世紀後半のアメリカ合衆国の格差是正策とのあいだには、質的な違いがあるのではないか。この点を鋭く突いたのが、ハーシュである。共産党政権と民俗学者によってすすめられた民族アイデンティティの創出について分析した『諸国民の帝国』において、ハーシュはアファーマティヴ・アクション概念をソ連に適用するのはミスリーディングであるとする。彼女によれば、ソ連民族政策はむしろ「国家の後援による発展主義の政策」として理解すべきである。なぜならば、現地化政策の目標は、民族的多数派を犠牲にして民族的少数派の利害を増進することにあったのではなく、全住民をマルクス主義的な時系列に沿って、封建制から資本主義を経て社会主義、それに共産主義へと発展させることにあったからである。民族アイデンティティの育成は、そうした発展のために通過しなければならない一段階に過ぎないのであって、いずれ民族は消滅することが想定されていたのである。[9]
私はこの論争においてはハーシュの見解が正しいと考える。ソ連の民族政策には統治の要請からくるプラグマチックな側面も少なからず見られるが、基本的には共産党のイデオロギーが方向を指示していたからである。とりわけ発展段階論的な歴史観は、その根本的な要素をなしていたのだった。

私自身は、共産党のこの歴史観とソ連の国制との関係を理解するために、共和制という制度に注目している。共産党にとって共和制とは、「反専制」「進歩」という、発展段階論的な価値を負荷された制度である。ソ連全体について見れば、この制度は旧臣民を社会主義建設の主体たるソヴィエト「市民」に鋳直すための枠組みであった。そうした主体はまた、総力戦の時代を勝ち抜くためにも必要とされたであろう。[10] 他方、民族政策において共和制とは、帝政下の社団的範疇《はんちゅう》（身分および歴史的特権集団）としての民族を、近代政治の主権単位としての民族（政治的主体という意味では国民といったほうがよい）におきかえるためのものであった。共和国・自治共和国がそのための枠組みである。これらの単位は一度与えられたらばそれで終わりではなく、発展段階論的時系列に沿った各民族の進歩に応じて昇格する可能性が開かれていた。[11] このように、共和制を用いて帝国秩序を刷新しようとした点において、ソ連は「共和制の帝国」なのである。

共和国や自治共和国の創設は、民族の指標として言語や文化と並んで領域を重視する共産党の民族認識と照応していた。領域が重視されたのは、単にオーストリア・マルクス主義やロシア帝国のユダヤ人社会主義組織であるブントの文化自治論（まとまった領域に住んでいなくても、民族意識は各人の文化的属性として残るという考えに立ち、民族団体を通じて固有の言語や信仰などに関する自治を認めるという議論）に対抗するという、戦術的理由だけによるものではない。生産力偏重の傾向があるボリシェヴィキにとって、領域とは何よりもまず、農業や工業といった生産のための場なのであった。[12] そして、そうした生産のための場の末端、日常生活の空間における革命的変革こそが、内戦期以来共産党の最重要課題となっていた。[13] それゆえ、人々がそこで用いている言葉や文化こそが重んじられねばならない。これが現地化政策の（発展段階論と並ぶ）イデオロギー的論拠である。したがって現地化政策は、民族政策としてだけでなく、共産党の広汎な社会変革プログラムの一環として理解しなければならない。普遍的な社会変革への意志が、地元の住民が理解できる個別言語への接近をもたらしたという点では、現地化政策はウィクリフやルターによる聖書の現地語訳と相似的であったといえる。

三、一九三〇年代――原初主義的な民族認識の意味するもの

スターリンの「上からの革命」を経て一九三〇年代半ばにいたると、共産党の民族政策には大きな転換がおとずれた。第一に、現地化政策が減速するとともに、その対象とされる民族の数もより限定されるようになった。第二に、「敵性民族」概念が登場し、ドイツ人などが激しい弾圧の対象となった。第三に、民族は歴史的構築物であるとする一九二〇年代に支配的であった認識にかわって、民族の相対的な不変性を強調する原初主義的な認識が支配的になった。第四に、ロシア人が諸

民族中で主導的な地位を占めるべきことが公然と語られるようになった。これらの現象の根底には、実は同一の基本的事実が横たわっていた。それは、一九三〇年代半ばまでに民族がソ連政治の基本単位として定着したということである。

問題は、ではなぜ一九三〇年代半ばにいたって、民族がソ連政治の基本単位として定着したのかということである。塩川伸明は、「「社会主義社会建設の完了」が宣言されるなかで、変革のイデオロギーよりも秩序と規律が重視されるようになり」、それが伝統的価値、ひいてはロシア民族主義の復権を促したという。くわえて非ロシア人の民族主義も、ソ連全体の国家的統合のために引き続き動員されたとされる。[14]私は秩序維持や国家統合というプラグマチックな動機を否定するものではないが、共産党のイデオロギー自身に発するものとして、この民族政策の変化を検討してみたい。

一九三〇年代の民族政策における先述の四つの変化のうち、共産党のイデオロギーに最も深い次元で関わりをもつのは、第三の、構築主義的な民族認識から原初主義的な民族認識への転換であろう。民族概念そのものに関わるという意味では、この第三の変化は残りの変化の前提であると見ることもできる。

マーチンも、「原初主義こそが一九三〇年代におけるソヴィエト民族政策の主要な潮流であった」とし、その背景の分析に力を割いている。だが、現地化政策によってあれこれの民族への帰属が住民にとって重要な政治的資源となったことなど、そこで挙げられている要因は総じて政権自身の民族認識にとっては外在的なものでしかない。ロシア民族主義の振興をめぐる議論も、国家統合の軸という観点から論じられるにとどまっている。[15]

ハーシュはここでもまた、マルクス主義的な時系列のもつ意義を最重視している。彼女によれば、たしかに内務人民委員部は原初主義的なモデルに立って敵性民族の摘発を行なった。だが、民俗学者たちは一九三〇年代後半になってもなお民族文化を原初主義的に説明するのではなく、あくまでマルクス主義的な時系列に沿って諸民族が発展していることの中から形成されるものとした。ロシア民族の称揚も、あくまでそのプロレタリア部分のみにもっぱら関わることであった[16]。

私はハーシュがイデオロギー的要因を重視することには共感するが、一九三〇年代半ばにいたって原初主義的な民族認識が政権の言説と実践において支配的となったことは否定できないと考える。ここではむしろ、発展段階論的な時系列の観点から見て、この原初主義の出現を説明すべきであろう。

考察の出発点には、塩川と同様、一九三〇年代半ばのソ連において、社会主義社会建設の完了が宣言されたことをおきたい。公定イデオロギーによれば、これは人間による人間の搾取がなくなり、ソ連が人類史の「本史」に入ったことを意味する。そのような社会の現状は全肯定される。民族もまた消滅すべきものではなく、社会主義社会の構成要素として位置づけ直される。のみならず、現状にいたる過程もまた、正しい到達点にたどりつくための正しい道程として新しい意義が付与される。個々の民族の過去の歩みについても同様である。ここから、過去から現在にいたる民族の一貫した発展の過程という認識が成立する（なお、スターリン時代の歴史学において、ロシア帝国による諸地域の併合が次第に正当化されるようになるのも、同じ論理によるように思われる）。

こうして、民族と、それを主権単位とするための共和国とは、不変的な範疇としてソ連政治に確

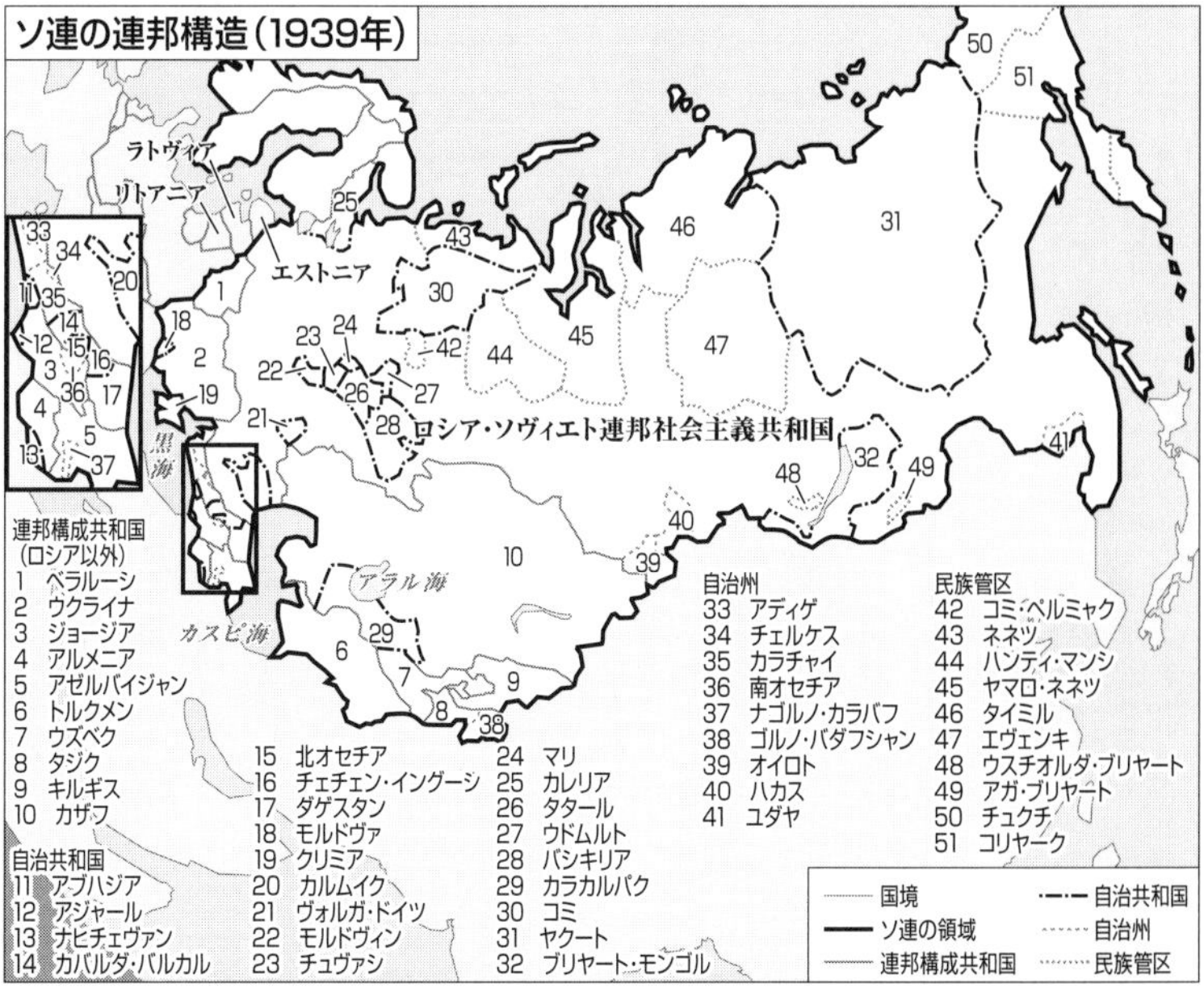

テリー・マーチン（半谷史郎監修）『アファーマティヴ・アクションの帝国——ソ連の民族とナショナリズム、1923年〜1939年』（明石書店、2011年）536頁より作成

固たる地位を占めることになる。もっとも、時間の終わりとも呼ぶべきこの状態は、必ずしも停滞をその本質とするわけではない。なぜならば各民族は、不変的な範疇であるとともに、各自の土地（共和国・自治共和国）で生産活動に取り組むことによって、社会主義を生きる主体としての自己を日々再生産することになるからである。結果としてそれぞれの民族、そして共和国は、一九三〇年代後半のソ連において、生産活動に従事する一種の人格として表象されるようになる。

たとえば、第七回全連邦ソヴィエト大会（一九三五年）から、第八回全連邦ソヴィエト大会（一九三六年）のあいだに、アゼルバイジャン、ジョージア、ベラルーシ、バシキリア、アブハジア、チュヴァシが、経済上の達成などを評価されてレーニン勲章を与えられた。これらの共和国・自治共和国は、「受勲共和国」として讃えられた。[17]

また、一九三六年十一月二十三日付の『夕刊モスクワ』は、間近に迫ったスターリン憲法の成立（十二月の第八回全連邦ソヴィエト大会で採択される予定であった）との関連で、各共和国の近年の発展を振り返った。記事にはそれぞれの共和国の個性を示す原初主義的なキャッチフレーズが付されていた。「××ソヴィエト社会主義共和国」という公式名称ではなく、地域名で呼ばれていたこととあわせて、各共和国の人格化という傾向が顕著であった。いわく、「RSFSR」は「対等なものの中の第一位」、「ウクライナ」は「豊穣の共和国」、「ベロルシア」は「西部国境にて」、「ジョージア」は「われらの祖国の真珠」、「アルメニア」は「花咲くアイアスタン（同共和国の現地名）」、「アゼルバイジャン」は「黒い黄金の国（石油生産を指す）」、「ウズベキスタン」は「白い黄金の国（綿花生産を指す）」、「カザフスタン」は「第三の石炭基地」、「トゥルクメニア」は「太陽の国」、「キルギスタン」は「獲得された幸福」、「タジキスタン」は「復活した人民」であった。[18]

これらの共和国からなるソ連は、「共和制の帝国」であるとともに、「諸共和国の帝国」でもあった。スターリン憲法は、この「諸共和国の帝国」のかたちを整えるための大きな区切りとなった。すなわち、ザカフカース連邦共和国は解体され、ジョージア、アルメニア、アゼルバイジャンがソ連に直接加入することになった。カザフとキルギスはロシア連邦共和国内の自治共和国から共和国に昇格した。さらに一連の自治州が自治共和国に格上げされた。[19]一九二四年憲法と違ってスターリン憲法は共和国と自治共和国の構造について入念に規定していた。自治共和国から共和国に昇格するための目安をスターリンが公にしたのもこのときである。[20]

ここで共和国単位の民族的アイデンティティと、連邦全体に共通するソ連市民アイデンティティの関係について一言しておくと、両者は対立するものではなく、二重のアイデンティティの形成が目指されていたといえる。各共和国市民は同時にソ連市民であった。一九三八年五月の『アジテーター必携』に発表された論説「ソ連市民」において、教育部門の重要な活動家ヴォーリンは次のように記している。ソ連市民とは、「一億七〇〇〇万の友好的、多民族的、真に人間的な集団の、完全な権利をもち、自由で、幸福な構成員である[21]」。

最後に、一九三九年にモスクワで開かれた全連邦農業博覧会について触れたい。そこでは多様な生産部門のパヴィリオンとともに、ロシア連邦共和国を除く一〇共和国のパヴィリオンが建設された。ロシア連邦共和国は州や地域単位の九のパヴィリオンによって代表された。さらに二つの自治共和国（タタールスタン、バシキリア）が自前のパヴィリオンをもった。民族の文化や生活様式を象徴する装飾がほどこされたパヴィリオンは、人格化された共和国の姿そのものであった。受勲共和国パヴィリオンのファサードには、あたかも胸にさげるかのようにレーニン勲章のレリーフが刻まれた。また、各共和国パヴィリオンは「晴れ着姿のボガトゥィリ（英雄叙事詩や民話の勇士）のように、堂々と誇らし気に広場の周りに立っている」のであった。[22]日常生活の空間において政治的主体をつくることを目指す共産党政権の社会改造プログラムが、日々の労働や現地の文化を媒介して民族という範疇を立ち上がらせる。「共和制の帝国」のもつこの機制が、全連邦農業博覧会の共和国パヴィリオンにはほかのどこよりもはっきりと表れていたのである。

四、ソヴィエト帝国の遺産

ソヴィエト帝国論のどのヴァリエーションによって説明するにせよ、次のことは明らかである。一九三〇年代半ばにいたって、ソ連においては民族という範疇が、明確な輪郭の領土をもった、かつ相対的に堅固な歴史的実体として理解されることになった。ソヴィエト帝国の版図、また中央政府と個々の民族との関係はその後も変遷を続けるが、スターリンのもとで一九三〇年代半ばに確立されたこの民族認識自体は、一貫して多民族国家ソ連の理念的支柱であり続けた。ソ連が植民地の独立運動を支援し、とくに第二次世界大戦後には社会主義陣営の盟主として立ち現れることによって、このような民族認識は世界中の民族運動と左翼運動に深い影響を与えることになった。

ここで注意しなければいけないのは、スターリンのもとで形成されたこの民族認識は、生産・労働にたずさわる「普通の人々」を変革の主体として鋳直すという社会変革プログラムと不可分であったということである。労働にたずさわる普通の人々からなるものとしての「民族」が変革の主体となるというこの考え方は、社会変革の熱意に満ちた敗戦後の日本、とくにその歴史学界においては、強い熱意をもって受け入れられた。一九五〇年代前半、アジア各地において民族の自立が展開するなか、戦後歴史学にとっても「民族」、あるいは政治的主体として考えるならば「国民」の問題は、日本社会の進路を考える上での最重要課題として位置づけられたのである[23]。

その後、時代が下るにつれて、民族の問題は戦後まもない時期にもっていた引力を徐々に失っていった。スターリン批判、それにハンガリー事件をきっかけにして始まるソ連社会主義への幻滅は、スターリンの名によって権威づけされていた民族認識の価値を低下させた。他方で日本が豊かになっていったことも、社会変革という課題のもつアクチュアリティを失わせた。歴史研究の進展も、民族は不変であり、かつ特定の領土をもたねばならないという原初主義的な民族認識を掘り崩した。

だが、そうした民族認識自体は古びたにもかかわらず、日々の生活・労働の中で民族／国民を政治主体として不断に再生産するという、一九三〇年代半ばのソ連において最も体系的に確立された営み自体は、二十世紀という時間をソ連と共有した私たちの生活の中にもその残響を留めているとはいえないであろうか。むしろ、民族や国民やナショナリズムのあり方が問われている今日こそ、そうした営みがもつ可能性と危険性について、あらためて考え直すべき時なのではないだろうか。私たちはまだ、ソヴィエト帝国の遺産を整理しきれてはいないのである。

注

1　宇山智彦「ロシア帝国論」、ロシア史研究会編『ロシア史研究案内』（彩流社、二〇一二年）。高田和夫『ロシア帝国論――19世紀ロシアの国家・民族・歴史』（平凡社、二〇一二年）。ドミニク・リーベン（袴田茂樹監修、松井秀和訳）『帝国の興亡』上下（日本経済新聞社、二〇〇二年）。

2　「ソ連は既存の諸帝国に対抗し、「植民地解放」「民族自決」を掲げた特異な帝国だった」という塩川伸明の指摘を参照せよ。塩川伸明『民族と言語（多民族国家ソ連の興亡Ⅰ）』（岩波書店、二〇〇四年）、ix頁。

3　Terry Martin, *The Affirmative Action Empire: Nations and Nationalism in the Soviet Union, 1923–1939* (Ithaca: Cornell University Press, 2001). テリー・マーチン（半谷史郎監修、荒井幸康ほか訳）『アファーマティヴ・ア

クションの帝国——ソ連の民族とナショナリズム、1923年〜1939年』（明石書店、二〇一一年）。

4 Francine Hirsch, *Empire of Nations: Ethnographic Knowledge and the Making of the Soviet Union* (Ithaca: Cornell University Press, 2005).

5 熊倉潤「民族自決の帝国——ソ連中央アジアの成立と展開」、『国家学会雑誌』一二五巻一・二号、二〇一二年。同『民族自決と民族団結——ソ連と中国の民族エリート』（東京大学出版会、二〇二〇年）。

6 池田嘉郎「帝国、国民国家、そして共和制の帝国」、『クァドランテ』一四号、二〇一二年。

7 明示的に帝国論に立つもの以外にも、多民族国家としてのソ連史研究は活況を呈している。たとえば以下を参照。地田徹朗「戦後スターリン期トルクメニスタンにおける運河建設計画とアラル海問題」、『スラヴ研究』五六号、二〇〇九年。竹村寧乃「ソ連初期南コーカサス史の研究に向けて——ザカフカス連邦（1922－1936）に関する先行研究と史料の概要」、『ロシア・ユーラシアの経済と社会』九四七号、二〇一一年。須田将『スターリン期ウズベキスタンのジェンダー——女性の覆いと差異化の政治』（風響社、二〇一一年）。

8 中井和夫『ソヴェト民族政策史——ウクライナ　1917－1945』（御茶の水書房、一九八八年）。

9 Hirsch, *Empire of Nations*, pp. 8–9, 103.

10 池田嘉郎『革命ロシアの共和国とネイション』（山川出版社、二〇〇七年）。同「帝国、国民国家、そして共和制の帝国」、九四－九六頁。

11 自治州についても同じことがいえる。ソ連初期における自治共和国・自治州についてのすぐれた実証研究として、以下を参照。高橋清治「ソヴェト国家と諸民族——自治共和国、自治州と民族問題人民委員部の解体」、『スラヴ文化研究』一〇号、二〇一一年（初出は二〇〇一年）。

12 領域を重視する点におけるマルクス主義とナショナリズムの共通性について、以下を参照。Roman Szporluk, *Communism and Nationalism: Karl Marx versus Friedrich List* (Oxford: Oxford University Press, 1988).

13 池田『革命ロシアの共和国とネイション』、八七－八八、一四〇－一四一、一九六－二一一頁。

14 塩川『民族と言語』、六一―六三頁。

15 Martin, *The Affirmative Action Empire*, pp. 448–461. マーチン『アファーマティヴ・アクションの帝国』、五三九―五五三頁。引用は筆者の訳（p. 448）。ただし、一九三〇年代にロシア連邦共和国（その自治共和国以外の部分）において制度のロシア化が進行した結果、非ロシア人の空間と区別された、ロシア人だけの空間がロシア帝国およびソ連史上初めて出現したというマーチンの指摘は大切である。Martin, *The Affirmative Action Empire*, pp. 411–412. マーチン『アファーマティヴ・アクションの帝国』、四九七―四九八頁。総じて、ソ連最大の民族問題としてのロシア人問題を析出した点が、『アファーマティヴ・アクションの帝国』の一番の功績であろう。

16 Hirsch, *Empire of Nations*, pp. 267–272, 293–308.

17 Революция и национальности. Апрель. 1936. С. 6; Ноябрь. 1936. С. 64.

18 Вечерняя Москва. 23 ноября 1936. С. 2.

19 Революция и национальности. Июль. 1936. С. 17–18 (А. Хацкевич).

20 塩川伸明『国家の構築と解体（多民族国家ソ連の興亡II）』（岩波書店、二〇〇七年）、四八―四九頁。

21 Спутник агитатора. № 10. Май. 1938. С. 5 (Б. Волин).

22 *Жуков. А. Ф.* Архитектура Всесоюзной сельскохозяйственной выставки 1939 года. Изд. 2-е, испр. и доп. (Москва: Издательство Всесоюзной Академии архитектуры, 1939). С. 33, 73. 全連邦農業博覧会については以下も参照。池田嘉郎「ユーラシアの地政学としてのソヴィエト建築学――モスクワ、ノヴゴロド、北京」、『地域研究』一〇巻二号、二〇一〇年、九二―九八頁。

23 小沢弘明「江口史学における民族」、『歴史評論』五六三号、一九九七年。

Ⅲ　ソ連から現代ロシアへ

ソ連最後の指導者ゴルバチョフの葬儀（2022年９月３日）
Sputnik／共同通信イメージズ

第三部「ソ連から現代ロシアへ」は、私たちが現在目にしているプーチン政権のロシアとは何かということを強く意識して書かれた、四篇の文章からなる。

第十章「甦る帝国地図――ロシア＝ウクライナ戦争」は、もともとロシア＝ウクライナ戦争が始まって二、三か月の頃に書かれた。発表後、ウクライナ史研究者の話を聞く機会も増え、そこから得られた刺戟をもとに近世の叙述は書き改めた。初出時にはなかった注も、必要最小限ではあるがくわえた。こうした修正はあるにせよ、プーチン政権の視線が「帝国的」であるという見解自体は元のままである。ウクライナ・ナショナリズムから距離をおいてウクライナを見ようとすることが、ペテルブルグやモスクワからの視線に自己を同一化することに終わってしまってはいけない。それを避けるためにも、プーチン政権の視線を批判的に考察することは大事だろう。付論二は時間という切り口から、帝政期から現代にいたるロシアの政治文化について考察したものである。初出に若干手を入れた。

第十一章「中央と地方の権力機関の統合――下院立法者アセンブリー」は、地方自治を否定して、中央と地方の一体的な関係を追求するという、ロシア史に繰り返し見られるパターンについてのケーススタディである。自立的な個々の要素から社会や国家が構成されるのではなく、有機体的・集団的な「全体」が先行して存在するという国家観念については、

第一章でも取り上げた。本章ではそうした観念が過去のものではなく、むしろ現在のロシアにおいて積極的に制度化されていることを論じた。書下ろしである。

第十二章「大統領付き子どもの権利全権リヴォワ＝ベロワ――プーチン政権の行政官の肖像」は、現在「大統領付き子どもの権利全権」として、ウクライナからロシアへの児童の拉致《らち》の責任を問われている人物の素描である。二〇二二年以降の事態ではなく、それに先立つ時期における彼女の経歴を、可能な範囲内で追った。彼女の歩みを明らかにすることで、プーチン政権を支えている行政官たちの軌跡や動機について、全体としての構造を浮き彫りにすることが狙いである。本章も書下ろしである。

第十三章「ソ連を崩壊させた革命家ゴルバチョフ」は、ソ連共産党最後の書記長の逝去に寄せて書かれたものである。ゴルバチョフの事績を振り返る評論では、ソ連消滅にいたる彼の活動について論じるものが多いように思う。それに対して本章は、あくまで現在のロシアを理解するという関心を念頭におき、ゴルバチョフの死をプーチンはどのように迎え、活用し、悼んだのかという点に着目した。他にあまり見られない角度から、現代ロシアと過去とのつながりを明らかにできていればと思う。文章はほぼもとのままである。

■

第十章　甦る帝国地図――ロシア＝ウクライナ戦争

はじめに――古い地域名の復活

二〇一四年二月―三月、ロシアはウクライナ領クリミアに侵攻し、同半島の併合を一方的に宣言した。これと軌を一にして親露派勢力もウクライナ東部で叛乱を起こし、プーチン政権の支援を得ながらドネツク人民共和国とルガンスク人民共和国という傀儡《かいらい》政権をうちたてた。二つの人民共和国は連邦国家ノヴォロシア（新ロシア）を形成し、黒海沿岸北部の諸地域も引き込もうとしたがうまくいかず、一年あまりでノヴォロシア構想は凍結された。だが二〇二二年二月、ロシアが二つの人民共和国を国家承認し、ウクライナ侵攻を始めるとともに、この地域名もふたたび浮上した。クリミアの立法機関の長コンスタンチーノフは「旧ウクライナの南東全域を占めるノヴォロシアが、政治地図に現れるに違いない」と述べた。[1] カルーガ州の社会団体代表で構成される社会院も、「ロシア世界の一部としてのノヴォロシア」という講演を企画した。[2] ロシア軍は現在、この地域に食い込んでいる。

ノヴォロシアというのは古い地域名で、エカチェリーナ二世がつけたものである。同じく帝政時代のウクライナの呼び方であるマロロシア（小ロシア）という地域名も、今日の語彙に復活している。[3] 現代ロシアの政治的想像力においては、帝政時代の地図が甦ったかのようだ。

実際、プーチン政権を支えるロシアのエリートや親露派指導者は、ウクライナをどこか過去の感覚で見ている。今日のウクライナの領域は、それぞれの過程を経てロシア帝国およびソ連に組み入れられた、複数の地域の集まりである。これに対応するかのように、プーチンたちはウクライナを一体的な政体としては見ていない。クリミア、ドネツィク（ドネツク）、ルハンシク（ルガンスク）、ノヴォロシアなど、個々のピースにばらして、自分たちで組み立てられるように考えているのである。

彼らのこの視線には、強力な中央権力が個々の地域を併合していくという、帝政期およびソ連期の実践と共通のものがある。そうした実践を、帝国的と呼ぶこともできよう。本稿では、この帝国的な実践がどのように展開されたのかを振り返る。そうすることで、現在ロシア＝ウクライナ戦争を推し進めているプーチン政権の、帝国的想像力を浮き彫りにしてみたい。

一、ルーシ諸公国の長い歩み

ロシアとウクライナはよく兄弟にたとえられる。この表現は、兄を自任するロシアの不遜を別にしても、問題を含んでいる。そこではロシアとウクライナは擬人化され、それぞれが超歴史的に自己完結性をもった存在としてとらえられている。だが、実際には、今日のロシアとウクライナが形成される過程は、いくつもの分岐点を含む、屈曲したものであった。その過程には、リトアニア大公国やクリミア・ハン国をはじめとする、周辺諸勢力の影響も大いに作用していた。

九世紀半ば、北西ユーラシアに、東スラヴ人の最初の政体であるキエフ・ルーシが形成された。今日のロシアとウクライナの公的な語りは、どちらもこのキエフ・ルーシという起源に向かって遡及する。だが、キエフ・ルーシは十二世紀頃からいくつもの公国に分裂したのであり、その事実は直線的に遡及する語りになじむものではない。

十三世紀前半にはモンゴルが襲来し、ルーシの諸公国を支配下におさめる。だが、全ての諸公国がモンゴル支配下にとどまったわけではない。十三世紀後半にリトアニアやポーランドが擡頭すると、南部・西部の諸公国はこちらの支配を受けることになったのである。南部・西部の諸公国には、キエフ公国やガーリチ公国など、今日のウクライナ領の一部をなす国々が含まれていた。これら南西諸公国を含む地域では、遅くとも十四世紀までに、教会スラヴ語（キエフ・ルーシ全体にとっての文章語）から分離した、独自の言語が形成されていった。[4]

十五世紀後半には、モンゴル支配の弱体化・解体と並行してモスクワ大公国が擡頭し、ヤロスラヴリ公国やロストフ公国など、周囲の諸国を征服していった。これを「ルーシの土地集め」と呼ぶ。モスクワ大公は、キエフ・ルーシ時代に起源をもつ「全ルーシの」君主という称号を名乗ることになった。近現代ロシア国家の出発点はこのモスクワ大公国に認められる。

他方、「ウクライナ」という語は、一一八七年のキエフ年代記が初出で、「境界地帯」を意味した。これが領域を指すようになるのは十六世紀後半以後で、キエフの南方から黒海北岸にいたるドニエプル河流域の地域がまずそう呼ばれるようになった。[5] この地域は肥沃であり、ポーランド王権の権力も十分に及んでいなかったので、領主から逃れた農奴が数多く流入した。他にも領主から逃れた従者、刑罰から逃れた犯罪者など、多様な逃亡者がくわわった。彼らはコサックと呼ばれる集団を形成し、ポーランドのキエフ総督によって辺境防備のために用いられた。[6]

一五六九年、ポーランドとリトアニアは合同し、ポーランド＝リトアニア王国となる（以下ではポーランドと記す）。この合同を機にポーランドはコサックへの統制を強めた。一六四八年、ボフダン・フメリニツキー率いるコサックは、ポーランドに叛乱を起こした。フメリニツキーはキエフに入城し、キエフ府主教の歓迎を受けた。彼はコサックの利益の擁護だけではなく、ルーシの復興を目標に掲げるようになった。一六四九年にはクリミア・ハン国の支援もありポーランド軍を打破し、自治を認められた。[7] 今日のウクライナでは、このコサック政体を近代ウクライナ国家の起点とする。

だが、コサック政体は長続きしなかった。ポーランドの説得によりクリミア・ハン国は戦線から引き上げた。あらたな同盟相手を求めてコサックは、ロシア（モスクワ大公国が一五四七年にロシア・ツァーリ国となった）に接近した。一六五四年、ペレヤスラフ合意によって両者は同盟を結び、ロシアはポーランドとの戦争に入った。ロシア側はこのとき、コサックの土地（つまりウクライナ）をマロロシア（小ロシア）と呼び、「大ロシアと小ロシアの専制君主」を名乗った。

コサックはロシアに臣従したわけではなく、一時的な同盟を結んだだけであり、こののちもポーランドやロシアと合従連衡を繰り返した。だが、一六六七年にロシアがポーランドとの戦争に勝利し、東欧の新盟主として擡頭すると、コサックの命運も大きく変わった。ロシアとポーランドのアンドルソヴォ講和によって、コサックの土地はドニエプル河の左右で分けられ、右岸はポーランド、左岸およびキエフ（右岸にある）はロシアの統治下に入った。ポーランド領ではコサック自治は十七世紀末に廃止された。ロシア領ではより後まで自治は続いたが、徐々に締め付けも強まった。

十八世紀後半、ロシア帝国（一七二一年にこの国号になった）のエカチェリーナ二世は南下政策を進めた。女帝はオスマン帝国との戦争を成功裡に進め、その属国であったクリミア・ハン国を併合した。さらに、南下政策の障碍になる、残存していたコサック自治も廃止した。女帝は、ドニエプル河左岸のコサックの土地と、あらたに得た黒海北岸の領域とを対象にして県制を敷き、帝国の行政区域に組み込んだ。当初はキエフを含む地方は「マロロシア県」と名づけられた。また、ドニエプル河の下流にあったコサック自治の拠点は、黒海北岸に新設された「ノヴォロシア」県に編入された。十九世紀中の区域変更によって、これらの県は細分化され、マロロシアとノヴォロシアという地域名も行政区域上は使われなくなった。

エカチェリーナ二世はさらに、一七九三年の第二次ポーランド分割によって、ドニエプル河右岸を得た。ここにもまた複数の県がおかれ、帝国の行政に編入された。[8]

ウクライナを離れて見るならば、帝国の拡大はこれ以降も続いた。フィンランド、ポーランド、ベッサラビア（現在のモルドヴァ）、北カフカース、ザカフカース（ジョージア、アルメニア、アゼルバイジャン）、沿海州、中央アジアといった諸地域が、十九世紀後半までにペテルブルグの支配下に入った。

二、ウクライナの浮上

帝国の地図に名前のないウクライナを復活させようとする動きは、十九世紀から二十世紀初頭にかけて高まっていった。その担い手は、ウクライナ語（公式にはロシア語の方言とみなされていたが）を用いるウクライナ系の知識人である。フランス革命の刺戟のもとに、彼らは言葉や文化などを共有するウクライナ人を、一個の政治主体（国民）として提起したのである。彼らはロシア帝国からの分離独立を目指したわけではない。かつてのコサックの空間を基礎としてウクライナという一個の領域をまとめ、ロシア帝国内での自治地域とすることを追求したのである。

他方、大ロシア人を中心とする自由主義者たちには、一律の市民権の確立という、全帝国的な枠での国民形成を重視するものが多かった。一九〇五年にカデット（立憲民主党）に結集した彼らは、独自の憲法を保持してきたフィンランド大公国と、エリートが強力な国民意識を保持してきたポーランドには領域自治を認めようとしたが、それ以外の民族にまでこの恩恵を与えようとは考えなかった。皇帝ニコライ二世も第一次革命（一九〇五年）の波に押されて、一九〇六年に憲法と議会を導入したが、フィンランド大公国を例外として、領域自治を認めることは論外であった。

ウクライナ知識人は、ロシア官憲から逃れるために、以前からハプスブルク帝国領内を活動拠点としていた。彼らの本拠地はガリツィアである。この地は、十四世紀にポーランド領となった旧ガーリチ公国に起源をもち、ポーランド分割でハプスブルク帝国領となっていたのである。ハプスブルク帝国はロシア帝国と異なり、十九世紀後半以降、個々の地域の自治権を容認する政策をとっていた。ガリツィアでは支配層であるポーランド人が自治権の主な享受者であったが、ウィーン帝権はウクライナ人知識人の活動も許容した。これは、国境の向こう側にいるロシア帝国内部のウクライナ人に影響力を及ぼすことを見込んでのことであった。[9]

一九一四年に始まった第一次世界大戦は、ロシアやハプスブルクをはじめとする諸帝国の中に暮らす、諸民族の国民意識を活性化させた。軍事的衝突によって事実上の国境線が何度も移動したこと（東部ガリツィアは二度ロシア軍に占領された）、避難民支援や戦争支援のために民族単位での団体創設が許されたこと、諸帝国政府が各民族集団の協力を取り付けるために戦後の自治を約束したこと、敵対的とみなされた民族が政府・軍当局（およびそれと提携した別の民族集団）によって弾圧されたことが、民族という単位の政治的権利の自覚、つまり国民意識の伸長を急速に促したのである。

ロシア帝国では、運輸危機に起因する都市部の食糧危機や、兵士の厭戦気分を理由にして、一九一七年三月に革命が起こり、帝政政府が倒れた。開かれた自由な空間において、諸民族知識人は領域自治の実現にとりかかった。キエフではウクライナ中央ラーダと呼ばれる政治機関が成立し、ウクライナの領域自治の実現に着手した。ラーダを率いる知識人たちは、キエフ県とその周辺はもとより、ハリコフ県など今日のウクライナ東部地域やクリミア半島を含む九県を自治の範囲に含めることを望んだ。これに対して自由主義者・社会主義者の連立政権であるペトログラードの臨時政府は、ハリコフ県などの東部地域やクリミア半島は除き、今日のウクライナ中部に相当する五県のみに自治領域を限定することをラーダに飲ませた。

ペトログラードとキエフは何とか妥協点を見出していたが、十一月にレーニン率いるボリシェヴィキ(のちの共産党)があらたな革命を起こすと、政治情勢は再び一変した。ウクライナをはじめとする諸地域は、社会主義路線を掲げるボリシェヴィキから距離をおき、自立の道に踏み出したのである。フィンランド、ウクライナ、ジョージア、アルメニア、アゼルバイジャン、北カフカースが分離し、ポーランドとバルト地域もドイツの占領下にあった。シベリアや中央アジアも、革命と内戦の混乱の中で中央政治から切り離された。

これらの諸地域は、共産党率いるソヴィエト＝ロシアや、旧ロシア帝国軍人が率いる白軍諸政府だけを相手にすればよいのではなかった。ドイツ・ハプスブルク・オスマンの各帝国(中央同盟)は、自らの勢力圏にこれらの諸地域を引き込もうとした。中央ラーダがうちたてたウクライナ人民共和国も、ドイツを後ろ盾とせざるを得なかった。一九一八年四月にはクーデタが起こり、いっそうドイツ寄りのウクライナ国にかわった。

同年秋に中央同盟諸国が敗北して第一次世界大戦は終わったが、旧ロシア帝国の自立化した諸地域の命運はあまり好転しなかった。ウクライナ国にかわり再興したウクライナ人民共和国も、共産党率いるソヴィエト＝ウクライナ政府に対して苦戦した。旧ロシア帝国版図における内戦であったものは、中央同盟各帝国の敗北と崩壊によって、舞台をいっそう拡大した。その中で生き残るためには、旧ロシア帝国の諸地域の多くは十分な軍事力を備えていなかった。たとえばアルメニアは、ケマル＝パシャ率いる新生トルコ軍に攻撃され、モスクワの支配下に入ることを余儀なくされた。

旧ハプスブルク帝国領ガリツィアに生まれた西ウクライナ人民共和国も、新生ポーランドによって倒された。

一九一八年春にペトログラードから内陸部のモスクワに首都機能を移したソヴィエト＝ロシアは、旧ロシア帝国の行政機構、とりわけ軍機構をかなりの程度まで引き継ぐことができた。この遺産が、トロツキーの赤軍創設を大いに助けたのである。くわえて少なからぬ旧ロシア帝国軍将校が、帝国版図の再建をかなえる能力をもつものは共産党政権だけであると考え、赤軍に協力した。かくしてレーニンのモスクワ政府は、自立化した旧ロシア帝国の諸地域の多くを回収することに成功した。ふたたびモスクワ権力によって「ルーシの土地集め」がなされたのである。

ただしレーニンは、モスクワ大公国やロシア帝国の君主たちに比べれば、獲得した地域の自立性を表向きは維持することに配慮した。いったん高揚した各地域の国民意識を完全に否定することは危険だったのである。そこでレーニンは、それぞれの地域にモスクワを頂点とする共産党独裁体制を敷きつつも、それらを主権国家とするフィクションを採用した。ウクライナやアルメニアといった諸地域は、それぞれソヴィエト社会主義共和国となったのである。一九二二年末、ソヴィエト＝ロシアがこれらの共和国と同盟条約を締結する形で、ソ連邦が発足した。

中央権力が個々の地域を編入していく帝政期のパターンは、その後も続いた。ただし、第九章で述べた通り、ソ連は諸民族が国民意識を高揚させる時代に誕生した、新型の「帝国」であった。それゆえ、民族＝国民という単位には相当の配慮が払われた。それはとくにウクライナに対して顕著であった。一九三九年に第二次世界大戦が始まると、スターリン政権はポーランド東部に侵攻した。

このときスターリンは旧ハプスブルク帝国領のガリツィアをソヴィエト＝ウクライナに併合した。また、ガリツィアの南に位置するブコヴィナは、もともとはガーリチ公国の一部であったが、ハプスブルク帝国崩壊時に西ウクライナ人民共和国に参加し、その後ルーマニア領となった。ソ連は一九四〇年に北ブコヴィナを獲得すると、やはりソヴィエト＝ウクライナに編入した。こうしてソヴィエト＝ウクライナは旧ロシア帝国版図を越えて、旧ハプスブルク帝国領を組み込むことになった（今日のウクライナ西部にあたる）。ついで一九五四年にはフルシチョフ政権が、クリミアの帰属先をロシアからウクライナに変更した。その理由ははっきりしないのだが、地域住民の希望とは関係なく、中央権力の発動として行なわれたことは間違いない[11]。

むすび――プーチンの戦争

二〇二二年二月二十一日、ウクライナ侵攻開始の直前にプーチンは、ロシア国民への演説において、ウクライナの国家としての性格を否定する発言を行なった。「現在のウクライナは全くもってロシアによってつくられたのです。正確にはボリシェヴィキの、共産党のロシアによってです」「ウクライナは本質的にいって、自身の本当の国家性の堅固な伝統を決してもったことがありません」。このように述べてプーチンは、ソ連時代の為政者たちが、いかに数々のパーツを組み合わせてウクライナをかたちづくったかを振り返った[12]。

たしかにソ連時代の指導者が、地域住民の意向とは関係なしに、今日のウクライナ領土を組み立てていったことは間違いない。それは帝政時代と同じように、中央権力による一方的な処遇であった。とはいえ、帝政期の皇帝たちがコサック空間の一体性を解体していったのに対して、ソ連時代の指導者たちは、かなりの点で形式的とはいえ、民族＝国民という単位に配慮していた。スターリンやフルシチョフのもとで、ウクライナ中央ラーダの知識人たちが追求していたウクライナの輪郭が得られたばかりか、ガリツィアの編入すらもがなされたのである。

　ウクライナの国家としての一体性を否定するプーチンの姿勢は、ソ連の指導者よりは、ロシア帝国の皇帝たちに近いといってもよいだろう。ロシアの侵攻によってばらばらにされていくウクライナの地図は、帝政期の地図と二重写しになる。その意味でプーチンが始めたこの戦争は、帝国の戦争なのである。

注

1 *Федоровских Марина.* Крымский парламентарий: на месте Украины будут новые государства // Ura. ru. 25 марта 2022. https://ura.news/news/1052541181

2 http://obninsk.ru/news/2022/03/10/news_24516.html

3 たとえば映画監督のコンチャロフスキーは二〇一八年に、「もちろんウクライナはロシアではない。だがウクライナはポーランドでもスロヴァキアでもルーマニアでもない。ウクライナはマロロシアなんだ」と述べた。https://styler.rbc.ua/rus/persona/zapadu-ukraina-nuzhna-rezhisser-krymnashist-1541240545.html

4 中井和夫『ウクライナ語入門』（大学書林、一九九一年）、一五七頁。

5 *Ясь О. В.* Україна, Назва // Енциклопедія Історії України. Україна-Українці. Кн. 1 (Київ: Наукова думка,

2018). C. 15.

6 Serhii Plokhy, *The Gates of Europe: A History of Ukraine* (New York: Basic Books, 2015), pp. 76–78.

7 Plokhy, *The Gates of Europe*, pp. 99–100.

8 近世・近代の東中欧とウクライナの関係について、小山哲「リトアニア・ポーランド支配の時代――十四～十八世紀の近世ウクライナ地域」、および、青島陽子「帝国支配の時代――ロシア帝国、ハプスブルク帝国下のウクライナ」、黛秋津編『講義 ウクライナの歴史』（山川出版社、二〇二三年）所収、を参照のこと。

9 ウクライナ知識人は一枚岩でなく、彼らの目標にも幅があった。村田優樹「ウクライナ・ナショナリズムと帝国の崩壊（一九〇五～一九二一年）」、黛編『講義 ウクライナの歴史』所収、を参照のこと。

10 第一次世界大戦からロシア革命を経てソ連初期までの展開は、池田嘉郎編『第一次世界大戦と帝国の遺産』（山川出版社、二〇一四年）、池田嘉郎「パリ講和会議とロシアの内戦」、木村靖二編『1919年 現代への模索（歴史の転換期11）』（山川出版社、二〇二二年）所収、池田嘉郎「ソヴィエト社会主義の成立とその国際的文脈」、『岩波講座 世界歴史第21巻 二つの大戦と帝国主義II 二〇世紀前半』（岩波書店、二〇二三年）所収、村田優樹「第一次世界大戦、ロシア革命とウクライナ・ナショナリズム」、『スラヴ研究』六四号、二〇一七年、参照。

11 ソ連期の展開について、池田嘉郎「2014年ロシア＝ウクライナ紛争の歴史的背景」、『地歴・公民資料』七九号、二〇一四年九月、参照。

12 http://kremlin.ru/events/president/news/67828

付論二

ロシアの破局的な時間

二〇二二年二月というタイミングでプーチンがウクライナへの本格的な侵攻に踏み切った理由はいろいろと論じられている。一点興味深いのは、彼の側近たちのあいだに、当時六十九歳というプーチンの年齢に対する考慮があったのではないかという説である。「あと五年ばかりもすればプーチンはレームダックとなるだろう」。ということは「西側の攻勢に対して決定的な解決を見出すためには時間が尽きつつある」。それゆえ「ウクライナ問題に一気にけりをつける」べきだ。このような考慮があったのではないかと、イギリスのジャーナリスト・マシューズが書いている。[1] プーチンの健康の実態はよく分からないが、いずれにしても、指導者の身体がロシアの政策決定に与える影響という論点がここにはある。

権力者の健康や年齢はどの国でも政治に影響を与えるが、ロシアは特別である。直接にはそれは権力者を制約する仕組みがロシアでは弱いからであるが、この問題は政権によるメディアの統制や、反政府勢力の締め付けといった、権力政治の次元だけで論じられることではない。ロシアにおける権力者のあり方は長期的な文化の観点からも見るべきなのである。文化は生活のあらゆる側面に関わっており、「時間」のような普遍的に見える事柄さえもが、ロシアでは権力のあり方と緊密に結びついている。プーチンの老いが政治決定に影響を及ぼしたかもしれないという説も、ロシアにおける時間のあり方という観点から見ることができる。いまやらねば全てが失われ、破局が到来するという切迫感が、ロシアの歴史にはしばしば影を落としてきた。この「破局的な時間」とも呼ぶべき時間観念について、時間をめぐるその他の論点と絡めながら考えてみたい。そうすることで、現在世界を揺るがしているロシアを軍事や政治とは別の角度から眺めてみたい。

まずはロシアにおける権力者の地位について見てみよう。第一章で論じた通り、西欧諸国では十八世紀初頭から王位継承法が成立して、君主の地位や継承順を規定したのに対して、ロシアでは皇帝はそうした法には縛られなかった。ソ連時代も現代ロシアもそうだが、権力者の地位は法や規約によって定められているのではない。ルールがないわけではないが、それを自分でつくり、かつ一方的に変えられる点にこそ、権力者の権力者たるゆえんがある。ニコライ二世は一九〇七年、エリツィンは一九九三年に憲法を無視して議会を解散・改選したし、プーチンはお膳立てされた手続きによって二〇二〇年に憲法を改正し、自分の任期を事実上延長した。

近代以降の西欧では非人格的な法による支配が確立していったため、法が権力者の上位にある。別の言い方をすれば、権力者の権力は個人の人格にではなく職位に属しているのである。[2] ロシアではそうではない。皇帝も書記長も大統領も、権力者は個人として力を振るっている。これは彼らに孤独を強いる。ロシアの権力者は、非人格的に続いてゆく法や制度に未来を託すことはできない。個人の有限の生において何事かを成し遂げねばならない。

継承法や憲法が彼らの地位を担保することがないロシアでは、権力者は超越的な力を示すことで地位を維持する。ウォートマンが皇帝に関して指摘したように、このことからロシアの権力者は先代の方針を単に引き継ぐのではなく、何か「新しいこと」に着手しがちになる。[3] フランス革命に共感したアレクサンドル一世、反動の権化とされるニコライ一世、「大改革」に踏み切ったアレクサンドル二世、「反改革」路線をとったアレクサンドル三世というジグザグもこうして生じた。ソ連期も状況は同じで、フルシチョフのスターリン批判はもっとも目立つ例に過ぎない。現代ロシアでも、県知事が地方政治を牛耳るのを容認せざるを得なかったエリツィンから、集権化を実現したプーチンへと、このパターンは続いている。制度が継承される西欧では歴史が直線的に伸びてゆくのに対して、ロシアではこのジグザグのために歴史は循環する。

ロシア史の循環は、権力者のあり方とは別の次元でも指摘されている。建築史家パペルヌイは当初亡命先で発表した著書『文化2』で、文化様式の循環を説いた。[4]「文化1」と「文化2」の循環が同書のコンセプトである。「文化1」は平等・水平、死や破壊を志向する。「文化2」はヒエラルキー・垂直、誕生や豊穣を志向する。革命後最初の一〇年は「文化1」で、流線型のモダニズム建築により代表される。一九三〇年代以降のスターリン時代は「文化2」で、高層建築や地下鉄駅のエスカレーターにより代表される。「文化1」は全てを滅ぼす火の文化であり、宗教的な土葬にかえて広められた火葬が代表例である。「文化2」は生命をもたらす水の文化であり、スターリン時代には大運河が次々つくられた。たしかにスターリン時代には大量弾圧が起こったが、芸術作品は破壊ではなく誕生を主なモチーフとし、生命の繁栄を過剰なまでに描いた。

この区分法でゆくと、地方権力が分散したゴルバチョフとエリツィンの時代は「文化1」で、「権力の垂直統合」を成し遂げたプーチン時代は「文化2」であろう。「文化2」が水の文化であることと合致するかのように、プーチンは川泳ぎが好きである。もっとも一人の治世のあいだに様式が切り替わることもありうる。ロシア＝ウクライナ戦争での破壊にくわえ、私兵会社社長プリゴジン（結局は排除されてしまったが）やチェチェン首長カディロフが跋扈《ばっこ》するありさまは、権力が水平に分散する「文化1」を若干思わせないでもない。権力者の若さとエネルギー、それに老いは、文化様式の変化とどこかで連動しているのかもしれない。

ロシアの時間についてもうひとつ興味深いのは、社会主義体制の独特な時間である。歴史家ハンソンによれば、市場経済のもとでは全てが商品となるが、その価値の尺度となるのは、万物に等しく作用する均質な時間である。まさに「時は金なり」。ところが社会主義では話は異なる。そこでは時間が人間の価値を計るのではなく、人間の意志が時間の流れを統御する。一九三〇年に初演されたマヤコフスキーの戯曲『風呂』に出てくる詩の一節「時間よ、前進！」が、この時間観念を集約する。[5]

これはイデオロギーの問題だから、権力者のあり方とは別次元かもしれない。とはいえ時間を統御するのは権力者をはじめとする個々人の意思である。個々人の生は有限であるから、焦りも生じる。そこで彼らは、時間に「より早く流れよ」と呼びかけるのである。

無論、この焦りは個人の時間の有限性だけに由来するのではない。ロシアと世界との関係という大状況もここには関わってくる。西側と比べてロシアは遅れているという危機意識が、焦りをもたらすのである。レーニンが一九一七年に何が何でも社会主義革命を起こそうとしたのは、第一次世界大戦中のいまというタイミングを逃せば、先進ヨーロッパと軌を一にして世界革命に突入するチャンスが失われると考えたからであった。スターリンも同種の危機感をもっていた。一九三一年に急速な工業化の必要をうったえて彼は述べた。「われわれは先進諸国に五〇年から一〇〇年立ちおくれている。われわれは、この距離を一〇年ではしりすぎなければならない。われわれがこれをなしとげるか、それとも、われわれはおしつぶされるか、である」[6]。一〇〇年の遅れを一〇年間で取り戻せ。スターリンのこの切迫感が、「時間よ、前進！」という詩句、それに「五ヵ年計画を四ヵ年で」というスローガンと共鳴した。老若男女労働者もこのスローガンを受け容れ、ノルマの超過達成に勤しんだ。彼らは時間の壁を越えようとしていたのである[7]。

以来、「時間よ、前進！」という掛け声はロシア文化に深く刻み込まれた。一九三二年に小説家カターエフは、ウラル山脈の新興工業都市マグニトゴルスクでの経済建設を描いた作品の題にこの言葉を借用した。六五年、シュヴェイツェルがこの小説を映画にし、七七年にはタラーソフが同じ題でポップなアニメをつくった。六五年の映画は強い印象を残したが、それはスヴィリドフによる曲もよかったからである。巨大なメカが驀進《ばくしん》するようなこの曲は、一九六八年開始のニュース番組『時間（ヴレーミャ）』でオープニング曲として使われ、二〇一四年のソチ・オリンピックの開会式でも流れた。

もとより現代ロシアは五カ年計画の時代とは違い、市場経済を採用している。とはいえ、資本主義的な均質な時間が支配的になるとは限らない。市場経済の基礎となるべき私的所有権は、ロシアでは常に軽視されてきた。くわえて現在、経済制裁が強化されるにつれ、計画経済の再導入も議論されている。

こうして西側とロシアとの構造的な差異が浮かび上がる。万人の上位にある法、全てを商品とする市場経済、普遍的尺度である均質な時間。これらが西側の土台であるとすれば、ロシアでは法や経済、さらには時間までもが、個々の人間、何よりもまず権力者と密接に結びついているのである。権力者の身体と連動することで歴史は循環し、「時間よ、前進!」の掛け声もあがる。さらに、西側への遅れが意識されるなか、権力者の有限の身体が政治の基礎となることで、いまを逃せば全てが失われるという破局的な時間の感覚が歴史に介入する。ロシアを理解する鍵は「時間」である。スヴィリドフの曲で始まるニュース番組『時間』は今日まで続いている。二〇二四年の現在も、ロシアでは「時間よ、前進!」の掛け声が響いているのだ。

注

1 Owen Matthews, *Overreach: The Inside Story of Putin's War Against Ukraine* (London: Mudlark, 2022), pp. 171–172.

2 この点に関連して、法人概念が西欧を特徴付けることについて、大澤真幸・橋爪大三郎『おどろきのウクライナ』(集英社新書、二〇二二年)、三八–四〇頁、参照。

3 Richard Wortman, The Representation of Dynasty and "Fundamental Laws" in the Evolution of Russian

Monarchy, in Richard Wortman, *Russian Monarchy: Representation and Rule* (Brookline: Academic Studies Press, 2013), p. 34.

4 *Паперный Владимир*. Культура Два (Москва: Новое литературное обозрение, 1996; пер. ед., 1985).

5 Stephen Hanson, *Time and Revolution: Marxism and the Design of Soviet Institutions* (Chapel Hill: University of North Carolina Press, 1997).

6 『スターリン全集』第一三巻（大月書店、一九五三年）、六一頁。

7 Hanson, *Time and Revolution*, pp. 152–155.

第十一章　中央と地方の権力機関の統合
――下院立法者アセンブリー

はじめに

ロシア史上の各時代の統治者は、中央権力から自立的な圏域として地方生活をとらえることをあまりしてこなかった。大改革が進展した一八六〇年代から一八八〇年代、農村が政府から多分に自立的であった一九二〇年代、ソ連解体後の一九九〇年代といった重要な例外はあるものの、基本的には地方生活は中央権力の監督下におかれ、その自立性が前提とされることはなかった。第一章で述べた、まずは「全体」があるというゲマインシャフト的な秩序が、中央―地方関係においても見られたということである。国家の一体性が揺らいだ一九九〇年代ののちに政権についたプーチンも、地方生活を中央政権の管掌圏内に組み込むために力を注いだ。本章はその過程についての事例研究である。

今日のロシアは連邦制をとっており、州、共和国、「連邦的意義を有する都市」（モスクワ、ペテルブルグ、実効支配するセヴァストーポリ）など、八九の「連邦構成主体」から構成される。[1]連邦中央の権力機関に対応して、連邦構成主体も各自の立法・執行・司法権力機関をもつ（本章では連邦構成主体のレベルは「地域」と呼ぶ。これは次に出てくる地方自治体との混同を避けるためである）。[2]

連邦構成主体よりも下位単位である「地方自治体」については、一九九三年十二月に成立したロシア憲法の第一二条においてその自立性が謳われ、「地方自治機関は国家権力機関のシステムに入らない」と記されていた。[3]対照的に、連邦構成主体の権力機関については、中央権力機関との一定の一体性が前提とされた。とくに第七七条第二項は、中央と地域の共同管轄の範囲において、両レベルの執行権力は「ロシア連邦における執行権力の単一システムを構成する」と記し、「単一システム」（единая система）という概念を使っていた。

立法権力に関しては、直接にこれに対応する条項は見当たらない。ただし、第一〇四条第一項・第二項において、下院（ドゥーマ）に法案を発議する権利が、連邦構成主体の立法機関にも認められていた。[4]

本章において着目するのはこの連邦構成主体の立法発議権である。エリツィン時代の一九九〇年代には、中央と地方の権力機関の相互関係には流動的な側面が多く見られた。二〇〇〇年にロシアの指導者となったプーチンは、二〇〇八年から二〇一二年までの首相時代も含めて、この相互関係を中央集権的に整理していった。[5]その過程で、連邦構成主体の立法発議権の行使もより制度化された。具体的には、下院のもとに「立法者アセンブリー」という審議機関が設置されたことが大きな意義をもった。

正式には「下院付属ロシア立法者アセンブリー」（Ассамблей российских законодателей при Государственной Думе）というこの機関は、中央の立法権力機関と連邦構成主体の立法権力機関とを連結する場として、ユニークな役割を果たした。執行権力について一九九三年憲法で使われていた「単一システム」、あるいはそれに類似した言葉は、立法者アセンブリーの活動をめぐっても使われるようになる。したがって、先行文献において言及されることの少ない同機関の活動を概観することは、現代ロシアを特徴づける一体的な中央−地方権力機関について理解することを助けてくれるであろう。また、こうした一体的な中央−地方権力機関は、先述の通りロシア史において繰り返し現れるものであるので、現代ロシアを歴史の中で考える上でも、本章の考察には意味があるだろう。

一、設置まで

二〇〇八年、プーチンはメドヴェージェフを大統領に据え、自らは首相職に就いた。この新体制のもとで、中央権力機関と地域権力機関の調整が主要課題の一つとなった。そうした調整はインフラ整備など、国民生活の質の向上を実現するためにも、全体としての国家機関の機能改善のためにも必要であるとされた。五月八日、プーチンは首相就任演説で、政府、省庁、地域権力、地方自治の改善を優先課題の一つとした。[6]

メドヴェージェフは十一月五日に行なった大統領就任後初の年次教書演説で、この論点を展開した。法律家であるメドヴェージェフが重視したのは、地域立法機関から発議される法案の質の改善であった。地域立法機関は下院に多くの発議を行なっているが、法律に結実するものは僅かであると大統領は指摘した。地域からの発議は文面が整えられておらず、下院で準備中の法案と内容が重なることも多かった。中央レベルの立法過程の情報を地域立法機関に周知することが、対策として挙げられた。[7]

具体的な方策は下院議長グルィズロフが提起した。なお、彼をはじめとして、本章の登場人物の大半は与党統一ロシアの党員である。十二月十二日、憲法成立一五周年にあわせて開催された地域立法機関指導者の会議において、彼はいくつかの方策を示した。第一に、地域立法機関は下院への法案提出に先立って、法律専門家の支援を受けることが推奨された。そうした支援は下院の機構と、下院内の統一ロシア会派の機構の両方で受け取ることができた。第二に、中央での法案作成について、電子情報を地域と共有する制度が間もなく運用を開始する見込みであった。

第三に、グルィズロフは、下院と地域立法機関の活動をつなぐ「アセンブリー」の創出を提案した。[8] 上院（連邦会議）ではすでに二〇〇二年四月末に、地域立法機関との活動調整のための「立法者会議」（Совет законодателей）が設けられていた。[9] 下院にも同様の機関をつくろうということであった。

討議において大統領府内務局長ハビロフ（現在はバシコルトスタン共和国首長）は、連邦構成主体による立法はロシアの法制度の重要な一部であると強調した。「まさにロシア連邦構成主体の法の機能というプリズムを通じて、われわれはわが国の非常に多様な法的現実にロシア法のノルマが浸透することを保障しているのである」、それゆえ「単一のテクノロジー的鎖」を創出することが肝要であると彼は述べた。「単一の」という言葉は、地域側の発言にも見られた。スヴェルドロフスク州のヴォローニンは、「ロシアの単一法空間の形成過程において、全てのレベルの立法者の相互調整と相互理解が大きな意義をもっている」と述べた。こうして、憲法において中央と地域の執行機関について述べていたことと同様に、立法機関についても「単一法空間」の創出が課題とされた。会議は「ロシア立法者アセンブリー」の設置を全員一致で決めた[10]。

二、成立

立法者アセンブリーの初会合は、一年以上を経た二〇一〇年二月二十四日に開かれた[11]。下院第一副議長モロゾフが、地域立法機関の議員・職員を対象とした国家機関および地方自治に関する研修のことなどを話した[12]。

三月九日には住宅・公共事業の料金高騰をめぐって、グルィズロフが七地域と遠隔会議を開いた（アセンブリーの枠内ではない[13]）。後にグルィズロフは恐らくこの会議のことを念頭において、アセンブリーの歴史はそこから始まると述べた。遠隔会議の後にグルィズロフは代議員委員会をつくり、そのメンバーを連邦構成主体に派遣した。彼らの活動の結果、家賃・サービス料の高騰に責任があった一連の市長・官吏が解任された[14]。グルィズロフがこの遠隔会議をアセンブリーと結びつけたのは、恐らく住民の生活改善という主題に深く関わっていたからであろう。

四月一日の会合が、アセンブリーの本格的な出発点となった。この日、まずグルィズロフの指示に基づいて作業グループがつくられた。ついでこの作業グループが会議をもち、アセンブリーの構造を定めた。アセンブリーは主に連邦構成主体の立法機関の長から構成される。アセンブリーの議長と第一副議長は、下院の議長と第一副議長であるグルィズロフとモロゾフが務めた。アセンブリーの別の副議長には、モスクワ州立法機関の長アクサーコフが就任した。

この日の会議には諸機関の代表が参加していた。統一ロシア会派や大統領府の代表以上に存在感があったのは、下院機構長シグトキンをはじめ、下院の組織運営を担う幹部たちである。

アセンブリーの活動の中心となったのは八つの委員会である。それぞれの担当部門を簡略に示すと、①憲法的立法と国家建設、②社会政策、③予算と税、④経済政策、⑤農業と自然資源、⑥教育と科学、⑦地域・民族政策、⑧治安と汚職取り締まりである。これらの担当部門は下院の諸委員会とおおむね対応していた。実際、アセンブリーの各委員会には二人の「共同議長」がおかれ、そのうち一人は対応する下院委員会の議長が務めた（もう一人は連邦構成主体側）。下院とアセンブリーそれぞれの委員会は、下院委員会の議長を通じて人的に結び付けられたことになる。

ロシア史・現代ロシア政治の研究者レミントンによれば、下院の委員会は、パトロン＝クライアント関係が形成され、利権配分がなされる場として機能している。アセンブリーに結集する地域立法権力の長たちも、アセンブリー委員会での活動を通じて、そうした場に結合されたのである。

八つのアセンブリー委員会の共同議長となった、連邦構成主体側の人物の名前を挙げておく。①

アクサーコフ（モスクワ州）、②コレパノフ（チュメニ州）、③ポロゾフ（プスコフ州）、④サゾーノフ（サマーラ州）、⑤デリャプキン（ロストフ州）、⑥バスィグィソフ（サハ共和国）、⑦チェチェノフ（カバルダ＝バルカル共和国）、⑧ウッス（クラスノヤルスク地方）である。彼らが中心となって、アセンブリー幹部会を構成した[15]。

下院委員会とアセンブリー委員会がいっしょに会議をもつこともあった。たとえば二〇一〇年十一月二十二日に中央と地域での反汚職立法について下院で検討会がもたれた際には、この問題を担当する下院とアセンブリーそれぞれの委員会が参加した。検討会は全体として意見交換やコンセンサス形成の場として機能したようである。下院議長代理ジリノフスキー（自由民主党）は、立法における解釈が多様であることから汚職した者の責任を問うことが困難であると述べ、統一的な法解釈の必要性を訴えた。アセンブリーの側ではムルマンスク州立法機関長のニコラが、同州での汚職取り締まりについて情報を提供した[16]。

三、活動

二〇一〇年から一一年にかけて、立法者アセンブリーは継続的に活動を展開した。連邦構成主体が発議して成立した法案は、第四期下院（二〇〇三－〇七年）には七三件であったが、第五期（二〇〇七－一一年）には一二二件となった（二〇一一年四月二十六日時点）。一二二件という数字は成立した法案全体の一〇・四パーセントにあたる。もちろん、法に結実しない発議も多かった。二〇一〇年秋会期（九月—十二月）にアセンブリーには二九の法案が寄せられ、各委員会の検討に付された。そのうち下院に上程するとの結論が下されたのは二件、委員会で改善してアセンブリー幹部会の検討に付すとされたのが五件であり、残り二二件には否定的な評価が下された。アセンブリーはフィルターの役目も果たしていた。

文書の電子回覧が始まり、コンピュータシステム「エクスパート」が立法活動の調整を助けた。連邦管区レベルの議会連合も、アセンブリーと地域立法機関のあいだをつないだ。

二〇一〇年中にアセンブリー幹部会は四月、六月、十二月と三回会議をもった。それとは別にセミナーおよび円卓会議が開かれた。主題と関わるアセンブリー委員会議長の地元も開催地となった。たとえば二〇一〇年十月には、ロストフ州立法機関議長デリャプキンが共同議長を務める農業・自然資源委員会が、州都ロストフ＝ナ＝ドヌーで水産立法の改善に関する円卓会議を開いた[17]。

二〇一〇年十二月九日にグルィズロフはアセンブリー幹部会で演説し、大統領教書（二〇一〇年十一月三十日）に示された諸課題に注意を向けるように呼びかけた。たとえばエコロジーに関連して、単に報告書をつくるだけではなく、専門家の検討会を開き、その内容を周知できるはずであった。「望みさえすれば、地域の議員はエコロジー関連の報告を、実際に目覚ましい社会生活上の出来事にすることができる」。こうした発言からは下院議長が、単に法案を準備することを越えて、現地社会の改善のために積極的な活動を展開することを、地域立法者に望んでいたことが窺える。地域の発展戦略の策定において、「客体ではなく主体となることをあなたたちに提案します」と彼は結んだ。

なお、この日グルィズロフは、アセンブリーの活動と党派の関係に触れる発言を行なった。「われわれのアセンブリーは党派的性格を帯びていないが、地域議員集団の同僚である皆さんに統一ロシアの地域間党協議会の資料をお勧めできると私は思う」。ここからはアセンブリーの活動において、統一ロシアが主導的な役割を果たすことが前提となっていたことが窺える。[18]

翌十二月十日には、連邦構成主体の立法機関と行政機関の報道担当者を集めたセミナーが開かれた。立法機関同士の連携を向上させるために、マスメディアと社会団体をどう活用するかが主題であった。先述の通り、こうしたセミナーや円卓会議はアセンブリーでしばしば開催された。この日演説した下院機構長シグトキンは、アセンブリーがつくられた当初は、中央機関の指示を押し付けられるだけになるのではないかとの危惧もあったが、実際には双方向的な議論がなされていると、現状を肯定的に評価した。

この日のセミナーには野党である共産党、公正ロシア、自由民主党の会派代表も参加した。彼らは自分たちの立法活動について紹介したほか、マスメディアへの公平なアクセスの意義を強調し、中央と地域の両方で討論中継の数を増やす必要があると主張した。これに対して統一ロシア会派指導者第一代理のチリンガーロフは、「統一ロシアは議会多数党として国の状況に責任をもっている」と答えた。[19] 統一ロシアにとって、「議会多数党」という状態は選挙結果に依存する一時的なものというよりは、体制の一部をなす基礎的要素となっていた。中央と地域の立法機関を結ぶアセンブリーの活動も、下院と連邦構成主体の両方で統一ロシアが支配的であるという状況と不可分であった。

二〇一一年四月二十六日には、ロシアにおける議会制度一〇五周年の催しの一環として、ペテルブルグでアセンブリーの会議が開かれた。[20] グルィズロフはそこで、アセンブリーがロシア議会制度の新しい伝統となったと述べた。彼によれば、単に連邦構成主体の発議になる法案が増えているだけではなく、それが「何かポピュリスト的な要望ではない」ことが大事であった。グルィズロフは「われらの議会多数派の存在という条件下では、ポピュリスト的法案は採択のチャンスをもたない」と強調した。野党による政府批判はポピュリスト的であると示唆しつつ、グルィズロフは統一ロシアが下院で圧倒的多数を形成している状況を反ポピュリスト的と位置づけたのである。

では、グルィズロフがポピュリスト的要望と対照して積極的に評価したものは何か。一つには住民の生活への配慮であった。彼は予定されている住宅・公共事業問題での円卓会議（会場はモスクワ州議会）について触れつつ、過去を振り返った。「立法者アセンブリーの歴史自体、一連の地域で緊迫していた住居・公共事業部門の料金高騰問題をわれわれが討議した遠隔会議から始めることができる」。住民の生活への配慮はさらに、地域との密着という論点を意味した。それは統一ロシアという多数党があることで可能になっていると彼は論じた。いわく、多数党があればこそ、連邦レベルでの立法権力と執行権力の関係のみならず、様々なレベルでの権力機関の関係もより効率的なものとなった。過去一〇年間を振り返ると、下院で小会派が乱立していた時期は、地域の意見は下院に反映されなかった。小会派では中央機構が全ての方針を定め、地域の意見を容れようとはしないからである。小会派の候補者は、選挙がなされる地域とは結びつきがない。それに対して統一ロシアは、代議員であれ市長であれ知事であれ、地域と結びついた人間を候補者名簿に載せている。

地域の発展こそが統一ロシアの優先課題であり、「われわれのイニシャティヴで」アセンブリーがつくられたことも偶然ではない、と彼は説いた[21]。グルィズロフにとって立法者アセンブリーは、統一ロシア優勢のロシア政治が、住民の生活に配慮し、地域と密着するという積極的な機能を果たしていく上で、欠かせない役割を担っているのであった。

四、立法者アセンブリーから立法者会議へ

立法者アセンブリーはこうして様々な活動を展開してきたが、その現状に対しては批判も見られた。何よりも問題となったのは上院の立法者会議との重複である。この問題を解消するために上院議長マトヴィエンコは両機関の統合を構想した。彼女は二〇一一年九月に下院議長グルィズロフと話し合いをもち、ついで上院第一副議長トルシンを責任者として作業グループを設けた。十二月にはマトヴィエンコは立法者会議の幹部会で統合について提案し、七人全員（連邦管区代表）から同意を得た[22]。

統合を実現するきっかけとなったのは、二〇一一年十二月の下院選挙である。権威主義的な政治に対する不満の蓄積を背景にして、この選挙で統一ロシアは過半数を維持しつつも選挙前の三一五議席から八〇近く議席を失った。選挙に不正があったとの声も多く、モスクワでは数万人が集まって、過去一〇年で最大規模の抗議活動を繰り広げた[23]。グルィズロフはトゥーラ州で当選していたが、下院議長の座を降りて、議員になることも辞退すると言明した。八年間にわたり議会で活動し、

「構想したことの多くを実現することができた」というのが本人の弁であった。[24] 他方、彼が下院議長を辞任するのは抗議運動に対する譲歩であるとの指摘もあった。[25] 第六期下院（二〇一一－一六年）でグルィズロフから議長職を引き継いだのは、大統領府長官であった大物ナルィシキンである。彼はマトヴィエンコと歩調を合わせて、アセンブリーの解消を進めることになった。

二〇一二年三月四日、大統領選挙でプーチンが当選した。二日後の三月六日にナルィシキンは、下院の女性議員の会合に出席した（これは八日の国際女性デーの関連行事である）。地域立法機関の長である七人の女性も初めてこの種の会議に招かれていた。[26] ナルィシキンは「女性は、その本質からいって、より外交的で、より丁寧で、より仕事ができます。彼女たちの内部には、恐らく、生まれつき妥協への志向が備わっているのです」と、性的区分にこだわるロシアの政治文化に忠実な言明を行ないつつ、妥協の大事さを強調した。これは野党への牽制でもあっただろうが、より本質的には機構を越えた立法者の統合という、彼また政権側がもっていたであろう構想に対応していたように思われる。

ついで彼は、地域からの立法発議が改善されている理由として、下院機構法制局が提案を事前に検討していることを挙げ、その後で簡単に、「立法者アセンブリーも悪くない仕事を行なっている」と付け加えた。アセンブリーの扱いが軽かったのは、それを過去のものと考えていたからだと思われる。実際ナルィシキンは、上院側と「共通の構造の創出」について協議中であることを明らかにした。アセンブリーと立法者会議を統合することによって、重複の解消、統合による活動の強化、上院と下院と地域立法機関という三者の相互関係の緊密化が目指されていた。[27]

ナルィシキンが別のところ（三月二十二日の会議）で述べたように、上院の立法者会議と下院のアセンブリーの人的構成はかなり重なっていたから、統合案が出てくるのは自然な流れであった[28]。また、『コメルサント』紙の報道によれば（二〇一二年三月十一日付）、地域からの法案発議にはまだまだ改善すべき点が多く残されていた。地域の立法機関の長たちは、自分たちの発議が下院で採択されることは「極めて稀」であると考えていた。さらに、上院第一副議長トルシンによれば、採択されるものは「基本的に技術的文書」なのであった（上院側の彼のコメントは割り引いて考える必要がある[29]）。

これらの問題にくわえて、この時期に統合の動きが進んだのは、与党の後退という選挙結果とも関係があったかもしれない。新下院議長ナルィシキンには、与党の力がより安定している上院との活動の緊密化を求めるだけの理由があった。ただし、選挙で党勢を若干伸ばしたとはいえ、共産党や自由民主党などの野党は反プーチン政権の立場をとっておらず、むしろ下院における総与党化は進んだ[30]。したがって、統一ロシアが多数を占める中央と地域の政治空間全体の統合を進めるという、グルィズロフが追求した課題はナルィシキンにも受け継がれた。

重複解消の結果生まれた新体制は、二〇一二年五月三十一日に祝福を受けた。この日、上院の立法者会議と下院のアセンブリーが統合してできた「ロシア連邦立法者会議」（Совет законодателей Российской Федерации）が初会議を開いたのである。名称は上院の機構を引き継いでいたが、新「立法者会議」は議会全体のもとにおかれた。

立法者会議の初会合は、モスクワ州議会で開かれた。六七の連邦構成主体の立法機関長を前にして下院議長ナルィシキンは、「ウラジーミル・プーチンがロシア大統領に就任し、政府が編成されたことで、選挙サイクルは閉じられた」と述べた（プーチンの大統領就任は五月七日）。いまや「新しい法創造のサイクルが始まっている。今日、権力の異なる分枝間の相互関係を強化することが必要である」とナルィシキンは語った。つまり、プーチンの大統領職復帰に伴い、中央から地域にいたる権力機関の一体性の確立という従来からの課題にいっそう傾注することが唱えられたのである。

ここで彼が使った「権力の分枝」（ветви власти）という語は、現代ロシア政治の基本用語の一つである。そこには、立法・執行・司法、それに中央と地域といった権力機構のそれぞれを独立体と考えず、全体としての権力の一部と考える見方が込められている。ナルィシキンは連邦議会（上院・下院）と地域立法機関のそれぞれを権力の分枝として、その対話の効率を引き上げるために立法者会議が貢献するとの期待を表明した。

ついで、五月十一日にモスクワ州知事になったばかりのショイグーが登壇した（なお、知事は地域執行機関の長であるので、彼自身は「立法者」ではない）[31]。彼は立法者会議の課題を、「全一的な法空間（целостное правовое пространство）の創出」と呼んだ。この「全一的な」という語も、ロシアの権力機関の一体性を示す特徴的な言葉であった[32]。上院議長マトヴィエンコも「上院、下院、地方議会は立法の領域における努力を統一する」と述べた。

この日選出された立法者会議幹部会には、両院議長、同代理、さらに八つの連邦管区から一名ずつ立法機関長が参加した[33]。

立法者会議自体は、両院議長（彼らは立法者会議の共同議長となる）、同代理、連邦構成主体立法機関長、両院の諸委員会議長から構成された。さらに、上院と下院それぞれの機構指導者（руководители аппаратов）ないしその全権代表が、立法者会議の責任書記となった。一二の委員会がつくられ、上院と下院の対応する委員会の議長もそこに参加した[34]。

むすび

こうして立法者会議の形成をもって、上院・下院・地域立法機関の三者が一体的に結び付けられる体制が成立した。この体制が成立する過程において立法者アセンブリーは、諸々の批判を受けたとはいえ、少なからぬ役割を果たしたといえる。

立法者会議の形成に集約的に示された、一体的な権力機関という考え方は、その後さらなる展開を示した。まず、二〇二〇年七月に憲法改正が実現したが、そこでは「地方自治機関と国家権力機関はロシア連邦における単一公権力システム（единая система публичной власти）に入」るとの条項が加えられた（第一三二条第三項[35]）。この条項において、「国家権力機関」は中央と連邦構成主体の権力機関を指し、「地方自治機関」は連邦構成主体の下位におかれている単位を指す。従来は自立的とされてきた地方自治機関が、中央および連邦構成主体と結合されたのである。「単一公権力システム」という用語もまた、ショイグーの述べた「全一的な法空間」という言葉と似て、ロシアの権力機関の一体性を表現するものである。また、ショイグーの「全一的な」という語が帝政期における領土の一体を神聖化する言葉と同じであるのと同様、「単一システム」という語はソ連一九七七年憲法の概念を継承していた。[36]一体的な権力機関という考え方が、ロシア史の過去と現在を結んでいたのである。

この憲法改正は、立法者アセンブリーの活動の延長線上にもあった。上述の第一三二条第三項を実現するための法が二〇二一年十二月二十一日に成立したが、そこでは連邦構成主体の立法機関が下院に法案を出す権利が明記されていたのである（第九条第一項・第二項）。この第九条は二〇二二年六月一日に発効すると定められた。[37]

立法者アセンブリーを引き継いだ立法者会議は、ロシア権力機関の単一的なシステムを体現するものとして、今日まで活動を続けている。二〇二三年十二月二十日にはモスクワにある労働組合会館の柱の間で、ロシア議会三〇周年を記念して立法者会議が開かれた。下院副議長であり、立法者会議の議長代理であるヤロワーヤが要を得た発言をした。彼女によれば「憲法の修正によって承認された公権力の単一は、今日私たちと皆さんの仕事の中に具現された」のであった。[38]

注

1 中馬瑞貴「ロシアの地方首長公選制から任命制へ――プーチン・メドヴェージェフ両政権下の政治過程」、『法學政治學論究：法律・政治・社会』九〇号、二〇一一年九月、四、三〇頁。二〇二二年十月にドネツク人民共和国、ルガンスク人民共和国、ザポロージェ州、ヘルソン州を編入することで八九となった。http://duma.gov.ru/news/55412/

2 「地域」という呼び方は、中馬瑞貴「憲法改正後のロシアの中央・地方関係――政治的・経済的安定のための中央集権化の再開」、『大国間競争時代のロシア』（日本国際問題研究所、二〇二二年）、三一頁、にならった。

3 Конституция Российской Федерации (Москва: ЦИК РФ, 1995). С. 7.「地方自治」(местное самоуправление)という語で示されるのは、連邦構成主体の下位にある単位である。法的な名称にこだわらずにいえば、集落、村、市、「連邦的意義を有する都市」内部の地区などがそれにあたる。より詳しくは、横川和穂「ロシアにおける中央集権化と地方自治体財政」『比較経済研究』四七巻二号、二〇一〇年六月、一－二頁、参照。

4 Конституция. С. 29–30, 41. 共同管轄での立法に関する第七六条第二項も参照。なお、上院(連邦会議)と下院(ドゥーマ)について、注9を参照のこと。

5 中馬「ロシアの地方首長公選制から任命制へ」、参照。

6 http://archive.government.ru/docs/1361/

7 http://kremlin.ru/events/president/transcripts/1968. 地方からの発議の質は徐々に向上していた。下院議長グルィズロフが二〇〇八年十二月十二日に述べたところでは、二〇〇四年には地方から発議された法案のうち四パーセントのみが連邦法として成立した。二〇〇七年には一〇パーセントであり、二〇〇八年には一五パーセントの見込みであった。https://www.afanasy.biz/news/science/147732

8 http://duma.gov.ru/news/2143/

9 https://ria.ru/20020625/180097.html. 下院議員が主に政党を単位として比例代表および小選挙区の選挙で選ばれるのに対して(二〇〇七年と二〇一一年の選挙は比例代表のみ)、上院議員は(二〇〇〇年以降の制度では)各連邦構成主体の立法・執行各機関から一名ずつが選ばれる。さらに三〇名まで大統領が上院議員を任命できる。大串敦「議会政治」、油本真理・溝口修平編『現代ロシア政治』(法律文化社、二〇二三年)、九〇－九一頁、参照。

10 http://duma.gov.ru/news/2142/

11 Государственная Дума Федерального Собрания Российской Федерации. Основные итоги деятельности. 2008–2011 годы. Справочник (Москва: Издание Государственной Думы (электронное), 2012). С. 203.

12 https://www.tatar-inform.ru/news/sostoyalos-zasedanie-assamblei-rossiyskih-zakonodateley-pri-gosdume-rossii

13 https://www.1tv.ru/news/2010-03-09/147448-tarifami_na_uslugi_zhkh_v_blizhayshee_vremya_zaymetsya_gosduma

14 http://duma.gov.ru/news/5634/

15 http://duma.gov.ru/news/4276/; Thomas Remington, Patronage and the Party of Power: President-Parliament Relations Under Vladimir Putin, *Europe-Asia Studies*, Vol. 60, No. 6, August 2008, p. 961.

16 http://duma.gov.ru/news/5054/

17 後述する二〇一一年四月二十六日のグルィズロフ報告による。http://duma.gov.ru/news/5634/

18 http://duma.gov.ru/news/5138/

19 http://duma.gov.ru/news/5157/

20 二〇〇六年に第一ドゥーマ一〇〇周年の式典がもたれていたが、二〇一一年にあえて一〇五周年が記念されたのには理由があった。二〇〇五年制定の選挙法が小選挙区制の廃止などを定めた結果、二〇〇七年下院選挙では統一ロシアが議席の三分の二を獲得した。この新状況のもとで、あらためてロシアの政治秩序における議会の位置付け――政府の批判者ではない何か――が求められていたのである。一〇五周年記念について以下を参照。Irène Herrmann, The Conceptual History of the Russian State Duma, in Pasi Ihalainen, Cornelia Ilie, and Kari Palonen, eds., *Parliament and Parliamentarism: A Comparative History of a European Concept* (New York, Oxford: Berghahn Books, 2016), esp. pp. 184, 199–200.

21 http://duma.gov.ru/news/5634/

22 *Городецкая Наталья.* Региональным парламентам помогут единым советом // Коммерсант. 11 марта 2012. https://www.kommersant.ru/doc/1889723

23 『朝日新聞』二〇一一年十二月六日、一三面。同、十二月十一日、六面。

24 *Хамраев Виктор*. Он сам ушел. Борис Грызлов сдал место спикера Думы вместе с мандатом // Коммерсантъ. 15 декабря 2011. https://www.kommersant.ru/doc/1838430

25 『ニューヨーク・タイムズ』論説のロシア語メディアでの紹介。https://www.inopressa.ru/article/15Dec2011/nytimes/gr2.html?ysclid=lr1l6qhjdg392320105

26 https://er.ru/activity/news/naryshkin-schitaet-chto-zhenshin-deputatov-v-gosdume-dolzhno-byt-bolshe

27 http://duma.gov.ru/news/6534/. このときナルィシキンが挙げた数字によれば、第六期下院（二〇一一―一六年）の議員のうち女性は一三・五パーセントであり、連邦構成主体の全立法機関では約一二パーセントであった。

28 http://duma.gov.ru/news/6612/. 三月二十二日の会議はドゥーマ開設一〇六周年に合わせて、ペテルブルグのタヴリーダ宮でもたれた。

29 *Городецкая*. Региональным парламентам помогут единым советом.

30 大串「議会政治」、九四頁。なお、この次の二〇一六年九月の下院選挙では、統一ロシアは四分の三を超える議席を獲得した。『朝日新聞』二〇一六年九月二十日、六面。

31 モスクワ州知事の人事は、連邦レベルの政治動向と連動した。モスクワで反政府集会が開催されるなか、二〇一一年十二月二十二日にメドヴェージェフ大統領は最後の大統領教書において、地域首長を任命制から選挙制に切り替える方針を打ち出した。対応する法案（知事選挙法案）は二〇一二年一月十六日に下院に提出され、二月二十八日に第一読会を通過した。三月末、まだ法案が最終的に成立しない段階で、モスクワ州知事グローモフ（五月十一日に任期切れを迎える）は再任を望まぬ意志を表明した。これを受けてメドヴェージェフ大統領は四月四日、非常事態相ショイグーを含む三人の候補をモスクワ州議会に提案し、翌五日にモスクワ州議会は満場一致でショイグーを州知事に選出した。四月二十五日に下院は知事選挙法案を採択した（五月二日に成立、六月一日に発効）。ショイグーの就任は五月十一日である。政権側は、野党および反政府運動への譲歩として知事選挙制を打ち出す一方で、重要なモスクワ州知事には法案が成立するよりも前に強力な政治家のショイグーを据えたと考えることができる。Собрание законодательства Российской Федерации (СЗРФ). №. 19. 7 мая 2012. Ст. 2274; Государственная Дума. Стенограмма заседаний. Т. 2 (217). 2012 год. Весенняя сессия. 10 февраля - 16 марта (Москва: Издание Государственной Думы, 2013). С. 476–477（第1読会）; http://www.kremlin.ru/acts/bank/34718/page/2（教書）; https://www.rbc.ru/politics/16/01/2012/5703f1e19a7947ac81a63e90（法案提出）; https://www.bbc.com/russian/russia/2012/04/120405_shoigu_governor（ショイグー人事のタイミング）; https://rg.ru/2012/05/11/shoigu-anons.html?ysclid=lr3bhrsldt271056897（ショイグー人事の流れ）.

32 ショイグーが使った形容詞「全一的」（ツェーロスノエ）に対応する名詞「全一性」（ツェーロスチおよびツェーロスノスチ）は、ロシアの領土の一体性を神聖なるものとして強調するために、帝政期の公式言説において用いられた。プーチンも二〇一一年七月十三日、ストルイピン生誕一五〇周年の記念演説でこの語を用いた。Richard Wortman, The “Integrity” (Tselost’) of the State in Imperial Russian Representation, in Richard Wortman, *Russian Monarchy: Representation and Rule* (Brookline, Academic Studies Press, 2013). Esp. p. 253. なおショイグーは十一月には国防相に転任する。

33 二〇一二年五月三十一日の会議については、http://duma.gov.ru/news/6943/; https://er.ru/activity/news/naryshkin-neobhodimo-povyshat-effektivnost-dialoga-mezhdu-razlichnymi-vetvyami-zakonodatelnoj-vlasti-v-rf?ysclid=lr3crf7mot133535093; https://er.ru/activity/news/matvienko-obedinennyj-sovet-zakonodatelej-pomozhet-regionam-otstaivat-svoi-interesy

34 http://council.gov.ru/services/reference/10499/

35 http://duma.gov.ru/news/48953/. 憲法改正のこの箇所をめぐっては以下を参照。樹神成「93年憲法の改正は何を変えるか、変えないか」、『ロシア・ユーラシアの社会』二〇二〇年七－八月号、二一－二二頁。長谷川雄之「第2次プーチン政権下の憲法改革――制度変更にみる大統領権力」、『安全保障戦略研究』二巻一号、二〇二一年、一五頁。永綱憲悟「2020年ロシア憲法改正プロセス――プーチン個人統治体制の完成」、『亜細亜大学アジア研究所紀要』四七号、二〇二一年三月、三頁。

36 各級ソヴィエトは「国家権力機関の単一システムを構成する」（第八九条）。樹神「93年憲法の改正は何を変えるか、変えないか」、二二頁、参照。

37 СЗРФ. № 52. 27 декабря 2021 (Часть I). Ст. 8973.

38 http://duma.gov.ru/news/58571/

第十二章　大統領付き子どもの権利全権リヴォワ＝ベロワ
――プーチン政権の行政官の肖像

はじめに

二〇二三年三月十七日、国際刑事裁判所はロシアのプーチン大統領に戦争犯罪の容疑で逮捕状を出した。ロシア軍がウクライナの占領地から違法に二万人にも及ぶ子どもを連れ去っていることが容疑に問われていた。このときもう一人、同じ容疑で逮捕状が出されたのが、「大統領付き子どもの権利全権」リヴォワ＝ベロワである。[1]それまではロシアによるウクライナでの子どもの拉致に関心をもってきた専門家だけが知っていた彼女の名前は、これによって広く報道されるようになった。

彼女のもとで行なわれている子どもの拉致については、それを忘れたり些末化させたりしないための多くの努力が払われている。[2]しかし、本章で問いたいのは、別のことである。そもそもリヴォワ＝ベロワとは何ものなのであろうか。彼女の来歴はどのようなものであり、何が彼女をしてプーチン政権に忠実たらしめているのか。リヴォワ＝ベロワの肖像を描き出すことで、プーチン政権の動態に光を当てることが、本章の目的である。

一、「子どもの権利全権」

ロシアに「子どもの権利全権」職が導入されたのはエリツィン時代の一九九八年である。国連児童基金（ユニセフ）の支持のもと、労働省が三つの州（ヴォルゴグラード、カルーガ、ノヴゴロド）と二つの市（ペテルブルグとエカチェリンブルグ）に試行的にこの職をおいたのが始まりである。二〇〇三年二月までに一二の連邦構成主体（モスクワ市を含む）と三つの自治体にこの制度は広がった。[3]

それから六年後、メドヴェージェフ大統領時代の二〇〇九年九月一日、連邦中央にもこの職が設置された。大統領令「ロシア連邦大統領付き子どもの権利全権について」がその根拠で、「ロシア連邦における子どもの権利と利益の有効な保護を保障する」ことが目的とされた。全権は独自の執行機関をもたず、その活動は社会院を通じて行なわれるとされた。[4] 社会院は社会団体の代表からなる諮問機関で、二〇〇六年に活動を開始していた。[5]

初代「大統領付き子どもの権利全権」に任命されたのは、人権活動家で弁護士のゴロヴァニである。彼は七年にわたりモスクワ市で「子どもの権利全権」を務め、住居・財産その他に関する子どもの権利侵害について、市また中央権力を批判してきた。メドヴェージェフが彼を任命したのは、リベラル的なポーズをとっただけかもしれないが、思い切った人事ではあった。だが、就任からわずか四か月後の二〇〇九年十二月末、ゴロヴァニは職を去った。公式には「本人の希望による」とされたが、周囲のものは彼が辞職を強いられたのだと見た。「大統領付き全権」には独立の権力はなく、彼は官僚たちに追い出されたのだろうという意見もあった。後任はKGB高等学校の卒業生で弁護士のアスターホフである。彼はテレビ司会者で、「プーチンのために」という運動の指導者でもあった。[6] このときから「大統領付き子どもの権利全権」は自立性を失ったと考えてよいであろう。

アスターホフは六年以上この地位にあったが、二〇一六年九月にプーチン大統領によって解任された。きっかけは六月にカレリアのシャモゼロ湖で起こった事故である。不慣れな引率者に率いられてボートに乗ったモスクワの児童四七人が嵐にあい、一四人が亡くなった。助かった子どもに対してアスターホフが笑いながら「どうやって泳いだの」と聞いたことが、無神経だとしてスキャンダルになった。息子の事業が反汚職機関に目をつけられていたことも解任の理由となったようである。[7]

二、アンナ・クズネツォワ

プーチンが後任に選んだのは慈善活動家のクズネツォワである。リヴォワ＝ベロワは彼女の同郷の友人であり、二人はよく似たキャリアをたどった。

アンナ・クズネツォワ（旧姓ブラーエワ）は一九八二年にヴォルガ河畔の町ペンザに生まれた。

父は建設工、母は技師である。ペンザ国立教育学院の心理学専攻を卒業して、学校心理士となった。二〇〇三年に結婚した夫は情報技術を専門としていたが、司祭に転身した。これを機に彼女も神学を学んだ。二〇〇八年、クズネツォワは社会団体「ブラゴヴェスト」（勤行の前に鳴らす鐘の音）を設立した。病院や孤児養護施設にいる子どもの援助、親の保護を受けられない子どもへの家族の紹介、貧困・多子家族の支援が目的である（リヴォワ＝ベロワも共同設立者だった）。二〇一〇年にはクズネツォワは家族・母性・児童支援基金「ポクロフ」を設立した。ポクロフは生神女（聖母）マリヤの庇護を意味する。この基金の大きな目的は中絶との闘争であった。彼女は二〇一一年にも妊婦支援や「家族の価値」の擁護を目指す社会活動を組織した。正教の信仰と伝統的な家族の価値がクズネツォワの活動の根幹であった。彼女は大家族が欲しかったと公言しており、「大統領付き子どもの権利全権」になった時点（二〇一六年九月）で六人の子どもがいた[8]。

二〇一四年、彼女の活動は全国規模の政治・社会団体と結びついた。プーチン政権を支持する官製運動「全ロシア人民戦線」に加入するとともに（翌年ペンザ州支部長）、伝統的家族観を奉じる全ロシア社会運動「ロシアの母たち」のペンザ州支部長になったのである。さらに、彼女はこの年ペンザ州社会院の信仰間相互関係および慈善委員会の長となった（彼女がいつから州社会院の議員であったのかは不明）[9]。

地方レベルの社会院は、連邦中央の社会院よりも地域社会に密着して、熱心な社会活動家を汲み上げるための回路となっていた[10]。実際、この年の十月にはペンザ州社会院に中央の社会院の書記ブレチャロフ（現在はウドムルト共和国首長）が出席し、非営利団体のプロジェクトについて報告を聞いた。ブレチャロフは「ポクロフ」代表であるクズネツォワと、プロジェクト「ルイの街区」（後述）の代表リヴォワ＝ベロワを、中央の社会院の会議に招いた。ブレチャロフは連邦中央の社会院の活動において、地方の非営利団体の比重を高めたいと考えていた。[11]

ブレチャロフが二人を招いた社会院の会議（二〇一四年十一月二十六日—二十八日）では、一連の社会プロジェクトのプレゼンテーションが行なわれた。[12] この会議でのペンザの二人の様子は分からない。それでもこれ以降、クズネツォワが中央の社会院に活躍の場を見出したことは明らかである。ブレチャロフは後に、「彼女はロシア連邦社会院で、困難な生活状況にある母親を支援している諸団体の大会を開き、それらを連盟に統合することに成功した」と述べている。[13] この連盟とは、彼女が二〇一五年二月につくった全国組織「家族擁護団体連盟」のことである。[14] ついで六月に彼女は満を持して社会院で報告し、家族支援団体に対して地域当局ごとに対応がばらばらであり、中央レベルでの統一的な支援が必要であるとプーチン大統領に力説したのである。プーチンは強い関心を示し、「母性と児童の援助に向けられたいかなる道具も支援する必要がある」と述べた。[15] 九月、彼女は非営利団体の活動調整に関する大統領付き作業グループの一員に選ばれた。[16]

翌二〇一六年、統一ロシアは彼女を下院選挙のペンザ州候補リストに加えた。だがこのとき彼女は下院議員にならなかった。選挙開始の八日前の九月九日、プーチンがアスターホフを解任してクズネツォワを後任としたからである。[17] 彼女が中央政界に登場するのを後押しした社会院書記ブレチャロフは、「アンナ・クズネツォワは母性と児童の問題における大いなるプロフェッショナル」「謙虚さと秩序が彼女の特徴」と絶賛した。[18]

全権となったクズネツォワが提起したことの一つに、諸地方で「子どもの権利全権」の権限がばらばらということがあった。彼女の主張を受けて、二〇一八年十二月二十七日に連邦法「ロシア連邦における子どもの権利全権について」が成立した。[19] これにより地方レベルの「全権」の権限などは統一され、かつ「大統領付き子どもの権利全権」の下位機関として位置づけられた。「大統領付き子どもの権利全権」の地位や権限も明確にされた。任期は五年で、三期連続は不可であった。「大統領付き全権」は上院・下院、連邦構成主体の立法機関メンバー、さらに政党の構成員にはなれなかった（党員の場合、在任中は党籍から離れることになろう）。[20]

二〇一九年一月十五日にクズネツォワは再任された。[21] 彼女の活動の成果としては、教育省を通じた子ども向けの「肯定的な」コンテンツ製作の推進、学校教育課程への伝統的な価値観に基づく「家族学」導入の準備、孤児養護施設の近代化などが挙げられる。[22]

プーチンは彼女の仕事ぶりを高く評価した。二〇二一年六月の統一ロシア党大会で彼は、下院選挙の連邦レベルの候補者リスト第五位に彼女を推薦したのである。[23] 九月の選挙で彼女は議員に選ばれたため、「大統領付き子どもの権利全権」の任を解かれた。[24] 十月十日、クズネツォワは第八期下院（二〇二一－二六年）の九人の副議長の一人に選出された。[25] 二十七日、彼女の古い友達であるリヴォワ＝ベロワが、四代目の「大統領付き子どもの権利全権」に任命された。[26]

三、マリヤ・リヴォワ＝ベロワ

マリヤ・リヴォワ＝ベロワは一九八四年にペンザに生まれた。同郷のクズネツォワより二歳年下である。音楽家である父親が教員をしていた地元の文化芸術学校で、彼女は「娯楽音楽指揮者」の専攻を修めた。二〇〇三年から二〇〇五年にはサマーラ国立文化芸術アカデミーに学ぶ傍ら（子どもが生まれたために中退）、児童音楽学校のギターの先生として働いていた。[27]

彼女はクズネツォワと同じで信仰心が篤く、十六歳のときから教会の合唱団で歌っていた。未来の夫パーヴェル・コーゲリマンはその姿を見て一目ぼれしたという。[28]二〇〇三年に二人は結婚する。夫はプログラマーであったが、二〇一九年に聖職者となった。このように夫が司祭となったことにくわえて、多子家庭である点も、リヴォワ＝ベロワはクズネツォワと似ていた。まだパーヴェルが聖職者となる以前に、夫妻は五人の子どもをもうけ、さらに四人を養子とした。[29]

ジャズ奏者として養護施設を訪問したことをきっかけに、彼女と身体に障碍のある子どもたちとの交流が始まったという。二〇〇八年にはクズネツォワがつくった先述の社会団体「ブラゴヴェスト」の共同設立者となり、翌二〇〇九年にはその指導者となった。クズネツォワが信仰間相互関係および慈善委員会の長を務めたペンザ州社会院で、リヴォワ＝ベロワも二〇一一年から一九年まで議員を務めた。[30]

二〇一四年、クズネツォワが全国的な政治・社会運動に本格的に関わったのと同じ年に、リヴォワ＝ベロワも活動を広げた。この年、彼女が運営していた印刷所（身体に障碍のある青年が労働を習得する場であった）に、宗務院の教会慈善活動・社会奉仕を担当する部門長である高位司祭パンテレイモンが訪れたことをきっかけに、ペンザ府主教セラフィムを通じて正教会から支援を得られるようになったのである。

このことを背景に、彼女は非営利団体「ルイの街区」を創設した。十八歳になった身体障碍者は養護施設を出て、高齢者用施設か精神患者施設に移らねばならない。そうした若者たちに、自立と共同生活のための場を与えることが目的である。名称はルイ・アームストロングからとった。リヴォワ＝ベロワ自身がジャズ奏者として即興を好むと語っているが、「成功への道において即興せよ」というのが彼女が共同生活の参加者に語っていることである。[31] クズネツォワと同様にリヴォワ＝ベロワも様々な団体やプロジェクトを生み出したが、彼女にとって「ルイの街区」こそが掌中の珠といえるだろう。先述の通りこのプロジェクトは社会院書記ブレチャロフにも評価された。正教会からの支援にくわえて、「ルイの街区」は二〇一七年には大統領助成金のコンクールで選ばれて三〇〇万ルーブリを得た。[32]

二〇一八年にはリヴォワ＝ベロワはより大規模なプロジェクトを始めた。「変革のリーダーたち。対等なものが、対等なものに対して」といって、身体に障碍のある青年による社会活動やビジネスを支援することが目的である。これも六七〇万ルーブリの大統領助成金を得た。[33]

助成金を受け取り始めた二〇一七年は、彼女が中央政界に本格的に足を踏み入れた年でもあった。六月に彼女は中央の社会院の議員となったのである（二〇一九年一月まで）。二〇一九年には全ロシア人民戦線のペンザ支部共同議長となった（四年前にクズネツォワも支部長を務めた）。この年、統一ロシアに入党し、すぐに党総評議会幹部会のメンバーとなっている。九月には同党の看板候補としてペンザ市議会選挙に出馬して当選した。だが彼女は議席を辞退し、憶測を呼んだ。[34]

プーチンのロシアでは、利権配分のためだけではなく人材登用のためにも（同じことなのだが）コンクールは大きな役割を果たしている。二〇二〇年二月、ニジニ＝ノヴゴロドで行なわれた行政官コンクール「ロシアのリーダーたち」のセミファイナルで、彼女は沿ヴォルガ地方を代表する三〇人の一人に選ばれた。彼女はソチで行なわれる予定の決勝ラウンドにも進めることになった。[35] この「スーパーファイナル」は新型コロナウイルスのために半年ずれこんで九月七日となり、会場もソチではなくモスクワ州のひっそりとしたソルネチノゴルスクとなったのだが、リヴォワ＝ベロワは全国を代表する一〇六人の勝者の一人に選ばれた。地元紙は「ペンザっ娘（ペンジャチカ）」が勝利者になったと喜びに沸き、リヴォワ＝ベロワ本人も花束を手にして大統領府第一副長官キリエンコと撮った写真を「勝利！」の文字とともにインスタグラムに上げた。[36]

実際のところ彼女は、このコンクールの組織者であるキリエンコに接近したかったのである。[37]「ロシアのリーダーたち」では、一〇六人の勝者をさらに指導するために、一年にわたり「メンター」（наставник）がつくことになっていた。メンターの名簿にはキリエンコ以外にも、国防大臣ショイグー、上院議長マトヴィエンコ、ズベルバンク総裁グレフなど、政治・経済界の大物の名が並んでいた。彼らはめいめいが勝利者から二人ずつを選ぶのである。リヴォワ＝ベロワは、キリエンコに自分の指導役になってほしい、「大きな政治の世界に私を導いてほしい」と発言していた。[38]

メンターが誰になるかでは彼女の期待は実らなかったが（経済発展大臣オレシキンが彼女についた）、「大きな政治」はすぐに彼女の目の前に開けた。[39] コンクール終了から二週間後の九月二十一日、彼女はペンザ州執行機関代表として上院議員になったのである。[40] それから約一年後の二〇二一年十月二十七日、彼女はクズネツォワの後任として「大統領付き子どもの権利全権」に任命された。[41] この人事についてクズネツォワは、次のようなコメントを発表した。「この決定を多くの人が待っていた。諸地域の同僚たちも、権利擁護活動家たちも。マリヤ・リヴォワ＝ベロワは多くの子どもをもつ母親で、私の同郷だ。私たちはずっと前から知り合いで、まだペンザの頃から私たちはいっしょに慈善活動を始めたのだった」。[42]

おわりに

リヴォワ＝ベロワが「大統領付き子どもの権利全権」に任命されてから四か月の後、ロシアはウクライナへの侵攻を開始した。戦争が長引くにつれ、占領地からロシアへのウクライナ児童の連れ去りが頻繁に報道されるようになった。ロシア側は一時的な保護であると言明しているが、これが拉致であることは疑いのないところである。リヴォワ＝ベロワは自分が子どもの連れ去りの責任者になるとは想定していなかったであろうが、外国メディアに対して動じることなく、自分たちは子どもの安全と生命を守っているだけだと主張している。「ウクライナは情報戦で、子どもたちを利用しているんです」とも語っている。[43]

恐らく彼女は本気でこうしたことをいっている。子どもの保護という使命を追求しているとの自己認識において、彼女の姿勢は戦争前から、あるいはペンザで慈善事業を始めた頃から一貫しているように思われる。二〇二二年八月、ウクライナ・マリウポリから移送された男児をあらたな養子にしたことも、彼女にとっては開戦前までの生活の延長線上にある。[44]

リヴォワ＝ベロワが自信をもって発言できるのは、プーチン政権またプーチン個人に対する信頼のゆえであろう。彼女が社会に出て慈善活動を展開してきた歳月は、プーチンのもとでロシアが安定し、石油資源に助けられて豊かになり、国際的な存在感を高めてきた時期と重なっている。そのことは二歳年上のクズネツォワにも当てはまろう。「生きることはよりよくなった、同志諸君。生きることはより楽しくなった」という一九三五年のスターリンの発言は、クズネツォワやリヴォワ＝ベロワとその同世代人たちには、自分たちのことをいっているように響くだろう。[45]

プーチン政権の動態を支えるものは人的結合である。この人的結合の接着剤となっているのは、理念面では愛国主義と国家主義であり、実践面では利権配分、さらにいえば権力配分である。一方には同郷人のつながりや社会団体でのつながりのような、ローカルで比較的水平方向の紐帯があり、他方には被庇護者を引き立てるパトロン＝クライアント関係が垂直方向の紐帯をなしている。クズネツォワとリヴォワ＝ベロワも、同郷人として横の関係を維持しつつ、社会院書記ブレチャロフや司祭パンテレイモン、キリエンコやプーチンといった権力をもつ人々の手によって、縦の方向へと引き上げられていった。建設工と技師の娘であるクズネツォワも、音楽学校の教員の娘であるリヴォワ＝ベロワも、エリートの家庭に生まれ育ったわけではない。しかし、彼女たちは州社会院や大統領助成金や全ロシア人民戦線や統一ロシアや行政官コンクールといった様々な回路を通じて目覚ましい社会的上昇を果たした。プーチンが築いたのはそうした社会的上昇の体制である。ペンザの二人の女性は丸々一世代を代表している。何十万のクズネツォワやリヴォワ＝ベロワがプーチンのロシアをかたちづくり、支えているのである。

注

1 『朝日新聞』二〇二三年三月十八日夕刊、六面。

2 Tetiana Fedosiuk, *The Stolen Children: How Russia Attempts To Kidnap Ukraine's Future* (Tallinn: International Centre for Defence and Security, 2023). 東野篤子「未曽有の戦争犯罪に突き進むプーチン」、『Newsweek』三八巻二九号、二〇二三年八月八日号。

3 https://deti.gov.ru/Upolnomochennyy/Istoriya-instituta

4 Собрание законодательства Российской Федерации (СЗРФ). №. 36. 7 сентября 2009. Ст. 4312.

5 栗原克己「ロシアにおける社会院——上からの「結社民主主義」か」、『ロシア・東欧研究』五〇号、二〇二一年、一三二、一三五—一三六頁。

6 *Резник Ирина.* Астахов подхватил знамя Голованя // Газета. Ru. 11 января 2010. https://www.gazeta.ru/social/2010/01/11/3310035.shtml

7 *Вернидуб Артем.* Путин уволил Павла Астахова // РБК. 9 сентября 2016. https://www.rbc.ru/politics/09/09/2016/57d25683 9a794740f7c419fa. 事故については https://www.rbc.ru/rbcfreenews/57673d899a79471 2449e4f1e. 二〇二二年にアスターホフの息子は詐欺罪で拘束され、矯正コロニー収容三年半の判決を受けた。*Котляр Михаил.* За что сын Павла Астахова получил срок в колонии // Газета. Ru. 21 ноября 2022. https://www.

gazeta.ru/social/2022/11/21/15816553.shtml

8 *Кайшаури Нина.* Что мы знаем об Анне Кузнецовой, новом уполномоченном по правам ребенка. Милосердие. ru. 9 сентября 2016. https://www.miloserdie.ru/article/chto-my-znaem-ob-anne-kuznetsovoj-novom-upolnomochennom-po-pravam-rebenka/; https://er.ru/person/7e1e1197-688c-4d6c-8cef-d46f9ea9c37e; https://rus.team/people/kuznetsova-anna-yurevna. 「大統領付き子どもの権利全権」在任中の二〇二〇年五月、彼女は第七子をもうけた。彼女は懐妊の時点でそれを公表し、出産後はパスポート（身分証明書）の家族欄が間に合わないと内務省に訴えることで、身をもって多子家族の奨励に努めた。「私たちのパスポートでさえ、私たちの家族が多子家族になる準備ができていないのです」と彼女は述べた。https://smi58.ru/news/society/detskiy-ombudsmen-anna-kuznetsova-zhdet-sedmogo-rebenka/; https://www.rbc.ru/rbcfreenews/5ecffad89a79477befddb06; https://tass.ru/obschestvo/11244115

9 https://www.miloserdie.ru/article/chto-my-znaem-ob-anne-kuznetsovoj-novom-upolnomochennom-po-pravam-rebenka/; https://er.ru/person/7e1e1197-688c-4d6c-8cef-d46f9ea9c37e

10 地方社会院について、栗原「ロシアにおける社会院」、一四〇―一四一頁、参照。

11 Заседание круглого стола Общественной палаты Пензенской области по вопросам реализации проектов (https://pnzgu.ru/news/2014/10/14/20320075). この記事は二〇二四年一月十日には読めたが、現在はなくなっている。だが、ロシアの検索エンジン Яндекс で記事タイトルを検索すれば、保存されているテキストを読むことができる。

12 https://opkhv.ru/news/930

13 https://ria.ru/20160909/1476488157.html

14 https://www.blagovest-info.ru/index.php?ss=2&s=3&id=61254

15 https://penzanews.ru/society/91517-2015

16 СЗРФ. № 37. 14 сентября 2015. Ст. 5135. この作業グループの活動は、非営利団体の社会院への統合問題と関係していたのであろう。栗原「ロシアにおける社会院」、一三九―一四〇、一四一―一四二頁、参照。

17 СЗРФ. № 37. 12 сентября 2016. Ст. 5487, 5488.

18 https://www.miloserdie.ru/article/chto-my-znaem-ob-anne-kuznetsovoj-novom-upolnomochennom-po-pravam-rebenka/

19 *Акимов Иван*. На страже благополучия детей // Газета. Ru. 9 сентября 2021. https://www.gazeta.ru/social/2021/09/09/13966910.shtml

20 СЗРФ. № 53. 31 декабря 2018 (Часть I). Ст. 8427.

21 СЗРФ. № 3. 21 января 2019. Ст. 239.

22 https://ria.ru/20211007/kuznetsova-1753464312.html. 二〇二三年十一月の時点で「家族学」は四〇の連邦構成主体で導入されていたが、二〇二四年度（九月一日開始）には全国一律の導入が予定されている。「社会知識」の一部から、独立の科目への再編もなされる。未成年を将来の家族生活に備えさせることが主な狙いである。また、同性婚は否定される。https://incrussia.ru/news/semevedenie-nachnut-prepodavat-vo-vseh-rossijskih-shkolah-v-2024-godu-sejchas-predmet-est-v-40-regionah-strany/

23 http://duma.gov.ru/news/51854/. 第一位から順に、国防大臣ショイグー、外務大臣ラヴロフ、新型コロナウイルス対策の責任者プロツェンコ、全ロシア人民戦線共同議長シュメリョワ、それにクズネツォワである。

24 https://ria.ru/20211001/kuznetsova-1752683183.html.『朝日新聞』二〇二一年九月二十六日、五面。

25 Государственная Дума. Стенограмма заседаний. Т. 1 (329). 2021 год. Осенняя сессия. 12 октября - 9 ноября (Москва: Издание Государственной Думы, 2023). С. 40–41.

26 СЗРФ. № 44. 1 ноября 2021 (Части I-III). Ст. 7401.

27 *Романова Елена*. Со дна поднялась мать // Новая газета Европа. 5 апреля 2023. https://novayagazeta.eu/

articles/2023/04/04/so-dna-podnialas-mat; https://www.kommersant.ru/doc/5051916. 彼女は後にペンザ・テクノロジー大学でマネージメントを学ぶ。学位を取れたのかどうかには不透明なところがある。「大統領付き子どもの権利全権」の就任には高等教育を受けていることが要件とされるため、彼女の任命は違法ではないかとの指摘がある。https://bloknot.ru/politika/mariya-l-vova-belova-nezakonno-zanyala-post-detskogo-ombudsmena-net-vy-sshego-obrazovaniya-840726.html

28 *Цветкова Роза*. Вихрь милосердия на шпильках: Мария Львова-Белова и ее Квартал Луи // Милосердие.ru. 7 марта 2019. https://www.miloserdie.ru/article/deti-marii-chudesa-sluchayutsya-pochti-ezhednevno/

29 https://svpressa.ru/persons/mariya-lvova-belova/; https://foma.ru/ja-uzhe-privyk-k-svetskoj-rabote-i-horoshej-zarplate-i-tut-vse-izmenilos-kak-uspeshnyj-programmist-i-otec-devjati-detej-stal-svjashhennikom.html

30 https://www.kommersant.ru/doc/5051916; *Лепина Марина*. «Квартал Луи»: как живет пензенская коммуна для инвалидов // Милосердие. ru. 12 августа 2016. https://www.miloserdie.ru/article/kvartal-lui-penzenskoj-kommune-dlya-invalidov-ispolnilos-2-goda/. なお、プーチン政権に批判的な『ノーヴァヤ・ガゼータ・ヨーロッパ』に掲載された一論説は、彼女が上昇を始めた二〇〇九年に父親であるアレクセイ・リヴォフ＝ベロフの運勢も昇り出したと記している。アレクセイはペンザ・フィルハーモニーの指導者となり、大規模ジャズ・フェスティバルを組織し、二〇二〇年からはクラスノダール・オペラ劇場の指導者となった。*Романова*. Со дна поднялась мать.

31 *Лепина*. «Квартал Луи»: как живет пензенская коммуна для инвалидов // Милосердие. ru. 12 августа 2016. https://www.miloserdie.ru/article/kvartal-lui-penzenskoj-kommune-dlya-invalidov-ispolnilos-2-goda/; https://regnum.ru/news/3162497

32 https://президентскиегранты.рф/public/application/item?id=c5529f2a-d0c5-41f6-862b-740e6392e477

33　https://президентскиегранты.рф/public/application/item?id=0ec773ec-ddba-4856-92d2-b479f0a4eab3. その後も「ルイの街区」のプロジェクトと助成金はともに拡大の一途をたどった。二〇二三年にはクリミアでのインクルーシヴなゲストハウス開設を含む計画に、三七〇〇万ルーブリが助成されている。https://президентскиегранты.рф/public/application/item?id=7abd15c3-c4ad-4aa1-badd-375c463ddfcc. 同年、「ルイの街区」の常務取締役はリヴォワ＝ベロワの妹ソフィヤに委ねられた。https://pravda-news.ru/news/obshchestvo/sofiya-lvova-belova-stala-ispolnitelnym-direktorom-kvartala-lui/. 一般的にプーチン政権にとって諸々のプロジェクトに巨額の助成金を投じることは、ポスト創出や再開発などを通じて利権配分を行なうための重要な手段である。Thomas Remington, Patronage and the Party of Power: President-Parliament Relations Under Vladimir Putin, *Europe-Asia Studies*, Vol. 60, No. 6, August 2008, pp. 960–961. 演劇界の事例について、田中まさき「モスクワ演劇界と新しい「モスクワ改造」」、『れにくさ』一〇（二）号、二〇二〇年三月、参照。

34　https://www.kommersant.ru/doc/5051916. 市議会選挙では共産党が伸長した結果、統一ロシアが野党を三議席上回るだけとなった。リヴォワ＝ベロワによれば、この拮抗状態では議会を欠席することもままならず、社会活動との両立が困難になったので議席を返上したということであった。だが、彼女は当選を喜んでいたので、何者かが事態の背後にいるのではとの憶測がなされた。他方彼女はまた、自分に対する中傷が増えていることも辞退の理由に挙げていた。https://penzanews.ru/politics/138114-2019; https://smi58.ru/news/politics/blagotvoritel-mariya-lvova-belova-ispugalas-kommunistov-v-penzenskoy-dume/

35　https://www.penza-press.ru/lenta-novostey/154942/mariya-lvova-belova-proshla-v-superfinal-konkursa-lidery-rossii

36　https://www.penza-press.ru/lenta-novostey/174210/mariya-lvova-belova-stala-pobeditelnicej-liderov-rossii-2020

37　https://www.bbc.com/russian/news-59058928

38 https://penzanews.ru/politics/144420-2020; https://vsekonkursy.ru/vserossijskij-konkurs-lidery-rossii-2019-2020.html

39 https://regnum.ru/news/3162497

40 http://council.gov.ru/structure/persons/1522/

41 СЗРФ. №. 44. 1 ноября 2021 (Части I-III). Ст. 7401. なお、彼女は二〇二〇年には八人、二一年には五人の、知的に遅れのある若者の後見人となっている。彼らは彼女と同居しているのではなく、彼女のプロジェクトにより共同住宅などで生活しているのである。https://bloknot.ru/obshestvo/detskim-ombudsmenom-stanet-podruga-kuznetsovoj-senator-iz-penzy-s-peremenny-m-chislom-detej-827639.html; https://regnum.ru/news/3162497

42 *Заверняева Светлана*. Кузнецова прокомментировала назначение Львовой-Беловой детским омбудсменом // Парламентская газета. 27 октября 2021. https://www.pnp.ru/politics/kuznecova-resheniya-o-naznachenii-lvovoy-belovoy-detskim-ombudsmenom-zhdali-mnogie.html

43 引用は、NHKスペシャル「ウクライナ　引き裂かれた子どもたち」（二〇二三年六月十七日）でのズーム・インタビューに対する発言。私はこのインタビューで通訳を務めた。https://www.nhk.jp/p/special/ts/2NY2QQLPM3/blog/bl/pneAjJR3gn/bp/p1rxxXwJE7/

44 https://www.currenttime.tv/a/ukraine-russia-war-children/32373761.html

45 Первое всесоюзное совещание рабочих и работниц-стахановцев. 14-17 ноября 1935. Стенографический отчет (Москва: Партиздат, 1935). С. 368–369.

第十三章　ソ連を崩壊させた革命家ゴルバチョフ

一、死による公的な場への復帰

二〇二二年九月三日、ソ連最後の指導者ゴルバチョフの葬儀がモスクワで行なわれた。ゴルバチョフはプーチン政権を発足当初は評価していたが、その権威主義的傾向が強まるにつれて批判的になっていった。プーチンによって言論の自由が狭められていくなかで、ゴルバチョフは在野メディアの支援も行なった。二〇一四年のクリミア併合には異を唱えなかったが、現政権に対する批判者という基本的な立場は変わらなかった。

それゆえ、プーチン政権に異議をもつ少数派のロシア市民にとって、八月三十日に死去したゴルバチョフの葬儀に足を運ぶことは、無言の抗議の意味をもった。政権批判の場に化したという点で、ゴルバチョフの葬儀は一九一〇年のトルストイの葬儀を髣髴《ほうふつ》とさせた。この作家もまた、帝政政府、並びにそれと一体的な教会指導部に批判的であり、当局から危険人物扱いを受けていたのである。

だが、トルストイの葬儀が本人の所領で私的に行なわれたのに対して、ゴルバチョフの葬儀は国葬に準ずる扱いを受けた。彼の遺体は、モスクワの中心部にある労働組合会館の柱の間に安置され、儀仗兵が配置された。この点ではレーニンやスターリンといった、ソ連歴代指導者の国葬と同じであった。その模様はインターネットで中継され、安全保障会議副議長メドヴェージェフやハンガリー首相オルバンといった内外の政治家が弔問に訪れた。式次第は当局に管理され、数千人といわれる一般の参加者は、献花の後、立ち止まらずに進むように警備員から指示された。

プーチンは葬儀には列席しなかった。新学期の開始にあたり、本年度から導入された愛国的道徳教育の初回を自ら講義するという大事な公務のために、西側への前哨地カリーニングラードを訪ねていたからである。それでも彼は葬儀に先立ち中央病院を訪れて、厳粛な雰囲気の中、ひとりきりで、ゴルバチョフの亡骸との最後の別れを済ませていた。

こうしてゴルバチョフの葬儀は、国家によって荘厳に演出されることになった。一私人としてプーチン政権の批判を行なってきた彼は、死によってふたたび公的な場へと戻ってきたのである。プーチンが、ゴルバチョフが私人として悼まれることを望まず、国家による儀式の場に連れ戻したともいえる。

ゴルバチョフの準国葬は、彼の生涯を歴史の中で振り返るにあたっての最後の事件となった。この事件は、彼が歴史に名を残すことになった、ソ連指導者としての活動の軌跡とは大きく文脈を異にする。この文脈の違いはそのまま、現代ロシア史の転変を物語る。本章は歴史の中でのゴルバチョフの意義を検討することを目指す。その際、ソ連指導者としての彼の活動と、その準国葬とを、一体的に把握するように努めた。そうすることで、現代ロシア史の転変についても浮き彫りにできればと思う。

二、改革者？　革命家？

ゴルバチョフは改革者であったとよくいわれる。それは間違いではない。だが、ソ連指導者としての彼の価値観、および政治スタイルには、改革という穏和な言葉よりも、革命という言葉のほうがより合致する。「建て直し」を意味する政策であるペレストロイカのことを、ゴルバチョフは「革命」と呼んだ。筆者はこの発言を単なるキャッチフレーズとしてではなく、額面通りに受け止めてみたい。ゴルバチョフは改革者である以上に革命家だったのである。改革による制度の漸次的な修正ではなく、革命による社会全体の急激な変革を、彼は目指していた。その意味でゴルバチョフは、共産党の規範から外れた異端ではなく、ソ連体制の申し子であった。

一九八五年に共産党書記長となったとき、ゴルバチョフが最初に用いたスローガンは「加速」（ウスカレーニエ）といった。これは工業生産をはじめとする諸部門の成長テンポを上げるということであり、「革命」を規範とする共産党の世界観とよく合致していた。その世界観においては、人類史は前進運動としてとらえられた。歴史の発展法則にしたがって、人間社会は封建制から資本主義へ、そして社会主義へ、さらには共産主義へと発展していくと考えられた。この前進運動を強力に推進するのが革命である。社会主義と共産主義の違いは何かというと、社会主義ではまだ各人の労働量に応じて分配がなされるのだが、生産力がいっそう発展した共産主義では、各人の必要に応じて分配がなされるのである。共産主義のもとでは、分配を管理する機関としての国家の必要もなくなり、徐々に住民の自主的な統治が花開き、国家は消滅する。

未来へと流れる時の音が轟々《ごうごう》と響くこの世界観が、レーニンをして一九一七年に十月革命を決行させ、スターリンをして一九二〇年代末に「上からの革命」と呼ばれる工業化と農業集団化を決行させせた。マヤコフスキーの詩（一九三〇年）の一節、「時間よ、前進！」にこの世界観が集約されている。フルシチョフにとってはスターリン批判が、ソ連社会の前進運動に弾みをつける一種の革命となった。ソ連はもはや共産主義の段階に入ったと彼は宣言した。

フルシチョフが一九六四年に失脚した後、後任のブレジネフはようやく目まぐるしい前進運動のスピードを緩めた。ソ連は「発達した社会主義」の段階にあるというのがブレジネフの規定であった。「発達してしまった」わけであるから、もはや前進を焦ることはないのである。ところがブレジネフが一九八二年に没した後、老人二人の短い治世を経て八五年に登場したゴルバチョフは、「加速」を宣言するとともに、ブレジネフ時代に「停滞」というレッテルを貼った。ブレジネフがせきとめた時の流れに、ゴルバチョフはふたたび「前進！」の掛け声をかけたのである。

だが、ソ連を「加速」させるのは容易なことではなかった。ゴルバチョフが政権についた時点で、国内産業はかなり時代遅れのものとなっていたのである。一九七三年のオイルショックを、西側諸国は省エネ化やハイテク化のチャンスとした。対照的に、産油国ソ連はあぶく銭のような外貨を得たため、産業の合理化を急ぐ必要はなく（そもそも社会主義体制のもと、国営企業に合理化の圧力はかかりにくかった）、省エネ化やハイテク化への転換は遅れた。旧式の工場がリノヴェーションなしに稼動し続け、成長率は鈍化した。アメリカとの軍拡競争による軍事費の増大も国庫を圧迫した。

一九八六年四月には、試験運転の失敗によってチェルノブイリ原発事故が起こった。この事故は、ソ連の技術的な立ち遅れ、人命軽視の気風、トラブルへの機敏な対応を許さない「官僚主義」の弊害を露見させた。これがきっかけとなり、ゴルバチョフは「加速」よりも大胆で包括的なプログラムを打ち出すこととなった。それがペレストロイカである。軌を一にして国際的な原油価格の下落も起こり、ペレストロイカを後押しした。

生産活動における個々の企業の自主性の拡大、職場改善のための問題提起の奨励などが着手された。だが、社会生活の全領域を統制する党組織は、上意下達の指令経済システムをいじることに抵抗を示した。ゴルバチョフは党組織に圧力をかけるために、「言論の自由」を意味するグラスノスチを提唱し、自身が信頼する言論人を通じて、変革に消極的な党の姿勢を批判させた。世論の喚起が始まり、変革を求める声は徐々に大衆的な規模になっていった。指令経済システムを生み出したスターリン時代に批判が向けられるようになり、「歴史の見直し」が熱心に論じられだした。

ゴルバチョフが錦の御旗としたのは十月革命であり、レーニンであった。党員のあいだでも党と労働者のあいだでも、常に活潑な議論が交わされていた（と理想化された）、原点への回帰が唱えられたのである。こうした原点回帰もまた、歴代のソ連指導者が行なってきたことであった。スターリンの「上からの革命」では、経済運営に「指令」や「突撃」といった軍事用語が頻出したが、ここには十月革命に続く内戦の熱気に通ずるものがあった。無実の市民がドイツと日本のスパイとされて大量に弾圧された大テロル（一九三六―三八年）においてすら、政治警察長官エジョフには、革命・内戦期の前任者ジェルジンスキーのイメージが重ねられた。フルシチョフによるスターリン批判も、十月革命に回帰せよとの掛け声をおのずから伴った。フルシチョフはスターリンという偶像を破壊することで、住民のエネルギーを引き出そうとしたのだった。冷凍保存されていたスターリンの遺体はレーニン廟から引き出されて火葬にされ、スターリングラードはヴォルゴグラードとなった。ブレジネフはこの点でも慎重で、露骨なスターリン攻撃を停止させた。それでもレーニンの威光は彼にとっても大事であり、一九七〇年のレーニン生誕一〇〇周年には全国で祝典が組織された。以上のような伝統にのっとり、かつブレジネフのように儀式面にとどまることなく革命回帰を訴えたのがゴルバチョフであった。一九八七年の十月革命七〇周年の演説で、彼は「ペレストロイカとは革命である」と述べた。

党組織が変革に抵抗すればするほど、ゴルバチョフは世論の動員を拡大して変革を進めようとした。一九八八年半ばには、党組織と骨絡みであった行政体系の抜本的再編が図られた。その結果、八九年半ばまでに西側の議会制に近い制度が導入され、共産党員でなくても議員になれる仕組みがつくられた。この議会でゴルバチョフは、共産党書記長を兼任しながらソ連大統領に選出された。こうしたあらたな議会制度を導入するにあたり、ゴルバチョフは「全ての権力をソヴィエトへ」というスローガンを持ち出した。これは十月革命の原動力となったスローガンであった。かつて革命を支えた、民衆の代議機関ソヴィエト（評議会の意味）の精神に立ち返ろうというのであった。実際には、革命期に成立した民衆の自主管理機関であるソヴィエトと、ゴルバチョフが導入を進める議会制は大きく異なった。だが、ここでもまた、「革命」を指導理念としながら変革を進めるゴルバチョフの方法に違いはなかった。

三、国家の崩壊

ゴルバチョフの目標は、社会主義体制を放棄して西側の政治・経済体制を受け入れることではなく、あくまで社会主義体制を刷新することであった。彼の行動の根底には、ソ連市民が自分のこの目標に共鳴してくれるという確信があった。ここには彼の理想主義者としての特徴が現れていたが、別の側から見れば彼の振舞いはイデオロギッシュであった。自分の正しい理想を相手も最後には受け入れてくれるに違いないと考える点で、ゴルバチョフはソ連歴代指導者、とりわけレーニンの後継者に違いなかった。

こうした考え方の危うさは、国外でまず露呈した。国内でペレストロイカを推進するためにも、ゴルバチョフは軍拡競争の負担から逃れたかった。そのため彼は「新思考外交」を唱えて西側との関係改善に着手し、変化を恐れる東欧諸国の指導者たちを叱責した。一九八九年秋までにゴルバチョフは、東欧諸国の内政に干渉しない、つまり、社会主義体制の変革が始まっても、一九五六年のハンガリーや一九六八年のチェコスロヴァキアのような軍事介入は行なわないとの姿勢を明確にした。ゴルバチョフが期待していたのは、東欧諸国が西側陣営にすっかり移ってしまうことではなく、よりソフトな体制に変わった上で、ソ連と西側の架け橋になることであった。しかし、もともとソ連によって社会主義体制を押し付けられた東欧諸国では、軍事介入の恐れという重しがなくなれば、共産党（名称は国によって異なる）が指導力を維持することは困難であった。一九八九年末までにベルリンの壁が崩れ、ルーマニアのチャウシェスクが銃殺され、翌九〇年に東ドイツは西ドイツに吸収された。

ソ連国内でも混乱が深まっていった。社会の全領域を統御していた党組織をゴルバチョフが攻撃した結果、原料調達や商品流通に遅滞が生じ、物不足が拡大した。くわえて党組織が政治を独占することをやめた結果、ナショナリズムが人々を糾合するイデオロギーとして力を高めた。連邦を構成する各共和国では自立傾向が強まり、流通はいっそう分断された。最大の共和国であるロシア連邦共和国では、元共産党幹部のエリツィンが主導権を握り、社会主義の放棄を唱えた。

こうした状況に押されて、ゴルバチョフのプログラムも社会主義の刷新から、市場経済と社会民主主義へと目標設定をずらした。だが彼は革命的なスタイルは崩さなかった。一九九〇年に彼が支持した「五〇〇日計画」とは、五〇〇日で市場経済を導入しようというものであった。歴史上、市場経済の形成とは、私有財産制の確立や、取引の公正性を尊重する文化の醸成を伴いながら、長期間をかけて進行していったものである。対照的にゴルバチョフの方法は、ごく短期間に上から市場経済を「導入」しようとするもので、発想においてスターリンの指令経済と共通していた。なおかつ彼は、社会主義から資本主義に「後退」するのではなく、社会民主主義という目標を再設定することで、歴史を前進させるという発想も捨てなかった。

ただしゴルバチョフは、暴力を回避するという点では、レーニン以来のソ連歴代指導者とは異なっていた。自立を目指す諸共和国に対しては、中途半端な武力介入が何度か起こったが、これはゴルバチョフ本人よりも、周囲ないし現場の判断がより作用していた。説得を基本的な政治モードとしたことは、他者が自分と同意見にたどりつくことへの確信という、理想主義者ゴルバチョフの特徴をよく示していた。彼の周囲のものは国家崩壊の危機を前にして、一九九一年八月、ストレートに「非常事態」宣言に頼った。彼らはゴルバチョフを軟禁してクーデタを敢行したが、エリツィンにより阻止された。ゴルバチョフはクーデタ失敗直後に書記長を辞任し、十二月末にはソ連大統領も辞め、ソ連国家は消滅した。

四、プーチンとロシア国家

エリツィンのロシアは、経済や治安の混乱をソ連から引き継いだ。エリツィン自身、ゴルバチョフに挑戦することでこの混乱を助長したのだった。くわえてエリツィンは、ゴルバチョフ以上に「五〇〇日計画」に乗り気であった。同計画よりもはるかに急激に価格自由化が実行され、多くの住民の生活水準が劇的に低下した。ソ連時代の国有資産は、抜け目のない旧共産党幹部や、コネをもつ新興の企業人によって、自分たちの手中に私有化された。こうして生まれた新エリート層が、地方ボス化して、各地の政治・経済を牛耳った。エリツィンは彼らから選挙での協力を取り付け(貧富の格差が拡大したために、共産党が勢いを取り戻しつつあった)、代わりに彼らが国政を私物化するのを許した。法は彼らがさらなる「私有化」を進めやすいようにつくられ、脱税も黙認された。

一九九〇年代のロシアでは、国家が国家としての体をなさなかった。ゴルバチョフのペレストロイカとエリツィンの急進的市場経済化によって、共産主義のヴィジョンとは全く異なるかたちで、「国家の死滅」が皮肉な実現を遂げたかのようであった。ゴルバチョフは社会民主主義を掲げて政治活動を続けたが、彼の影響力は皆無であった。

この一種の無国家状態を脱却することが、二〇〇〇年に大統領になったプーチンの課題であった。古巣である治安機関を活用し、逮捕のような強権的手段も使いながら、彼は新興財閥・地方ボスを抑え込んだ。とはいえ恭順の意を示したものは、強権的に排除することはしなかったから、地方レベルでは彼らの権力ネットワークは残った。それでもプーチンは、地方首長と上院議員の兼務をなくすことで、中央政治への地方ボスの影響力を遮断した。二〇〇四年には地方首長の選挙制を任命制に切り替えた。こうしてプーチンは、一体的な国家の外見のみは、ともかくも再建した。

レーニンやスターリンといったソ連の歴代指導者と同様、プーチンも強権をためらわずに行使するが、彼の目指す価値は革命ではない。プーチンが追求しているのは、大統領である自分を頂点にして、国家指導部の意思が地方にまで貫徹するような垂直関係を構築することである。彼にとって国家とは、中央と地方の行政官や経済人や文化人からなる、庇護関係のネットワークである。このネットワークを垂直的に統御することに、彼の努力の多くは向けられてきた。

法治ではなく人治であるこのネットワークに対して、住民を服従させるためには、剝き出しの暴力にくわえて、国家としての正統性の光輝を調達する必要がある。そのためにプーチンは、軍事力の強化とその誇示にいそしみ、ロシア・ナショナリズムを強調し、さらに歴史の活用に力を入れた。

体制の違いを超えて、ロシア国家は脈々と発展を続け、強大な力を世界に示してきたというのが、彼の描き出す歴史像である。帝政ロシアも、ソ連も、偉大なロシア国家として理解されねばならない。

プーチンの強権的な統治を批判するゴルバチョフには、今日のロシア国家に収まる余地はないかのようであった。実際、彼が生きているあいだはそうであった。だが、死によってゴルバチョフの立場は、政府に対して自立的かつ批判的な、ほぼ影響力のない社会活動家から、元国家元首へと変わったのである。元国家元首の遺体を然るべく処遇することは、国家の正統性の光輝を維持するために肝要なことだ。かくしてゴルバチョフの身体は、三一年ぶりに公的な場に引き戻された。彼が戻ったのは、革命と社会主義の神話を追求する国家ではなく、ナショナリズムという別の神話を追求する国家であった。この神話の転換をもたらす上でゴルバチョフが行なった寄与は、ソ連の破壊というまことに巨大なものであった。

あとがき

本書に収めた論稿の初出は、以下の通りである。

第一章　書下ろし
第二章　「20世紀のヨーロッパ――ソ連史から照らし出す」、近藤和彦編『ヨーロッパ史講義』（山川出版社、二〇一五年）
第三章　「交差する日本とロシアの軌跡――一九〇五－一九四五年」、東郷和彦、A・N・パノフ共編『ロシアと日本――自己意識の歴史を比較する』（東京大学出版会、二〇一六年）
付論1　「日露戦争からロシア革命へ　国民国家というグローバル・スタンダード」、『中央公論』二〇一七年四月号
第四章　書下ろし
第五章　「ロシア革命からソ連へ――実現したユートピアの歴史」、『思想』一一二三号、二〇一七年十一月
第六章　「マリヤ・ココシキナの手記」、『現代思想』四五－一九号、二〇一七年十月

第七章　「V. D. ナボコフとロシア革命」、『SLAVISTIKA』三五号、二〇二〇年八月
第八章　書下ろし
第九章　「ソヴィエト帝国論の新しい地平」、『世界史の研究』二三四号、二〇一三年二月
第十章　「ロシア皇帝と重なるプーチンの姿勢　甦る帝国地図――ロシア＝ウクライナ戦争」、『中央公論』二〇二二年七月号
付論2　「ロシアの破局的な時間」、『朝日新聞』二〇二三年三月三日
第十一章　書下ろし
第十二章　書下ろし
第十三章　「ソ連を崩壊させた革命家、ゴルバチョフ」、『中央公論』二〇二二年十一月号

二〇二二年二月にロシア＝ウクライナ戦争が始まって以来、ロシア史の全体像を見直さなければならないという思いが私の脳裏を去らずにいる。なので、大きな話を中心にして論集をつくりたいという、中央公論新社の吉田大作さんの提案は、とてもありがたいものであった。吉田さんは「付論1」の担当編集者としても、私に声をかけて下さった方である。

ロシア史の特徴を大づかみに、分かりやすく示すというのが本書のねらいである。五章分の書下ろしをくわえたのもそのためである。ロシアとはこのようなものではない、ではなく、このようなものだ、という議論を私はしたかった。ロシアの諺に「七たび測って一度裁て」という。これはまずは慎重さを説く言葉であるけれども、どんなに慎重に測り直しても、裁たねば工程は完了しない。

研究において「一度裁つ」とは、結論を出すということである。私はこのような姿勢を和田春樹先生、石井規衛先生、ウラジーミル・ブルダコーフ先生から学んだ。

私のロシア史理解は、西欧とロシアの違いを強調する。ロシアでは権力を抑える勢力が弱いこと、権力者が法の上に立つこと、秩序の総体が家族的な共同体をモデルにしていること。本書はそれらのことを歴史のなかで跡付けようとこころみた。こういった側面を前面に出して叙述を行なうことは、権力の抑制を目指す人々の努力に対して、そのようなことをしても虚しいだけだと論じることにつながるかもしれない。ここで想起されるのは、アンドレイ・プラトーノフの一九三四年の短編小説「粘土砂漠《タクィル》」である。ソ連邦トルクメン共和国を舞台にしたこの作品で、プラトーノフは次のように書いている。「だれの力がこの世で勝利をおさめるか――小鳥か、隊商か、唸りを上げる汽車か、それはまだわからない」（原卓也訳『プラトーノフ作品集』、岩波文庫、一九九二年、一七頁）。

とはいえ、正直にいえば、誰が勝つかということは、本当の問題ではない。歌をうたう小鳥も、砂漠をゆく隊商も、猛然と進む汽車も、みな広大なロシア・ソ連をかたちづくる、欠かすことのできない要素だからである。極端に異なる様々な要素を抱え込みながら、ロシアの歴史はこれからも続く。私は大いなる関心をもって、そうしたロシアの姿をずっと見つめてゆきたい。

二〇二四年四月

池田　嘉郎

ヤ・ラ行

ナ　行

ハ　行

マ　行

サ　行

タ　行

事項索引

ア　行

カ　行

マ　行

ヤ・ラ行

（漢字人名）

ナ　行

ハ　行

サ　行

タ　行

人名索引

ア　行

カ　行

池田嘉郎

東京大学大学院人文社会系研究科教授。1971年秋田県生まれ。東京大学大学院人文社会系研究科博士課程修了。博士（文学）。新潟国際情報大学講師、東京理科大学准教授などを経て現職。著書に『革命ロシアの共和国とネイション』（山川出版社、2007年）、『ロシア革命――破局の８か月』（岩波新書、2017年）など、訳書にミヒャエル・シュテュルマー『プーチンと甦るロシア』（白水社、2009年）、アンドレイ・プラトーノフ『幸福なモスクワ』（白水社、2023年）などがある。

ロシアとは何《なに》ものか
――過去《かこ》が貫《つらぬ》く現在《げんざい》

〈中公選書 150〉

著　者　池田嘉郎《いけだよしろう》

2024年５月10日　初版発行
2024年10月25日　再版発行

発行者　安部順一

発行所　中央公論新社
〒100-8152　東京都千代田区大手町 1-7-1
電話　03-5299-1730（販売）
03-5299-1740（編集）
URL　https://www.chuko.co.jp/

ＤＴＰ　市川真樹子
印刷・製本　大日本印刷

Published by CHUOKORON-SHINSHA, INC.
Printed in Japan　ISBN978-4-12-110151-8 C1322
定価はカバーに表示してあります。

中公選書　好評既刊

105
〈嘘〉の政治史
――生真面目な社会の不真面目な政治

五百旗頭　薫著

政治に嘘がつきものなのはなぜか。絶対の権力というものがあるとすれば、嘘はいらない。世界中に嘘が横行する今、近現代日本の経験は嘘を減らし、嘘を生き延びるための教訓となる。

128
分断の克服　1989-1990
統一をめぐる西ドイツ外交の挑戦

板橋拓己著

「ベルリンの壁」は崩れた。だがソ連は統一に反対、英仏が大国ドイツ復活を警戒する中、新生ドイツと新しい国際秩序はいかに創られたか。最新史料を駆使し描く。**大佛次郎論壇賞受賞作**

131
日本の保守とリベラル
――思考の座標軸を立て直す

宇野重規著

日本政治の対立軸として語られるようになった「保守」と「リベラル」は、本来対立するものなのか。欧米の政治思想史を参照しつつ、近現代日本にそれぞれの系譜を辿り、読み解く試み。

139
戦争とデータ
死者はいかに数値となったか

五十嵐元道著

近年、戦場での死者数は、国家や国連から統計学や法医学を駆使する国際的ネットワークが算出するようになった。「ファクト」を求める二〇〇年に及ぶ苦闘の軌跡。**大佛次郎論壇賞受賞作**